Verbandsgeldbuße und Steueranspruch

Criminalia

Herausgegeben von Klaus Volk

Band 39

Peter Lang
Frankfurt am Main · Berlin · Bern · Bruxelles · New York · Oxford · Wien

Stefan Poller

Verbandsgeldbuße und Steueranspruch

Peter Lang
Europäischer Verlag der Wissenschaften

Bibliografische Information Der Deutschen Bibliothek
Die Deutsche Bibliothek verzeichnet diese Publikation in der Deutschen Nationalbibliografie; detaillierte bibliografische Daten sind im Internet über <http://dnb.ddb.de> abrufbar.

Zugl.: München, Univ., Diss., 2004

Umschlaggestaltung: Pierre Mendell.

D 19
ISSN 0945-1811
ISBN 3-631-52366-1

www.peterlang.de

Criminalia

Abhandlungen aus den gesamten Strafrechtswissenschaften

Der Herausgeber der Reihe ist Vorstand des "Instituts für die gesamten Strafrechtswissenschaften" der Universität München. Das Programm der Reihe ist im Untertitel genannt. In ihr werden veröffentlicht Schriften zum Strafrecht und Strafverfahrensrecht, zu Kriminologie und Kriminalpolitik, zu den rechtstheoretischen und rechtssoziologischen Grundlagen des Strafrechts und zu seiner Geschichte. Die Reihe läßt deutsche und ausländische Wissenschaftler zu Wort kommen und will dazu einladen, an der Fortentwicklung aller Bereiche des Strafrechts über die Grenzen hinaus mitzuwirken.

MEINEN ELTERN

VORWORT

Die Arbeit lag im Wintersemester 2003/2004 der Ludwig-Maximilians-Universität München als Dissertation vor. Sie wurde im Oktober 2003 abgeschlossen; die bis Ende Januar 2004 erschienene Literatur und die bis dahin ergangene Rechtsprechung habe ich jedoch noch berücksichtigt. Auch das Steueränderungsgesetz 2003 sowie das Steueramnestiegesetz konnten noch eingearbeitet werden.

Besonders danken möchte ich meinen Doktorvater Herrn Prof. Dr. Dr. h.c. Klaus Volk. Er hat die Entstehung dieser Arbeit nicht nur mit äußerstem Wohlwollen begleitet und gefördert, sondern mir auch bei meiner Tätigkeit an seinem Lehrstuhl stets die dafür nötigen Freiräume gelassen. Nicht zuletzt trug diese angenehme, freundschaftliche Atmosphäre sehr zum Gelingen dieser Arbeit bei.

Danken möchte ich auch Herrn Prof. Dr. Ulrich Schroth für die zügige Erstellung des Zweitgutachtens.

Dank schulde ich auch meinen Lehrstuhlkollegen und Freunden Christina Golipoulos, Verena Käbisch und Dominik Härtl. Mit ihrem Humor und in unzähligen Diskussionen halfen sie mir über so machen „Durchhänger" hinweg. Ebenso danken möchte ich Herrn Rechtsanwalt Dr. Stephan Beukelmann für die vielen Ratschläge und Hilfestellungen sowie meinem Vater für viele Anregungen und das Korrekturlesen der Arbeit.

Steffi und Robin sind mir immer liebevoll beigestanden. Dafür und für ihre Geduld möchte ich mich ganz besonders bedanken.

München, im Februar 2004 Stefan Poller

Inhaltsverzeichnis

EINLEITUNG

Geld ins Ausland und damit am Fiskus vorbei zu transportieren wird gerne als Kavaliersdelikt oder gar als Volkssport angesehen. Umso weniger konnte es verwundern, als nach den ersten Durchsuchungen bei Banken offen zu Tage trat, um wie viele Fälle und um welche Summen es sich hier tatsächlich handelte. Erstaunlicher war aber, dass dadurch gerade auch die jeweiligen Kreditinstitute und ihre Mitarbeiter immer mehr ins Zentrum der steuerstrafrechtlichen Ermittlungen rückten.[1]
In erster Linie ging es dabei um den Vorwurf, durch Bereitstellung eines Systems zum anonymisierten Kapitaltransfer in Länder wie insbesondere Luxemburg, Liechtenstein und Schweiz ihren Kunden bewusst und zielgerichtet die Möglichkeit geschaffen haben, Steuern zu hinterziehen und sich dadurch wegen Beihilfe zur Steuerhinterziehung gem. §§ 370, 369 AO, § 27 StGB strafbar gemacht zu haben.[2]

Trotz der jeweils sehr hohen Schadenssummen blieben die verhängten Sanktionen gegen die betroffenen Mitarbeiter bzw. Vorstände äußerst moderat: Im Verfahren gegen die Dresdner Bank wurden vom Amtsgericht Düsseldorf gegen das ehemalige Vorstandsmitglied S sowie gegen den Geschäftsleiter der Dresdner Bank Luxemburg S. A. W einjährige Freiheitsstrafen verhängt, die allerdings zur Bewährung ausgesetzt wurden. Darüber hinaus mussten S und W Geldstrafen in Höhe von 1,5 Millionen DM bzw. 500.000 DM bezahlen; gegen die Vorstandsmitglieder R und A wurde das Verfahren gegen Geldauflagen von je 500.000 DM gem. § 153a StPO eingestellt.[3] Im Verfahren gegen vier Vorstandsmitglieder der Deutschen Genossenschafts-Bank und sechs Vorstandsmitglieder der Westdeutschen Genossenschafts-Bank wurde das Strafverfahren durch die 1. Große Strafkammer des Landgerichts Bielefeld gegen eine Geldbuße in Höhe von jeweils 350.000 DM bzw. 3.000.000 DM sogar eingestellt.[4] Gleiches wiederholte sich auch bei anderen Großbanken.[5]

Möglich wurden diese relativ niedrigen Sanktionen dadurch, dass gleichzeitig gegen das betroffene Unternehmen eine Geldbuße gem. § 30 OWiG in Millionenhöhe verhängt wurde. Für alle Seiten barg diese Vorgehensweise erhebliche Vorteile: einerseits ein geringes Strafmaß gegen die betroffenen Mitarbeiter

---

1 Vgl. hierzu etwa nur LG Wuppertal, wistra 1999, 473; LG Bochum, NJW 2000, 1430; BGH, NJW 2000, 3010.
2 *Wegner*, NJW 2001, 1979.
3 Aus: *Wegner*, NJW 2001, 1979.
4 Aus: *Wegner*, NJW 2001, 1979; Beschluss vom 16.03.1999 – 1 KLs W 1/99 und 1 KLs D 2/99 I (unveröffentl.).
5 *Wegner*, PStR 2003, S. 180.

bzw. Vorstände, andererseits ein schneller und ressourcenschonender Verfahrensabschluss.

Für den betroffenen Verband entpuppt sich eine solche Vorgehensweise dagegen als nicht gänzlich ungefährlich. Gem. § 30 Abs. 3 OWiG i. V. m. § 17 Abs. 4 OWiG besteht bei der Verbandsgeldbuße die Möglichkeit der Abschöpfung des wegen der rechtswidrigen Tat erlangten wirtschaftlichen Vorteils. Gerade aber bei Berechnung dieses „wirtschaftlichen Vorteils" besteht Unklarheit. Zum einen ist die steuerliche Relevanz der Geldbuße von Bedeutung, inwieweit dabei also evtl. anhaftende Steuern zum Abzug gebracht werden müssen.

Zum anderen muss aber gerade bei den „Bankenfällen" im Hinblick auf evtl. bestehende Haftungsansprüche auch die Frage geklärt werden, inwieweit solche auf gesetzlichen Vorschriften oder vertraglichen Vereinbarungen etc. beruhenden Ansprüche Dritter vorteilsmindernd zu berücksichtigen sind. Anderenfalls könnte eine doppelte Sanktionierung drohen, wenn diese Vorteile wieder herausgegeben werden müssen.

Ungemach – dieses Mal allerdings strafrechtlicher Natur – kann auch den Vorständen etc. drohen, wenn diese im Zuge dieser steuerstrafrechtlichen Verfahren den betroffenen Mitarbeitern zusagen, dass eventuelle gegen sie verhängte Geldstrafen bzw. Geldauflagen vom jeweiligen Verband übernommen werden. Insbesondere eine Strafbarkeit wegen Untreue gem. § 266 StGB steht hierbei im Raum.

Auch in Zukunft ist nicht davon auszugehen, dass die Fälle der Verbandsgeldbuße abnehmen werden. Eher das Gegenteil trifft zu.
Durch die aufgrund des Gesetzes zur „Ausführung des Zweiten Protokolls vom 19. Juni 1997 zum Übereinkommen über den Schutz der finanziellen Interessen der Europäischen Gemeinschaften, der Gemeinsamen Maßnahme betreffend die Bestechung im privaten Sektor vom 22. Dezember 1998 und des Rahmenbeschlusses vom 29. Mai 2000 über die Verstärkung des mit strafrechtlichen und anderen Sanktionen bewehrten Schutzes gegen Geldfälschung im Hinblick auf die Einführung des Euro" vom 22.08.2002[6] ergangenen Änderungen im Rahmen der Verbandsgeldbuße wird das Anwendungsfeld des § 30 OWiG vielmehr erheblich erweitert.

6 BGBl. I, 3387.

1. Kapitel: Allgemeines zur Verbandsgeldbuße gem. § 30 OWiG

A. Einführendes zu § 30 OWiG

„Societas delinquere non potest" – eine alte antike Weisheit, die immer noch als die Begründung dafür angeführt wird, dass sich Unternehmen – zumindest nach deutschem Recht – nicht strafbar machen können.

Dabei hat sich diese individualstrafrechtliche Auffassung im deutschen Strafrecht erst zu Beginn des 19. Jahrhundert durchzusetzen begonnen, als die Strafgesetzbücher von Bayern (1813), Hannover (1840) und Hessen (1841) explizit die Bestrafung von Verbänden ausschlossen.[7] Dagegen kannte man im Mittelalter und sogar im germanischen Recht eine Bestrafung ganzer Personengruppen[8]. Ob dies aber, wie Hetzer meint[9], von einem „fortschrittlicherem Niveau" zeigt, darf bezweifelt werden[10].

Nach dieser heute herrschenden individiualstrafrechtlichen Auffassung, die Strafe immer nur als Korrelat für die persönliche Vorwerfbarkeit ansieht, muss es daher eine Selbstverständlichkeit sein, juristische Personen und Personenverbände nicht zu bestrafen. Persönlich vorwerfbar können nämlich nur Menschen handeln, nie juristische Personen oder Personenverbände.

Dass dies aber vielleicht doch nicht so selbstverständlich ist, zeigt uns ein Blick über den Tellerrand. Der angloamerikanische Rechtsraum kennt bereits seit längerem eine „corporate liability".[11] Auch weltweit hat sich das „rechtspolitische Klima" geändert.[12] So führten auch immer mehr europäische Länder in den letzten Jahren ein Unternehmensstrafrecht ein.[13] Grund hierfür war die zunehmende Wirtschaftskriminalität, insbesondere bedingt durch die organisierte Kriminalität.[14]

---

7 Siehe dazu *Göhler*, Beiheft zu ZStW 1978, 100; *Hetzer*, wistra 1999, 364.

8 *Göhler*, Beiheft zu ZStW 1978, 100.

9 *Hetzer*, wistra 1999, 364.

10 Vielmehr standen *meines Erachtens* Vereinfachungs- und Bequemlichkeitsgründe im Vordergrund. Auf diese Weise konnte schnell und ohne größere Nachweisschwierigkeiten eine Haftungsgrundlage gefunden werden, ohne dass eine aufwendige Suche nach dem wahren Schuldigen begonnen werden musste.

11 Vgl. dazu nur Sherman Act 1890, ss 1, 2, 8.26 Stat. 209-210, 15 U.S.C. ss 1, 2, 7 (1976). Nachweise von *Volk*, JZ 1993, 429 Fn 2.

12 So *Volk*, JZ 1993, 430.

13 So entschlossen sich bereits in den 80er Jahren Dänemark, Norwegen und Schweden, Sanktionen gegen Unternehmen einzuführen. Portugal (1982), Frankreich (1994) und Finnland (1995) entschieden sich ebenfalls für eine Unternehmensstrafrecht. Weitere, in dieselbe Richtung tendierende, Gesetzesentwürfe liegen in anderen europäischen Ländern vor.

14 *Volk*, JZ 1993, 430.

Doch auch eine immer stärker werdende Vernetzung der Weltwirtschaft im Zuge der Globalisierung führte zu einem neuen Phänomen von Unternehmen: dem so genannten „global player", der weltweit agiert und ein bis dahin unbekanntes wirtschaftliches wie gesellschaftliches Machtpotential auf sich vereint. Diese Machtfülle macht die Unternehmen natürlich auch für die organisierte Kriminalität interessant.[15]

Daneben ist im Wirtschaftsrecht aus steuerlichen und haftungsrechtlichen Gründen noch ein weiterer Trend zu beobachten: weg von einem Recht des Kaufmanns, hin zu einem Recht des Unternehmens.[16] Das wirtschaftliche Leben wird zunehmend von Unternehmen geprägt; die Zahl kleinerer und mittlerer Unternehmen hat in den letzten Jahren ständig zugenommen.[17] Verstärkt wurde dieser Effekt noch durch die so genannte „new economy" des Internetzeitalters, die einen ungeahnten Boom bei der Gründung neuer Aktiengesellschaften und sonstigen juristischen Personen bewirkte. Damit gewinnt die Frage nach der Bestrafung von Delikten, die durch Unternehmen „begangen werden", allein schon quantitativ an Bedeutung. Mehr als zwei Drittel aller Fälle schwerer Wirtschaftskriminalität werden inzwischen unter dem Deckmantel – fast möchte man meinen unter dem Schutz – von Unternehmen begangen.[18]

Viel entscheidender aber ist die Gefahr, dass es durch innerbetriebliche Arbeitsteilung und damit verbundener Verantwortungsteilung sowie durch immer kompliziertere Strukturen und Verflechtungen innerhalb des Unternehmens für die Strafverfolgungsbehörden zunehmend schwieriger wird, den wirklich Verantwortlichen zu bestimmen; es entsteht eine „organisierte Unverantwortlichkeit" von Unternehmensmitarbeitern.[19] Andererseits verleiten gerade diese Ermittlungsschwierigkeiten dazu, einen „Sündenbock", insbesondere im mittleren Management, zu suchen.[20]

All diese neuen Entwicklungen haben auch in Deutschland eine bereits vehement geführte Diskussion weiter angeheizt, ob auch hier eine Unternehmensstrafbarkeit eingeführt werden soll.[21] Dabei kennt das deutsche Recht mit § 30 OWiG eine Regelung, die es erlaubt, zwar keine strafrechtlichen Sanktionen im eigentlichen Sinne, aber immerhin Bußgelder gegen juristische Personen und bestimmte Personenvereinigungen zu verhängen.

---

15 *Hetzer*, wistra 1999, 361.
16 *Otto*, Jura 1998, 409.
17 So schon *Tiedemann*, NJW 1988, 1169.
18 *Hetzer*, wistra 1999, 361.
19 *Volk*, JZ 1993, 433; *Otto*, Jura 1998, 409.
20 Vgl. *Volk*, JZ 1993, 433.
21 Vgl. dazu nur *Volk*, JZ 1993, 429 ff. mwN. Vgl. hierzu auch die weiteren Nachweise unten bei Fußnote 75.

I. Entstehungsgeschichte

1. Vorschriften bis 1945

Ausgangspunkt war wie so oft die Gerichtspraxis.

In Frage stand, ob die Ordnungsstrafvorschrift des § 17 der Verordnung gegen den Missbrauch wirtschaftlicher Machtstellung vom 02.11.1923[22] auch auf juristische Personen und Personenvereinigungen anwendbar war.

§ 17 lautete: „Wer sich über die auf dieser Vorschrift beruhende Nichtigkeit eines Vertrages oder Beschlusses ... oder über die Bestimmungen des § 4 Abs. 1 Ziffer 3 ... bewusst hinwegsetzt, kann auf Antrag des Reichswirtschaftsministers vom Kartellgericht mit einer Ordnungsstrafe bestraft werden. Die Ordnungsstrafe besteht in Geldstrafe, deren Höchstmaß unbeschränkt ist.“
Der Wortlaut gab für die Interpretation, dass auch juristische Personen und Personenverbände als Adressaten dieser Norm anzusehen seien, nichts her. Dennoch schloss sich das Kartellgericht[23] einer bereits in der Literatur geäußerten Meinung[24] an, wonach § 17 auch auf juristische Personen und Personenvereinigungen ohne eigene Rechtspersönlichkeit anzuwenden sei. Zur Begründung wurde angeführt, dass gerade im Kartellrecht ein Bedürfnis für eine Verbandssanktion bestünde[25] und außerdem das Ordnungsstrafrecht die Einhaltung der vorgeschriebenen Gebote wie Verbote gewährleisten solle; ein Gedanke, der auf juristische Personen und Personenvereinigungen ebenso zur Geltung gelangen könne.[26]

§ 393 RAO kannte sogar eine Geldstrafe gegen Verbände, in § 416 Abs. 1 RAO wurde eine Subsidiärhaftung der Verbände und in § 416 Abs. 2 RAO eine Subsidiärstrafe für Verbände angedroht.[27] § 393 RAO stellt insoweit eine Besonderheit dar, als es die erste (und einzige) Vorschrift war, in der der deutsche Gesetzgeber eine Strafbarkeit in Form einer Geldstrafe gegen Verbände angeordnet hat. Allerdings war dieser Norm nur ein kurzes Dasein vergönnt: bereits durch das Gesetz zur Änderung der RAO vom 04.07.1939 wurde § 393 RAO durch Streichung des § 396 Abs. 5 RAO praktisch gegenstandslos.[28] Damit war das Kapitel einer Strafbarkeit von Verbänden nach noch nicht einmal zwei Jahrzehn-

---

22 RGBl. I S. 1067
23 Kartell-Rundschau 1929, 213 und 1932, 476.
24 Vgl. *Callmann*, S. 224, 631.
25 *Pohl-Sichtermann*, Geldbuße, S. 21.
26 *KK-Rogall*, § 30 Rn 22.
27 Vgl. dazu ausführlich *Schmitt*, Strafrechtliche Maßnahmen, S. 50 ff.
28 Endgültig aufgehoben wurde diese Vorschrift allerdings erst durch das 1. AO StÄG vom 10.08.1967 (BGBl I S. 877) mit Wirkung zum 13.08.1967. Vgl. dazu auch *Pohl-Sichtermann*, Geldbuße, S. 21 und *KK-Rogall*, § 30 Rn 23.

ten in Deutschland bereits wieder erledigt.

Den zu § 17 der Verordnung gegen den Missbrauch wirtschaftlicher Machtstellung von den Gerichten entwickelten Grundgedanken, dass auch gegen Verbände ein Bußgeld verhängt werden kann, griff der Gesetzgeber dagegen später auf. § 8 Abs. 2 der PreisstrafrechtsVO vom 03.06.1939[29] und § 4 Abs. 2 der VerbrauchsregelungsstrafVO in der Fassung vom 26.11.1941[30] sahen nun explizit vor, dass auch gegenüber juristischen Personen eine Ordnungsstrafe[31] verhängt werden konnte.

2. Vorschriften durch die Besatzungsmächte

Die Besatzungszeit führte zu einem erneuten kurzem Intermezzo der Verbandsstrafe, als die Besatzungsmächte im Kartell- und Devisenstrafrecht Strafbestimmungen erließen, die auch Verbände mit einbezog[32]. Art. VIII Nr. 1[33] des Militärregierungsgesetzes (MRG) Nr. 53, das die bis dahin geltenden Devisenvorschriften ersetzte,[34] sah für Westdeutschland eine Bestrafung von „any person"[35] vor, wobei Art. X[36] der Regelung unter Abschnitt a) als Person auch juristische Personen sowohl des öffentlichen als auch des privaten Rechts sowie Personenvereinigungen definierte.[37] Gleiches galt durch Art. VII Ziff. 12[38] der MRG

29 RGBl I S. 999.

30 RGBl I S. 734.

31 An die Stelle der Ordnungsstrafe trat nach dem Zweiten Weltkrieg die Geldbuße als angeblich „ethisch wertneutrale Sanktion, vgl. *Göhler*, OWiG, vor § 29a, Rn 5; *Rebmann/Roth/Herrmann*, Vor § 30 Rn 1.

32 Siehe dazu umfassend: *Pohl-Sichtermann*, Geldbuße, S. 22 ff.; *Schmitt*, Strafrechtliche Maßnahmen, S. 60 ff.

33 Art. VIII Nr. 1 lautete: „Wer gegen die Bestimmungen dieses Gesetzes oder einer hierzu erlassenen Durchführungsverordnung oder Anordnung verstößt, macht sich strafbar und wird, wenn für schuldig befunden, mit Gefängnis bis zu fünf Jahren oder Geldstrafe bis zu DM 25.000,00 oder dem dreifachen Wert der den Gegenstand der strafbaren Handlung bildenden Vermögenswerte oder mit Gefängnis und Geldstrafe bestraft. Das Gericht kann auch die Einziehung der Vermögenswerte anordnen, die den Gegenstand der strafbaren Handlung bilden."

34 *Schmitt*, Strafrechtliche Maßnahmen, S. 60.

35 *Pohl-Sichtermann*, Geldbuße, S. 22.

36 Art. X a) lautete: „Person bedeutet jede natürliche Person, jede Personenvereinigung oder juristische Person des öffentlichen oder privaten Rechts, jede Regierung einschließlich staatlicher oder kommunaler Verwaltungen, Körperschaften des öffentlichen Rechts und deren Dienststellen und Organe."

37 *Schmitt*, Strafrechtliche Maßnahmen, S. 60.

38 Art. VII Ziff. 12 lautete: „Wer gegen eine Bestimmung dieses Gesetzes oder eine aufgrund dieses Gesetzes erlassene Ausführungsverordnung, Anordnung oder Anweisung verstößt oder sie umgeht oder es versucht, gegen sie zu verstoßen oder sie zu umgehen, oder einen solchen Verstoß herbeiführt, wird im Falle der Verurteilung mit einer Geldstrafe bis zu 200.000,00 DM oder mit Gefängnis bis zu zehn Jahren oder mit beiden Strafen bestraft."

56/VO 78 i. V. m. Art. V Ziffer 9 a)[39] auch im Kartellrecht.[40]

Allerdings war die Anwendbarkeit dieser Vorschriften bereits von Anfang an äußerst umstritten. Der Bundesgerichtshof bestimmte zwar in zwei Entscheidungen[41], dem sich danach weitere Gerichte anschlossen[42], dass sich Verbände nach dem Besatzungsrecht grundsätzlich strafbar machen können.[43] Allerdings würde eine Bestrafung von Verbänden dem bisherigen deutschen Rechtsdenken widersprechen, insbesondere passe sie nicht zu dem sozialethischen Schuld- und Strafbegriff.[44]

Gerade aber auch die Literatur stand der Strafbarkeit von Verbänden sehr ablehnend gegenüber und übte z. T. scharfe Kritik an den Urteilen des Bundesgerichtshofs.[45] Auch der 40. Deutsche Juristentag von 1953 lehnte eine Bestrafung von Verbänden ab.[46]

3. Deutsche Vorschriften nach 1945

Nachdem auch die Rechtsprechung keine neuen Argumente für eine Strafbarkeit von Verbänden aufführen konnte und die Literatur dem sowieso ganz überwiegend ablehnend gegenüberstand, verzichtete auch der deutsche Gesetzgeber auf eine Einführung einer Verbandsstrafbarkeit.
Stattdessen griff er auf die Verhängung von Geldbußen gegen Verbände zurück. So sahen §§ 23, 24 WiStG 1949 und § 5 WiStG 1954 eine Geldbuße auch gegen Verbände vor, sofern ein Organ des Verbandes seine Aufsichtspflicht verletzt hatte und daher eine Zuwiderhandlung in dem Betrieb begangen wurde.
Diesem Vorbild folgten im Nebenstrafrecht in immer größerem Umfang Sondervorschriften über die Verhängung von Geldbußen gegen juristische Personen

---

39 Art. V Ziffer 9 a) definierte als Person wiederum „... jede natürliche Person und juristische Person des öffentlichen oder privaten Rechts einschließlich Personenvereinigungen, Körperschaften, Gesellschaften und Regierungsstellen".

40 *Pohl-Sichtermann*, Geldbuße, S. 25 f.; *Schmitt*, Strafrechtliche Maßnahmen, S. 71 f.

41 BGHSt 5, 28 ff; BGH DDevR 1954, 10.

42 So das BayObLG, DDevR 1954, 72, das OLG Neustadt, DDevR 1957, 14 und das KG Berlin, NJW 1959, 920.

43 Der BGH bezog sich dabei auf zwei Urteile des OLG Freiburg, DDevR 1952, 91 und des Kammergerichts, DDevR 1952, 175, die zwar Geldbußen gegen Verbände verhängt haben, die aber zur strafrechtlichen Verantwortung ausdrücklich nicht Stellung bezogen. Außerdem führte er § 393 RAO als Argument dafür an, dass dem deutschen Recht eine Verbandsstrafe nicht völlig fremd sei.

44 BGHSt 5, 32.

45 Vgl. nur *Lange*, JZ 1952, 261; *Wilmanns/Urbach*, BB 1953, 102; *Siegert* NJW 1953, 527; *Bruns*, JZ 1954, 251; *Niese* JZ 1955, 31; *Jescheck*, ZStW 65, 225; dagegen zustimmend: *v. Weber*, GA 1954, 240. *Wilmanns/Urbach* aaO meinten sogar, dass das Besatzungsrecht überhaupt keine Strafbestimmungen gegen Verbände enthalte.

46 Band II S. E 88. Zuvor hatte bereits die Große Strafrechtskommission (NdSchr. Band 4, S. 321 ff) eine Strafbarkeit von Verbänden abgelehnt.

und Personenverbände nach.[47]

Der Vorteil dieser Regelung bestand darin, dass als taugliche Vortat jede Zuwiderhandlung eines beliebigen Betriebsangehörigen in Frage kam, sofern nur durch ein Organ des Verbandes eine schuldhafte Aufsichtspflichtverletzung begangen wurde und ein ursächlicher Zusammenhang bestand (der auch nachgewiesen werden musste).[48] Beging das Organ allerdings selbst eine Zuwiderhandlung und keine Aufsichtspflichtverletzung, so konnte gegen den Verband keine Geldbuße verhängt werden[49]; eine sehr zweifelhafte Regelung, die dann auch in späteren Vorschriften teilweise so nicht mehr übernommen wurde.[50] § 37 AWG, § 41 GWB, § 39 HGB, § 59 KWG und § 40 SchBG waren dagegen weiter gefasst und sahen auch in diesen Fällen eine Verbandsbuße vor.[51]

Resultat dieser punktuellen Gesetzgebungspraxis war eine nahezu unüberschaubare und weitgehend konzeptlose Zersplitterung des geltenden Rechts, die zu sachlich nicht rechtfertigbaren Unterschieden führte,[52] zumal auch eine analoge Anwendung der Vorschriften auf Gesetze, die auf eine Verbandsgeldbuße verzichteten, wegen des nulla-poena-Satzes nicht möglich war[53]; insgesamt keine sehr zufrieden stellende Situation, die fast schon willkürlich genannt werden durfte.

Um diesen Zustand zu beenden, schuf der Gesetzgeber 1968 § 26 OWiG, der durch das EGStGB von 1975 sachlich nahezu unverändert als § 30 OWiG übernommen wurde;[54] damit sollte endlich eine einheitliche Verbandsgeldbußenregelung geschaffen werden.[55] Bei dieser Gelegenheit lehnte der Gesetzgeber in

---

47 So sahen u.a. auch § 15 StatistikG vom 03.09.1953, § 26 LadenschlussG vom 28.11.1956, § 69 des Gesetzes zum Schutze der arbeitenden Jugend vom 09.08.1960 Geldbußen gegen juristische Personen und Personenverbände vor. Vergleichbare Regelungen fanden sich auch in § 156 BBauG und § 42 WHG.

48 Vgl. *Gerner-Winckhler*, § 5 WiStrG, Anm. 12 *Pohl-Sichtermann*, Geldbuße, S. 27 f; zum Ganzen: *Drathjer*, Abschöpfung rechtswidrig erlangter Vorteile, S. 4, *Göhler*, OWiG, vor § 29a Rn 6, *KK-Rogall*, § 30 Rn 22.

49 OLG Braunschweig, NJW 1953, 1484; BayObLG NJW 1952, 114; beide Urteile beziehen sich auf § 23 WiStrG 1949.

50 *Pohl-Sichtermann*, Geldbuße, S. 28.

51 *Drathjer*, Abschöpfung rechtswidrig erlangter Vorteile, S. 5; *Müller*, Stellung der juristischen Person, S. 31.

52 *Göhler*, OWiG, vor § 29a, Rn 6; *Pohl-Sichtermann*, Geldbuße, S. 29; *Drathjer*, Abschöpfung rechtswidrig erlangter Vorteile, S.5 f.

53 *Pohl-Sichtermann*, Geldbuße, S. 29.

54 § 30 OWiG erfuhr allerdings eine Erweiterung um Abs. 5, wonach die Verfallsanordnung gem. §§ 73, 73a StGB ausgeschlossen ist, sofern gegen die juristische Person bzw. Personenvereinigung bereits eine Geldbuße festgesetzt wurde (EEGStGB [BT-Drucksache 7/550] S. 344).

55 *Demuth/Schneider*, BB 1970, 649 f.; *Brender*, Die Neuregelung der Verbandstäterschaft, S. 83 ff.

Einklang mit der damals herrschenden Meinung[56] eine Verbandsstrafe erneut ab und wählte stattdessen eine bußgeldrechtliche Lösung, wobei er auch wegen schuldstrafrechtlicher Bedenken bei der Ausgestaltung auf eine enge Bindung zu der individuellen Bezugstat achtete.[57] § 26 OWiG 1968[58] stellte daher keine selbständige Sanktion dar, sondern war lediglich als Nebenfolge einer Straftat oder Ordnungswidrigkeit ausgestaltet.[59]

Unter dem Eindruck einer immer stärker zunehmenden Wirtschaftskriminalität und einer gewandelten kriminalpolitischen Auffassung wurde aber schon bald Kritik an dieser Ausgestaltung einer Verbandsgeldbuße geübt.[60] Nach der Vorstellung der EWiKG2[61] sollte die Nebenfolgenlösung aufgegeben werden, sowie der Kreis der Unternehmensangehörigen, deren Zuwiderhandlungen eine Verbandsgeldbuße auslösten, ganz generell dahin umschrieben werden, dass der Täter „zu dem Kreis der für die Leitung des Betriebes verantwortlich handelnden Personen" gehören muss. Diese Auffassung konnte sich allerdings nicht vollumfänglich durchsetzen; der Rechtsausschuss lehnte eine Erweiterung des Täterkreises u. a. wegen Bedenken hinsichtlich der Bestimmtheit des Gesetzes ab, folgte aber ansonsten den Empfehlungen.[62] 1986 trat dann die geänderte Fassung in Kraft.[63]

Diese „Selbstbeschränkung des Gesetzgebers"[64] stieß zum Teil auf heftige Kritik.[65] Auch der 57. Deutsche Juristentag von 1988 schlug eine Erweiterung des Personenkreises bei § 30 OWiG vor.[66] Diese Kritik griff der EUKG2[67] auf, letz-

---

56 RGSt 16,123; 47, 91; BGHSt 3, 132; 12, 245; *Engisch*, Verhandlungen des 40. DJT (1953), Band II S. E 7 ff.; *Heinitz*, ZStW 65, 51; *Lange*, JZ 1952, 261 ff.

57 *KK-Rogall*, § 30, Rn 25.

58 Und ebenso § 30 OWiG 1975.

59 *KK-Rogall*, § 30, Rn 25. Siehe überhaupt zum Kompromisscharakter der ganzen Vorschrift: *Schwinge*, S. 66 f.

60 Vgl. nur *Schmitt*, FS f. Lange, 1976, 878 ff; *Schünemann*, Unternehmenskriminalität, S. 155 ff, 172 ff., 232 ff; *Schünemann*, wistra 1982, 49 f.; siehe auch Sachverständigenkommission zur Bekämpfung der Wirtschaftskriminalität, Tagungsberichte Band XIV, S. 54 ff.; Schlussbericht 1980, S. 36 f.

61 BT-Drucksache 10/318, S. 38 ff.; vgl. dazu auch *Möhrenschlager*, wistra 1983, 51 ff. Zu den Konsequenzen vgl. *Tiedemann*, NJW 1988, 1169 ff.

62 BT-Drucksache 10/5058.

63 2. WiKG vom 26.05.1986. Neben der Ausgestaltung als selbständiges Sanktionsmittel wurde auch der Bußgeldrahmen erhöht (vgl. dazu *Drathjer*, Abschöpfung rechtswidrig erlangter Vorteile, S. 7).

64 *KK-Rogall*, § 30 Rn 27.

65 Vgl. nur *Achenbach*, NJW 1986, 1840 f.; *Schroth, Hans-Jürgen*, wistra 1986, 162 f.; *Tiedemann*, JZ 1986, 867; *Weber*, NStZ 1986, 482 f; ; *Achenbach*, JuS 1990, 605 ff.

66 „§ 30 OWiG sollte dahingehend geändert werden, dass gegen juristische Personen und Personenvereinigungen eine Geldbuße festgesetzt werden kann, wenn der Täter zu dem Kreis der für die Leitung des Betriebe verantwortlich handelnden Personen gehört." 57. DJT, Band II, 1988, S. L 290.

67 BT-Drucksche, 12/192, Begründung S. 31 ff.

ten Endes kam aber nur eine Erweiterung des Personenkreises durch das 2. UKG 1994 um § 30 Abs. 1 Nr. Nr. 4 OWiG heraus.[68]
Eine weitere Änderung erfuhr § 30 OWiG durch das KorrBekG vom 13.08.1997,[69] durch das die § 30 Abs. 2 S. 3 und § 30 Abs. 4 S. 2 OWiG neu hinzukamen.[70]

Die bis heute letzte Änderung wurde schließlich nicht vom nationalen Gesetzgeber, sondern von der Europäischen Union initiiert. Durch das Gesetz zur „Ausführung des Zweiten Protokolls vom 19. Juni 1997 zum Übereinkommen über den Schutz der finanziellen Interessen der Europäischen Gemeinschaften, der Gemeinsamen Maßnahme betreffend die Bestechung im privaten Sektor vom 22. Dezember 1998 und des Rahmenbeschlusses vom 29. Mai 2000 über die Verstärkung des mit strafrechtlichen und anderen Sanktionen bewehrten Schutzes gegen Geldfälschung im Hinblick auf die Einführung des Euro" vom 22.08.2002[71], in Kraft getreten am 30. August 2002, wurde der Anwendungsbereich für die Verbandsgeldbuße erneut erheblich ausgeweitet.[72] Der deutsche Gesetzgeber hat sich dabei nicht strikt an den europarechtlich vorgegebenen Rahmen gehalten, sondern ist zum Teil erheblich darüber hinausgegangen.[73] Statt der in § 30 Abs. 1 Nr. 3 OWiG aufgeführten Personenhandelsgesellschaften kann nun gegen alle rechtsfähigen Personengesellschaften eine Verbandsgeldbuße angeordnet werden. Zudem wurde eine neue Nr. 5 in § 30 Abs. 1 OWiG eingefügt, wonach zukünftig auch solche Personen die Festsetzung einer Verbandsgeldbuße auslösen können, die für die Leitung des Betriebes oder des Unternehmens verantwortlich handeln, wozu auch die Überwachung der Geschäftsführung oder die sonstige Ausübung von Kontrollbefugnissen in leitender Stellung gehört. Überdies wurde der in § 30 Abs. 2 OWiG verankerte Sanktionsrahmen verdoppelt.

Damit gelangten die gesetzgeberischen Bemühungen hinsichtlich einer Veränderung der Verbandsgeldbuße zu einem vorläufigen Ende; die Diskussion, ob im deutschen Recht eine Verbandsstrafe eingeführt werden soll, flammt dagegen

---

68 Zwischenzeitlich gab es unterschiedliche Vorschläge des Bundesrats (BT-Drucksache 12/192, S. 37 f.), des Rechtsausschusses (BerUKG2 [BT-Drucksache 12/7300], S. 27) und der Bundesregierung (BT-Drucksache 12/192, S. 42). Der Gesetzgeber lehnt es darin nach wie vor ab, alle im Leitungsbereich verantwortlich handelnden Personen in den Täterkreis einzubeziehen oder sich gar an das europäische Wirtschaftstrafrecht zu orientieren, das als Anknüpfungstat jedwedes Verhalten einer natürlichen Personen genügen lässt (vgl. *Drathjer*, Abschöpfung rechtswidrig erlangter Vorteile, S. 13; *Müller*, Stellung der juristischen Person, S. 32 f.).

69 BGBl I S. 2038.

70 Vgl. ausführlich *KK-Rogall*, § 30 Rn 28.

71 BGBl. I, 3387.

72 *Eidam*, wistra 2003, 447 ff.

73 *Achenbach*, wistra 2002, 445 fordert deshalb, dass zumindest bei der Interpretation diese Erkenntnis durch eine europarechtskonforme Auslegung berücksichtigt werden müsse.

nach wie vor immer wieder auf.[74]

II. Grundlegendes zu § 30 OWiG

1. Dogmatische Grundlagen für die Zulässigkeit der Verbandsgeldbuße gem. § 30 OWiG

Es mutet zunächst erstaunlich an, dass das deutsche Recht zwar keine Strafbarkeit von Verbänden kennt, aber deren Sanktionsfähigkeit im Ordnungswidrigkeitenrecht anerkennen soll.
Nach § 30 OWiG ist es nämlich möglich, Geldbußen gegen juristische Personen oder bestimmte Personenvereinigungen festzusetzen, sofern deren Repräsentanten eine Straftat oder Ordnungswidrigkeit begangen haben, durch die entweder die Pflichten des Verbandes verletzt wurden oder durch die es deshalb zu einer Bereicherung des Verbandes kam.

Die Begründungsansätze für die Zulässigkeit einer solchen Verbandsgeldbuße im Ordnungswidrigkeitenrecht gehen weit auseinander.[75] *Rogall* sieht § 30 OWiG als eine Norm an, die eine Verbandstäterschaft begründet.[76] Er begründet wird dies mit der sog. gesellschaftsrechtlichen Organtheorie[77], die den Verband selbst als Träger von Rechten und Pflichten betrachtet, der sich zu deren Wahrnehmung und Erfüllung nur seiner Organe und Vertreter „bedient".[78] Damit wä-

---

74 Vgl. hierzu nur *Volk*, JZ 1993, S. 429 ff.

75 Für die Verbandsgeldbuße gem. § 30 OWiG selbst spielt dieser Streit allerdings nur eine untergeordnete Rolle. Umso größere Bedeutung kommt ihm aber bei der Problematik um die Zulässigkeit einer Verbandsstrafbarkeit zu. Insbesondere heizte diese Entscheidung des Gesetzgebers die Diskussion um eine Unternehmensstrafbarkeit neu an (vgl. nur *Otto*, Jura 1998, 415). Da dies nicht Gegenstand dieser Arbeit sein kann, wird darauf nur insoweit eingegangen, als es für das Verständnis der Verbandsgeldbuße gem. § 30 OWiG notwendig ist. Ausführlich zur Problematik der Unternehmensstrafbarkeit: *Eidam*, Straftäter Unternehmen; *Göhler*, ZStW 1978 (Beiheft), 100 ff.; *Heine*, Die strafrechtliche Verantwortlichkeit von Unternehmen; *Hetzer*, wistra 1999, 361 ff.; *Ransiek*, Unternehmensstrafrecht; *ders*., ZGR 1999, 613 ff.; *Schroth, Hans-Jürgen*, Unternehmen als Normadressaten und Sanktionssubjekte; *Schünemann*, Unternehmenskriminalität und Strafrecht; *ders*. in Madrid-Symposium für Klaus Tiedemann, S. 265 ff.; *Schlüter*, Die Strafbarkeit von Unternehmen in einer prozessualen Betrachtung; *Stratenwerth* in FS Schmitt, S. 295 ff; *Tiedemann*, NJW 1986, 1842 ff.; *Volk*, JZ 1993, 429 ff.;

76 *KK-Rogall*, § 30 Rn 2, 8.

77 Diese Theorie geht insbesondere auf *Otto v. Gierke* (Die Genossenschaftstheorie und deutsche Rechtsprechung, S. 603 ff. und 620 ff.; auch in: Deutsches Privatrecht I, S. 518 ff.) zurück und kann bereits seit längerem als „herrschende Meinung" bezeichnet werden (vgl. nur *Schmidt, Karsten*, Gesellschaftsrecht, S. 251 mwN). Zur Organtheorie vgl. auch *Schmidt, Karsten*, Gesellschaftsrecht, S. 250 ff.; *Beuthien*, FS für Zöllner, 1999, S. 87 ff.; *ders*., NJW 1999, 1142 ff.

78 *Soergel/Hadding*, BGB I, AT, § 26 Rn 3 spricht davon, dass juristischen Personen das Handeln ihrer Organe nicht nur zugerechnet wird, sondern dass diese durch ihre Organe

re die „Delinquenz des berufenen Vertreters als Eigendelinquenz des Verbandes" anzusehen.[79]
Diesem Modell ist eine gewisse „Schlichtheit" nicht abzusprechen[80], ob es aber auch bei § 30 OWiG richtig ist oder gar, wie *Rogall* meint, die einzige Erklärungsmöglichkeit de lege lata bildet[81], wage ich aus folgenden Gründen zu bezweifeln:

§ 30 OWiG umfasst nicht nur juristische Personen, sondern auch bestimmte Personenverbände, insbesondere auch Personengesellschaften.[82] Das aber könnte problematisch sein. Gilt die gesellschaftsrechtliche Organtheorie auch für diese Personenverbände? Ursprünglich war die Anwendung dieser Theorie auf juristische Personen beschränkt.[83] Ob diese Theorie nun auch auf Personengesellschaften ausgedehnt werden kann, ist gesellschaftsrechtlich noch nicht gesichert. Denn wie soll ein organschaftliches Eigenhandeln der Gesellschaft möglich sein, wenn Personengesellschaften über keine Organe verfügen? *Beuthien*[84] sieht diese Schwierigkeit, will aber dennoch die Organtheorie auch auf Personengesellschaften anwenden, je größer die rechtliche Verselbständigung (wie z. B. bei der oHG) ist. *Karsten Schmidt*[85] befürwortet sogar eine Ausdehnung auf alle rechtsfähigen Verbände. Nur unter dieser Prämisse erscheint es mir aber überhaupt sinnvoll, die Organtheorie für eine Begründung einer vermeintlichen Verbandstäterschaft in § 30 OWiG heranzuziehen. Denn es kann nicht überzeugen, aus § 30 OWiG nur bzgl. bestimmter Normadressaten eine Verbandstäterschaft herauszulesen, da dafür auch der Wortlaut der Norm keinerlei Anhaltspunkte bietet.

Besonders schwierig wird es, wenn man auch die Gesellschaft bürgerlichen Rechts als von § 30 OWiG mit umfasst ansieht.[86] Gilt die Organtheorie auch für die Gesellschaft bürgerlichen Rechts? *Karsten Schmidt*[87] bejaht dies wohl, zweifelnder ist dagegen schon *Beuthien*[88], andere[89] lehnen dies jedoch komplett ab.[90]

---

selbst handelt. Dies wiederum wird insbesondere von *Flume* (AT des BGB I 2, S. 377) bestritten.

79 So ausdrücklich *KK-Rogall*, § 30 Rn 8.
80 So *LK-Schünemann*, § 14 Rn 78.
81 *KK-Rogall*, § 30 Rn 8.
82 Näheres dazu unten unter D.II.1.
83 *Schmidt, Karsten*, Gesellschaftsrecht, S. 250 ff.
84 *Beuthien*, NJW 1999, 1145 f, insbesondere S. 1146 unter V. 5., 6.
85 *Schmidt, Karsten*, Gesellschaftsrecht, S. 253 f.
86 So forderten *Karsten Schmidt*, wistra 1990, 134, 135; *Müller*, Stellung der juristischen Person, S. 55; *Deruyck*, Verbandsdelikt, S. 170 ff. bereits schon zum § 30 Abs. 1 Nr. 3 OWiG a. F., dass auch die Gesellschaft bürgerlichen Rechts mitumfasst sein sollte (zumindest de lege ferenda). Näheres dazu unten unter D.II.2.
87 *Schmidt, Karsten*, Gesellschaftsrecht, S. 253 f.
88 *Beuthien*, NJW 1999, S. 1145 f.

Entscheidend gegen die Annahme einer Verbandstäterschaft spricht aber die Tatsache, dass auch der Gesetzgeber eine solche Begründung durch die Schaffung des damaligen § 26 OWiG[91] ausdrücklich abgelehnt hat. Eine solch gravierende Abkehr von dem bis dato geltenden Rechtszustand sei nämlich nur durch sehr schwerwiegende Gründe zu rechtfertigen, solche seien aber nicht ersichtlich.[92]

Zu bedenken ist ferner, dass dem damaligen Gesetzgeber die Organtheorie ebenfalls bekannt war[93], ohne dass er ihr aber bei § 30 OWiG irgendwelche größere Bedeutung zugemessen hätte. Vielmehr ist die Eigenständigkeit des Ordnungswidrigkeitenrechts gegenüber dem Gesellschaftsrecht zu betonen. Eine zu große Abhängigkeit von gesellschaftsrechtlichen Theorien führt – wie oben gezeigt – im Ordnungswidrigkeitenrecht zu erheblichen Problemen und Unstimmigkeiten. An dieser Feststellung hat sich auch durch das 2. WiKG nichts geändert, das in § 30 Abs. 4 OWiG die Möglichkeit eines selbständigen Verfahrens gegen das betroffene Unternehmen eröffnete.[94] Damit wurde nämlich lediglich die Möglichkeit eröffnet, auch dann gegen einen Verband eine Geldbuße zu verhängen, wenn wegen der Straftat oder der Ordnungswidrigkeit gegen die natürliche Person selbst kein Verfahren eingeleitet bzw. wieder eingestellt wurde[95]; der Verband kann somit unabhängig von der natürlichen Person mit einer Geldbuße belegt werden.

Nach wie vor bleibt aber der grundsätzliche Zusammenhang zwischen der Straftat bzw. Ordnungswidrigkeit der natürlichen Person als Anknüpfungstat und der Geldbuße gegen den Verband erhalten; es tritt allenfalls eine Lockerung für eine

---

89 *Lehmann/Dietz*, S. 107; *von Gamm*, in RGRK § 714 Rn 1. Allerdings ist auch hier zu beachten, dass sich dieser Streit womöglich zugunsten von Karsten Schmidt durch die Urteile des BGH (NJW 1999, 3483 ff; NJW 2001, 1056 ff.) verschoben hat, da danach auch die Gesellschaft bürgerlichen Rechts als (zumindest teil-)rechtsfähig angesehen werden kann.

90 Zur Gesellschaft bürgerlichen Rechts vgl. unten, D. II. 2.

91 Gleiches gilt aber nach wie vor auch für § 30 OWiG.

92 BT-Drucksache V/1269, S. 58. Der Gesetzgeber führt weiter aus, dass eine solche „Kriminalstrafe" auch der Trennung von Kriminalstrafrecht und Ordnungsunrecht widersprechen würde, außerdem sei die „Strafbarkeit" der juristischen Person weder mit dem Schuldstrafrecht, noch mit dem Wesen der Strafe zu vereinbaren. Zwar sind all diese Begründungsansätze durchaus anfechtbar, nichts desto trotz wird der gesetzgeberische Wille daraus klar ersichtlich. Diesen Willen in einer solch wichtigen und grundlegenden Angelegenheit einfach zu ignorieren, erscheint mir unangebracht.

93 Der Streit zwischen der Vertreter- und der Organtheorie tobt ja bereits seit längerem, vgl. nur Fn. 77.

94 Im Gegensatz dazu war die Verbandsgeldbuße bis dahin als reine Nebenfolge ausgestaltet (vgl. zur damaligen Regelung insbesondere *Müller*, Stellung der juristischen Person, S. 46 ff.). Zur Neuregelung vgl. u. a. *Tiedemann*, NJW 1988, 1171; *KK-Rogall* § 30 Rn 26.

95 *Tiedemann*, NJW 1988, 1171.

(gedachte) Ausnahmesituation ein.[96] Nach wie vor muss daher auch festgestellt werden, dass eine in § 30 OWiG aufgeführte natürliche Person die Straftat oder Ordnungswidrigkeit begangen hat.[97]

§ 30 OWiG stellt somit *meines Erachtens* (auch nach der Aufgabe als bloße Nebenfolgeregelung) keine tragfähige Grundlage für die Begründung einer (organschaftlichen) Verbandstäterschaft dar.

§ 30 OWiG kann auch als Zurechnungsnorm verstanden werden, wobei das fremde Handeln der natürlichen Personen dem Verband als eigenes Handeln zugerechnet wird.[98] Allerdings weist auch dieses Modell erhebliche Schwierigkeiten auf. Kann die Zurechnung fremden Handelns noch gut begründet werden,[99] gestaltet sich die Zurechnung der Schuld deutlich schwieriger.

Teilweise wird auf den Gedanken des „Organisationsverschuldens" zurückgegriffen, wonach dem Verband durch das Außerachtlassen von pflichtgemäß zu treffenden Vorsorgemaßnahmen eine eigene Verantwortlichkeit trifft.[100] Allerdings fingiert § 30 OWiG keine „Verbandsschuld".[101] Auch kann sich der Verband nun einmal nicht selbst, sondern nur durch seine Organe organisieren;[102] eine Handlung würde dadurch eine doppelte Schuldwirkung entfalten.[103]

Nimmt man dagegen eine „strict liability" an, wonach der Verband für die fremde, schuldhaft begangene Handlungen „strikt" haftet, könnte auf eine eigene Verantwortlichkeit des Verbandes insoweit verzichtet werden. Allerdings weist diese Konstruktion erhebliche Probleme mit dem Schuldgrundsatz auf. So hat das Bundesverfassungsgericht festgestellt, dass auch im Ordnungswidrigkeitenrecht der Schuldgrundsatz eine tragende Rolle einnimmt;[104] dem genügt dieses Modell nicht.

---

96 *Tiedemann*, NJW 1988, 1171.
97 *Tiedemann*, NJW 1988, 1171.
98 Vgl. nur *Tiedemann*, NJW 1988, 1172.
99 Vgl. hierzu näher BVerfGE 20, 323, 335 f. sowie *Tiedemann*, NJW 1988, 1172.
100 Grundlegend hierzu *Tiedemann*, NJW 1988, 1172.
101 *Mitsch*, Recht der Ordnungswidrigkeiten, Teil 3 § 3 Rn 4.
102 *Roxin*, Strafrecht AT, § 8 Rn 62.
103 Vgl. näher dazu auch *LK-Schünemann*, § 14 Rn 78 und *KK-Rogall*, § 30 Rn 6.
104 BVerfGE 9, 167, 169; BVerfGE 20, 323, 333.

Schünemann will daher im Rahmen des „Maßregelmodells"[105] zwar gänzlich auf eine Schuldzurechnung verzichten, um dann aber das reine Veranlassungsprinzip (als Legitimationsbasis für eine Zurechnung) durch den Gedanken des Präventionsnotstandes zu beschränken.[106]
Doch auch dieses Modell ist nur schwer mit dem Schuldgrundsatz zu vereinbaren. Außerdem ist *Rogall*[107] insofern Recht zu geben, dass dieses Modell zwar gut für die Regelung einer zukünftigen „Unternehmensstrafbarkeit" geeignet ist, jedoch nicht als Begründung für den jetzigen Rechtszustand dienen kann.[108]
Damit kann auch das Zurechnungsmodell nicht überzeugen.

Meines Erachtens ist § 30 OWiG daher richtigerweise als eine Haftungsnorm i. S. einer Akzessorietätsregelung zu betrachten. *Mitsch*[109] vergleicht § 30 OWiG dabei mit einer Bürgschaft oder mit der Haftung des Staates für Amtspflichtverletzungen.[110] Demnach werden die Voraussetzungen für eine Ahndung gem. § 30 OWiG durch ein bestimmtes Verhalten (mit einer bestimmten bußgeld- oder strafrechtlichen Qualität) einer natürlichen Person erfüllt; nur die Rechtsfolge aus § 30 OWiG trifft dann aber eine ganz andere Person (juristische Person oder bestimmte Personenverbände).[111] Der Unterschied zur Bürgschaft oder zur Staatshaftung besteht nach *Mitsch* darin, dass keine „alternative Tilgung einer Schuld" vorgenommen wird, sondern eine „Sanktionenkumulation" stattfinde.[112] Dem wird insbesondere von *Rogall*[113] entgegengehalten, das ein solches Verständnis von § 30 OWiG mit dessen Neufassung von 1986, in der die Nebenfolgelösung abgeschafft wurde, nicht mehr zu vereinbaren sei. Außerdem wollte man ja die alte „Subsidiaritätshaftung" nach den §§ 416, 417 RAO gerade nicht

105 Das sog. „Maßregelmodell" (vgl. hierzu insb. *Schünemann*, Unternehmenskriminalität, S. 232, 236 ff; *ders.*, in Madrid-Symposium für Klaus Tiedemann, S. 285 ff; *ders.* in LK, § 14 Rn 78; *Stratenwerth* in FS für Schmitt, S. 295 ff.; zur grundsätzlichen Kritik: *KK-Rogall*, § 30 Rn 7, der dieses Modell als offensichtlich ungeeignet ansieht, das bestehende Recht zu erklären und stattdessen nur „Blaupausen" liefere) stellt weniger eine Legitimations- als vielmehr eine Limitationsgrundlage dar (vgl. *Schünemann*, Unternehmenskriminalität, S. 248 ff.).

106 Näher hierzu *Schünemann*, Unternehmenskriminalität, S. 248 ff. sowie *ders.*, Madrid-Symposium für Klaus Tiedemann, S. 285 ff.

107 KK-Rogall, § 30 Rn 7.

108 So wird diese Theorie auch vornehmlich unter dem Gesichtspunkt einer möglichen Reformentwicklung diskutiert, vgl. nur *Otto*, Jura 1998, 415; *KK-Rogall*, § 30 Rn 7.

109 *Mitsch*, Recht der Ordnungswidrigkeiten, Teil III § 3 Rn 4, 5.

110 *Mitsch*, Recht der Ordnungswidrigkeiten, Teil III § 3 Rn 5.

111 *Mitsch* aaO.

112 *Mitsch* aaO. Dabei handelt es sich aber nicht um eine Sanktionenkumulation bei einer Person (die auch wegen des Verbots der Doppelstrafe gem. Art. 103 Abs. 3 GG verfassungswidrig wäre), sondern es wird gegen die natürliche Person in aller Regel ein Bußgeld oder eine Strafe verhängt und selbständig dazu muss die Personenvereinigung ein Bußgeld gem. § 30 OWiG bezahlen; beide Sanktionen bestehen also unabhängig nebeneinander.

113 *KK-Rogall*, § 30 Rn 2.

in § 30 OWiG übernehmen.[114]

Diese Einwände vermögen indes nicht zu überzeugen.

Bei dieser Konstruktion handelt es sich ja gerade nicht um eine „Subsidiaritätshaftung“, da sowohl die natürliche Person als auch der jeweilige Verband belangt wird.
Auch liegt kein Verstoß gegen die seit 1986 geltende Neufassung als selbständig verhängbare Geldbuße vor. § 30 Abs. 4 OWiG verlangt nach wie vor die Feststellung, dass das Organ etc. eine Straftat oder eine Ordnungswidrigkeit vorwerfbar begangen hat.[115] Vielmehr sollte nur eine Erleichterung geschaffen werden, wenn etwa nicht geklärt werden kann, welcher natürlicher Person genau der Vorwurf zu machen ist, aber feststeht, dass ein Organ etc. einen Verstoß begangen hat.[116] Diese Konstruktion kann mit der hier vertretenen „Rechtsfolgenlösung“ sehr gut in Einklang gebracht werden.
Auch ergeben sich keine Probleme mit dem Schuldprinzip, denn das Bundesverfassungsgericht verlangt lediglich, dass der Verband nur für rechtswidrig und schuldhaftes Handeln des zur Vertretung Berechtigten verantwortlich gemacht wird.[117] Dieser Vorgabe wird auf diese Weise Genüge getan.

2. Zweck der Vorschrift

Die entscheidenden Hinweise für den Zweck des § 30 OWiG liefert bereits die Gesetzesbegründung selbst.
Darin heißt es, dass durch diese Regelung ein Ausgleich dafür ermöglicht werden soll, „dass der juristischen Person, die nur durch ihre Organe zu handeln imstande ist, zwar die Vorteile dieser in ihrem Interesse vorgenommenen Betätigung zufließen, dass sie aber beim Fehlen einer Sanktionsmöglichkeit nicht den Nachteilen ausgesetzt wäre, die als Folge der Nichtbeachtung der Rechtsordnung im Rahmen der für sie vorgenommenen Betätigung eintreten können. Die juristische Person wäre dann gegenüber der natürlichen Person besser gestellt. So kann z. B. gegen einen Einzelunternehmer, der unter Verletzung der ihm obliegenden Pflichten als Unternehmer eine Straftat oder Ordnungswidrigkeit selbst begeht, die Strafe oder Geldbuße unter Berücksichtigung des wirtschaftlichen Wertes seines Unternehmens und der für das Unternehmen erzielten oder beabsichtigten Vorteile festgesetzt werden, während bei einer entsprechenden Pflichtverletzung durch das Organ einer juristischen Person die Strafe oder Geldbuße nur unter Berücksichtigung seiner persönlichen wirtschaftlichen Verhältnisse festgesetzt werden kann. Die hiernach zulässige Strafe oder Geldbuße

---

114 *KK-Rogall* aaO.
115 BGH NStZ 94, S. 346; *Tiedemann*, NJW 1988, 1173; *Göhler*, OWiG, § 30 Rn 40.
116 *Göhler*, OWiG, § 30 Rn 40.
117 BVerfGE 20, 323, 335.

würde vielfach in keinem angemessenen Verhältnis zur Tragweite der Tat stehen und weder geeignet sein, die der juristischen Person zugeflossenen Gewinne abzuschöpfen noch die Erzielung solcher Gewinne zu bekämpfen."[118] Damit erfüllt die Verbandsgeldbuße gem. § 30 OWiG sowohl repressive, als auch reparative und präventive Zwecke.[119]

Sie wirkt insofern repressiv, als sie eine Reaktion auf ein begangenes Ordnungsunrecht darstellt. Diese repressive Wirkung, die ausnahmsweise gegen einen in § 30 OWiG aufgeführten Verband gerichtet ist, führt aber nicht zu einer täterschaftsbegründenden Funktion und steht daher auch nicht in einem engen Zusammenhang mit den §§ 14 OWiG, 25 StGB.[120] Der Schwerpunkt dieser Regelung liegt nämlich vielmehr auf der reparativen Seite.[121] D. h. es soll vornehmlich der durch die Straftat bzw. Ordnungswidrigkeit zu Gunsten des Verbandes erlangte Vorteil abgeschöpft werden.[122] Neben diesem Hauptzweck soll § 30 OWiG noch eine „generalpräventive"[123] Wirkung zukommen. Die in § 30 OWiG aufgeführten natürlichen Personen sollen nämlich in dem Bewusstsein handeln, dass, wenn sie gegen die Rechtsordnung verstoßen, nicht nur für sie selbst negative Konsequenzen in Form von strafrechtlichen und bußgeldrechtlichen Sanktionen eintreten, sondern dass auch gegenüber dem Verband eine u. U. nicht unerhebliche Geldbuße verhängt werden kann,[124] mit der Folge, dass durch die mögliche Abschöpfung auch dort der rechtswidrig erlangte Vorteil nicht verbleibt.[125] Dies hat zusätzlich auch für betroffene Mitarbeiter weitere negative Folgen: Zum einen müssen sie persönliche Konsequenzen in Form von Abmahnungen oder gar Entlassungen befürchten, zum anderen verschlechtert sich dadurch zugleich auch die wirtschaftliche Situation des Verbandes insgesamt mit der damit verbundenen Gefahr eines Arbeitsplatzverlustes.

---

118 BT-Drucksache, V/1269, S. 59.

119 *Lemke*, OWiG, § 30, Rn 5; *Rebmann/Roth/Herrmann*, Vor § 30 Rn 8; *Pohl-Sichtermann*, Geldbuße, S. 53.

120 AA freilich *KK-Rogall*, § 30 Rn 16.

121 So auch *Rebmann/Roth/Herrmann*, Vor § 30 Rn 8. *Meines Erachtens* verkennt *KK-Rogall* aaO genau dies und misst der repressiven Wirkung eine viel zu große Bedeutung bei; u. a. deshalb nimmt er wohl auch (fälschlicherweise) eine täterschaftsbegründende Funktion an.

122 Vgl. dazu auch *Pohl-Sichtermann*, Geldbuße, S. 48 f.; OLG Hamm, NJW 1973, 1851 ff.

123 So *Göhler*, OWiG, vor § 29a Rn 11.

124 *Rebmann/Roth/Herrmann*, vor § 30, Rn 8; *Göhler*, OWiG, vor § 29a Rn 11.

125 Damit wird zugleich der Anreiz genommen, dem Verband durch rechtswidrige Taten einen Vorteil zu verschaffen, da dieser ihn womöglich gar nicht behält.

3. Regelungsbereich

§ 30 OWiG ist eine „Kann“-Bestimmung. Sie gilt einheitlich und abschließend für alle Fälle einer Verhängung einer Sanktion gegenüber juristischen Personen und Personenvereinigungen.[126]
Der vollen Bedeutung von § 30 OWiG wird man über nur bei einer Gesamtbetrachtung mit §§ 9, 130 OWiG gerecht.[127] Dadurch wird eine grundsätzliche Sanktionsmöglichkeit auch in den Fällen eröffnet, bei denen die eigentliche Zuwiderhandlung von Personen begangen werden, die nicht zu den in § 30 OWiG aufgeführten Organen gehören, sondern in der Hierarchie des Unternehmens auf niedrigerer Ebene stehen (näheres dazu unten im 2. Kapitel, B.II.).

B. Verhältnis von § 30 OWiG zu anderen Sanktionsnormen

I. Verhältnis zu den Verfallsanordnungen der §§ 73 ff StGB und §§ 29, 29a OWiG

Die Verfallsvorschriften der §§ 73 ff. StGB dienen – wie §§ 30 Abs. 3, 17 Abs. 4 OWiG – der Gewinnabschöpfung und somit dem Ausgleich unrechtmäßiger Vermögensverschiebungen.[128] § 73 Abs. 3 StGB erlaubt die Anordnung des Verfalls auch bei einem Dritten, sofern diesem die Vorteile zugute kamen. Dritter i. S. d. § 73 Abs. 3 StGB ist dabei neben jeder natürlichen Person auch die juristische Person[129] sowie Personengesellschaften[130]; § 73 Abs. 3 StGB ist daher umfassender als § 30 OWiG.

Gleiches gilt im Grundsatz auch für die Regelungen der §§ 29, 29a OWiG. Auch sie sollen Vermögensvorteile abschöpfen und unrechtmäßige Vermö-

126 *KK-Rogall*, § 30 Rn 19.
127 *Többens*, NStZ 1999, 1 ff. spricht gar von der „Troika der §§ 9, 130 und 30 OWiG“ zur Bekämpfung der Wirtschaftskriminalität.
128 *LK-Schmidt*, § 73 Rn 7.
129 Strittig ist dabei, inwieweit auch gegenüber einer juristischen Person des öffentlichen Rechts ein Verfall angeordnet werden kann. Vgl. dazu ausführlich, *Güntert*, Gewinnabschöpfung, S. 54 ff. Richtigerweise sind auch diese Personen in den Adressatenkreis des § 73 Abs. 3 StGB einzubeziehen (vgl. nur die überzeugende Argumentation bei *Güntert* aaO). Daraus folgt *meines Erachtens* auch ein zwingendes Argument für die Einbeziehung von juristischen Personen des öffentlichen Rechts in den Adressatenkreis des § 30 OWiG, da eine Ungleichbehandlung jedweder nachvollziehbaren Grundlage entbehrt.
130 Entgegen der Ansicht von *Güntert*, Gewinnabschöpfung, S. 54, auf die auch *LK-Schmidt* § 73 Rn 51 verweist, muss seit BGH NJW 2001, 1056 ff. auch die Gesellschaft bürgerlichen Rechts in den Adressatenkreis des § 73 Abs. 3 StGB mit einbezogen werden, da deren Parteifähigkeit (auch gerade die passive) richtigerweise anerkannt wurde, so dass es keinen Grund mehr gibt, die Gesellschaft bürgerlichen Rechts nicht einzubeziehen.

gensverschiebungen wieder ausgleichen.[131] Darüber hinaus soll diesen Normen eine Ergänzungsfunktion zu § 30 OWiG in den Fällen zukommen, in denen ein anderer[132] als der Täter den Vermögensvorteil erlangt hat (§ 29a Abs. 2 OWiG) oder in denen der Täter zwar rechtswidrig aber nicht (nachweislich) vorwerfbar gehandelt hat (§ 29a Abs. 1 OWiG).[133] § 29 OWiG dient ebenfalls dem Zweck, evtl. Lücken zu schließen.[134]

Grundsätzlich wäre es daher möglich, gegen den betreffenden Verband eine Verfallsanordnung entweder gem. § 73 Abs. 3 StGB oder gem. §§ 29, 29a O-WiG zu verhängen und anschließend eine Geldbuße gem. § 30 OWiG festzusetzen bzw. genau umgekehrt vorzugehen. Dadurch aber würde die Gefahr einer doppelten Sanktionierung des jeweiligen Verbandes entstehen. Hier greift § 30 Abs. 5 OWiG ein.

Danach ist die Anordnung eines Verfalls gegen die juristische Person oder gegen die Personenvereinigung nach den genannten Vorschriften ausgeschlossen, sofern gegen sie wegen derselben Tat bereits eine Geldbuße nach § 30 OWiG festgesetzt wurde. *Güntert*[135] will nun dem Richter eine Wahl zugestehen, ob dieser eine Verfallsanordnung oder eine Geldbuße verhängt. Dem kann nicht gefolgt werden.

Meines Erachtens gibt § 30 Abs. 5 OWiG dem Richter keine Wahlmöglichkeit, sondern es handelt sich um eine gesetzlich angeordnete Form der Spezialität, so dass der Verhängung einer Geldbuße gegenüber der Verfallsanordnung Vorrang einzuräumen ist. Dies folgt bereits daraus, dass die Verbandsgeldbuße nach § 30 OWiG das umfassendere Verfahren darstellt, welches auch genau für diesen Zweck geschaffen wurde. Auch die Tatsache, dass der Gesetzgeber ausdrücklich nur das Konkurrenzverhältnis geregelt hat, bei der zunächst eine Geldbuße nach § 30 OWiG festgesetzt wurde, nicht aber den umgekehrten Fall, wenn also bereits eine Verfallsanordnung getroffen und es erst danach zur Verhängung einer Geldbuße kommt, spricht dafür, dass der Gesetzgeber diese Reihenfolge für den Regelfall auch tatsächlich so gewollt hat.

Einigkeit muss darüber bestehen, dass aus diesem, entgegen § 30 Abs. 5 OWiG zustande gekommenen Verfahren, keine Nachteile für den betroffenen Verband

---

131 *Göhler*, OWiG, § 29 Rn 1.

132 Der Begriff „anderer" ist dabei wie in § 73 Abs. 3 StGB zu bestimmen, so dass auf die Obenstehenden Ausführungen verwiesen werden kann. Eine andere Sichtweise verbietet sich schon aufgrund des gleichlautenden Wortlauts. Siehe ausführlich dazu *Drathjer*, Abschöpfung rechtswidrig erlangter Vorteile, S. 126 ff.

133 *Göhler*, OWiG, § 29 Rn 1.

134 Wobei hier aufgrund der expliziten Aufzählung der gleiche Adressatenkreis wie bei § 30 OWiG zugrunde zu legen ist; vgl. auch *Göhler*, OWiG, § 29 Rn. 1, 2.

135 *Güntert*, Gewinnabschöpfung, S. 28.

resultieren dürfen. Da die Verhängung einer Geldbuße den umfassenderen Zweck darstellt, muss eine solch nachträgliche Verhängung möglich sein.[136] Allerdings weisen *Schäfer*[137], *Göhler*[138] und auch *Rebmann/Roth/Herrmann*[139] völlig zurecht darauf hin, dass die Verfallsanordnung voll bei der Bemessung der Geldbuße berücksichtigt werden muss, um eine doppelte Sanktionierung zu vermeiden; von der eigentlich zu verhängenden Geldbuße ist daher der durch die Verfallsanordnung festgesetzte Betrag abzuziehen, und nur hinsichtlich des Restbetrages darf die Geldbuße noch verhängt werden.

II. Verhältnis zu den §§ 8 – 11 WiStG 1954

Gem. § 8 Abs. 1 WiStG 1954 kann bei einer Zuwiderhandlung im Sinne der §§ 1 bis 6 WiStG angeordnet werden, dass der Mehrerlös, der durch einen höheren als den zulässigen Preis erzielt wurde, an das Land abgeführt werden muss. § 10 Abs. 2 WiStG 1954 erlaubt auch, dass dieser Mehrerlös selbständig von einer juristischen Person oder einer Personengesellschaft des Handelsrechts abgeführt wird, sofern diesen der Mehrerlös zugeflossen ist und die rechtswidrige Tat im Sinne dieses Gesetzes in dem Betrieb begangen wurde. Es besteht daher eine ganz ähnliche Struktur wie im Ordnungswidrigkeitenrecht.

Allerdings sind diese Vorschriften für das hier zu behandelnde Thema kaum relevant, da es bei den §§ 8 – 11 WiStG 1954 nicht zu einer Konfliktsituation von Steueranspruch und Verbandsgeldbuße kommen kann. Diese Vorschriften erfassen nämlich lediglich Verstöße gegen Sicherstellungsvorschriften[140] und Preisregelung bzw. –überhöhungen[141], nicht aber gegen die Abgabenordnung. Von Bedeutung ist lediglich die Frage, ob bei der Berechnung des Mehrerlöses steuerliche Ansprüche Berücksichtigung finden müssen. Hierzu kann nichts anderes gelten als bei §§ 30, 17 OWiG, da sich die Vorschriften von ihrer dogmatischen Struktur wie von dem Sinn und Zweck zu sehr ähneln, als dass eine unterschiedliche Behandlung gleicher Probleme geboten wäre. Daher kann für die Lösung dieser Fragen auf die nachfolgenden Ausführungen verwiesen werden.

§ 8 Abs. 4 WiStG 1954 ordnet darüber hinaus an, dass die Abführung des Mehrerlöses an die Stelle der §§ 73, 73a StGB bzw. §§ 29, 29a OWiG tritt, diese also gegenüber den Verfallsregelungen vorrangig ist (eine vergleichbare

---

[136] *Rebmann/Roth/Herrmann*, § 30 Rn 49; *Göhler*, OWiG § 30 Rn 37.
[137] LK-Schäfer, 10. Aufl., § 73 Rn 46 (der aber explizit nur auf die Verfallsanordnungen gem. § 73 StGB eingeht).
[138] *Göhler*, OWiG, § 30 Rn 37.
[139] *Rebmann/Roth/Herrmann*, § 30 Rn 49.
[140] Vgl. dazu die enumerative Aufzählung in § 1 Abs. 1 sowie § 2 WiStG 1954.
[141] Vgl. dazu die §§ 3 – 5 WiStG 1954.

Regelung wie § 30 Abs. 5 OWiG).

Wie sich die Abführung aber zur (Verbands-)Geldbuße gem. §§ 30, 17 OWiG verhält, dazu schweigt das WiStG 1954. Dass §§ 30, 17 OWiG nicht in § 8 Abs. 4 WiStG 1954 aufgeführt wurde, könnte man als ein Versehen des Gesetzgebers ansehen und die Vorschriften des WiStG 1954 ebenfalls an die Stelle der §§ 30, 17 OWiG treten lassen. Dafür würde auch sprechen, dass die Abführung nur bei äußerst speziellen Zuwiderhandlungen festgesetzt werden kann, so dass die §§ 30, 17 OWiG als subsidiär anzusehen wären. Für diese Lösung spricht auch, dass es sich bei den §§ 8 – 11 WiStG 1954 um Vorschriften handelt, die zwingend angeordnet werden müssen, wenn ein Fall der §§ 1 – 6 WiStG 1954 einschlägig ist, während es sich bei §§ 30, 17 OWiG um Kann-Vorschriften handelt.[142]

Jedoch ist vielmehr von einem „beredtem Schweigen" des Gesetzgebers auszugehen. Der Wortlaut dieser Vorschriften legt es bereits nahe, diese im Verhältnis zu § 30 OWiG genauso wie die Verfallsvorschriften zu behandeln, also nach § 30 Abs. 5 OWiG zu verfahren, denn immerhin treten diese nur an die Stelle der Verfallsanordnung, nehmen also sozusagen deren Platz ein. Dann aber kann uneingeschränkt § 30 Abs. 5 OWiG angewandt werden, so dass eine Abführung demnach nach der Verhängung einer Geldbuße gem. §§ 30, 17 OWiG nicht mehr möglich ist. Für diese Lösung spricht außerdem, dass es sich bei den §§ 30, 17 OWiG um die umfassenderen Normen handelt, die der Sanktionsbehörde einen weiteren Spielraum eröffnen.

Tritt der Fall ein, dass nach der Festsetzung einer Abführung noch eine Geldbuße gem. §§ 30, 17 OWiG festgesetzt wird, so muss ausnahmsweise in derselben Höhe, wie eine Abführung nach dem WiStG 1954 erfolgt ist, der wirtschaftliche Vorteil bei der Bemessung der Höhe der Geldbuße unberücksichtigt bleiben,[143] ansonsten würde es zu einer unbilligen doppelten Sanktionierung kommen.

---

[142] *Drathjer*, Abschöpfung rechtswidrig erlangter Vorteile, S. 159.
[143] *Drathjer*, Abschöpfung rechtswidrig erlangter Vorteile, S. 160.

C. Kriminalpolitische Bedeutung der Verbandsgeldbuße

Der Verbandsgeldbuße kam (bisher) insbesondere im Kartellrecht eine große Bedeutung zu. Seit Anfang der siebziger Jahre, als das Bundeskartellamt damit begann, die Kontrollen und Verfolgungen erheblich zu verschärfen, nimmt die Verbandsgeldbuße den bedeutendsten Rang bei den Sanktionsmitteln ein, wenn man auf die Gesamthöhe der Geldbußen abstellt.[144]

So hat das Bundeskartellamt z. B. 1999 bei der Verfolgung von Preis-, Submissions- und Quotenkartellen Geldbußen in Höhe von 287,3 Mio. DM verhängt, wovon 283,6 Mio. DM auf Unternehmen entfielen.[145] Im Jahr 2000 wurden immerhin 40,5 Mio. DM an Geldbußen verhängt, wovon 39,2 Mio. DM wiederum auf Unternehmen entfielen.[146] Den hohen Anteil der Unternehmen an den Geldbußen erklärt *Kaiser*[147] zutreffend damit, dass in aller Regel den Unternehmen die Vorteile aus den Kartellrechtsverstößen ihrer Organe zufließen, so dass die Geldbuße diese rechtswidrig erzielte Gewinnerhöhung wieder ausgleichen soll.

Trotz dieser beeindruckend hohen Zahlen wird die Bußgeldpraxis nur als bedingt erfolgreich eingestuft;[148] viele Unternehmen messen anscheinend den Vorteilen, die sich aus solchen Verstößen ergeben, ein größeres Gewicht zu und nehmen das Risiko einer möglichen Verbandsgeldbuße dafür auf sich. Daher wird zunehmend auf neue, präventive Mittel gesetzt, insbesondere einer verstärkten Öffentlichkeitsarbeit. Ob sich daraus aber messbare Erfolge ergeben werden, ist noch offen.[149]

Doch auch bei den Wirtschaftsdelikten spielen Unternehmen eine große Rolle. So hat sich gezeigt, dass etwa zwei Drittel aller schweren Wirtschaftsdelikte unter dem Schutz einer Einzelfirma oder einer Handelsgesellschaft (insbesondere als GmbH, oHG und KG) begangen werden.[150] In 80 – 85 % aller Fälle besteht zudem ein Zusammenhang zwischen der begangenen Straftat und der Tätigkeit im Unternehmen.[151]

Daher besteht gerade auch in solchen Fällen ein großes Bedürfnis nach einer Verbandsgeldbuße gegen diese Unternehmen, um so den erlangten Vorteil ab-

144 *Kaiser*, Kriminologie, S. 866.
145 Bundeskartellamt, BT-Drucksache 14/6300, S. 42.
146 Bundeskartellamt, BT-Drucksache 14/6300, S. 42.
147 *Kaiser*, Kriminologie, S. 866.
148 *Kaiser*, Kriminologie, S. 866.
149 *Kaiser*, Kriminologie, S. 867.
150 *Kaiser*, Kriminologie, S. 863.
151 *Kaiser*, Kriminologie, S. 863.

schöpfen zu können. *Berthel*[152] weist zutreffend darauf hin, dass die Vorschriften über die Vorteilsabschöpfung deswegen allgemein in jüngster Zeit eine gewisse Konjunktur erleben, und zwar nicht nur bei den typischen Delikten der organisierten Kriminalität, sondern gerade auch bei Wirtschafts- und Eigentumskriminalität sowie bei Steuerstraftaten. In bestimmten Einzelfällen soll nach *Berthel* die Verbandsgeldbuße dabei in einer solchen Höhe angeordnet werden, dass der an sich legalen Organisation ein Fortexistieren unmöglich und ihr auch für alle zukünftigen Aktivitäten jedwede Grundlage entzogen wird.[153]

Insbesondere die Verbandsgeldbuße stellt *meines Erachtens* dafür aber kein geeignetes Instrumentarium dar. Zwar soll damit auch ein präventiver Zweck verfolgt werden, indem eine Abschreckungswirkung erzielt wird, doch darf dieses Mittel nicht dazu missbraucht werden, mögliche zukünftige Verstöße von vorneherein zu unterbinden. Die Verbandsgeldbuße ist vielmehr nur eine ganz bestimmte Sanktion auf die bisher verübte Zuwiderhandlung. Außerdem bezweifle ich die Effektivität dieser Maßnahme, da sich dann u. U. zivilrechtliche Um- oder Neugestaltungen des Unternehmens lohnen würden, um diesen Sanktionen auszuweichen.

Insgesamt lässt sich aber gerade im Ordnungswidrigkeitenrecht ein Bedürfnis nach einer Verbandsgeldbuße (und damit verbunden einer Gewinnabschöpfung) ausmachen. Da die Verbände sonst praktisch nicht bzw. nur sehr schwer belangt werden könnten, muss auf diese Weise ein Ausgleich erfolgen können.[154]

---

152 *Berthel*, Kriminalistik, 2002, 30.
153 *Berthel*, Kriminalistik, 2002, 29.
154 Vgl. dazu auch ausführlich *Drathjer*, Abschöpfung rechtswidrig erlangter Vorteile, S. 20 ff.

D. Normadressat

Eine Verbandsgeldbuße kann nur gegen die in § 30 OWiG explizit aufgeführten Verbände verhängt werden; eine analoge Anwendung oder eine an Sinn und Zweck ausgerichtete Interpretation des § 30 Abs. 1 OWiG scheitert an dem auch im Ordnungswidrigkeitenrecht geltenden Gesetzlichkeits- und Bestimmtheitsgrundsatz.[155]

I. Juristische Personen und nichtrechtsfähige Vereine

Juristische Personen sind körperschaftlich verfasste, von den Mitgliedern unabhängige Organisationen, denen die Rechtsordnung eine eigene Rechtspersönlichkeit zuerkennt.[156] Bei juristischen Personen des Privatrechts gibt es keine Probleme; diese sind unstreitig von § 30 OWiG umfasst.[157] Auch nichtrechtsfähige Vereine sind der Geldbuße des § 30 OWiG ausgesetzt.[158]

Unklar ist dagegen, inwieweit auch juristische Personen des öffentlichen Rechts zu den sanktionsfähigen Verbänden des § 30 OWiG gehören. Dass es sich dabei nicht um ein rein theoretisches, sondern um ein äußerst praxisrelevantes Problem handelt, wird bereits durch die Tatsache belegt, dass der Staat in immer größerer und vielfältigerer Weise am wirtschaftlichen und sozialen Leben teilnimmt und somit auch die Möglichkeiten zunehmen, mit § 30 OWiG in Berührung zu kommen.[159] *Schmitt*[160] hat zwar – wohl nicht ganz zu Unrecht – erhebliche Bedenken, ob gegen juristische Personen des öffentlichen Rechts auch wirklich der gleiche Verfolgungseifer wie gegenüber denjenigen des Privatrechts zu Tage gelegt wird, doch können diese Verfolgungsdefizite *meines Erachtens* nicht dazu führen, die juristischen Personen des öffentlichen Rechts deshalb von vorneherein aus dem Anwendungsbereich des § 30 OWiG herauszunehmen.

Der Wortlaut des § 30 OWiG differenziert jedenfalls nicht nach juristischen Personen des Privatrechts und solchen des öffentlichen Rechts, so dass der erste Anschein bereits für eine Gleichbehandlung spricht. Auch ein Blick in die amtliche Begründung hilft nicht weiter, die Gesetzesbegründung schweigt nämlich zu dieser Problematik. *Pohl-Sichtermann*[161] will daraus den Schluss ziehen, dass der Gesetzgeber es für selbstverständlich gehalten hat, § 30 OWiG nur auf pri-

---

[155] Diese Grundsätze, die insbesondere für Strafnormen gelten, sind ebenso auf strafähnliche Sanktionen wie die des Ordnungswidrigkeitenrechts anzuwenden. Vgl. hierzu nur *KK-Bohnert*, Einleitung, Rn 114, 115.

[156] Vgl. dazu ausführlich *Schmidt, Karsten*, Gesellschaftsrecht, S. 186 ff.

[157] Näheres dazu auch *KK-Rogall*, § 30 Rn 31.

[158] Vgl. hierzu ausführlich: *KK-Rogall*, § 30, Rn 35, 36.

[159] So beträgt heute die Staatsquote bereits über 50 Prozent des Bruttoinlandsprodukts.

[160] *Schmitt*, Strafrechtliche Maßnahmen, S. 211

[161] *Pohl-Sichtermann*, VOR 1973, 412.

vatrechtliche Verbände anzuwenden.

Wohlfahrt[162] will dies durch eine historische Auslegung noch untermauern, indem er darauf hinweist, dass als Adressat der Normen, die durch § 30 OWiG vereinheitlicht werden sollten, nie juristische Personen des öffentlichen Rechts in Betracht kamen, so dass auch der Gesetzgeber bei der Schaffung des § 30 OWiG diese Personen nicht im Blickfeld hatte. Jedoch hat bereits *Müller*[163] die Behauptungen *Wohlfahrts* überzeugend widerlegt, indem er nachweist, dass die zu vereinheitlichenden Normen sehr wohl auch juristische Personen des öffentlichen Rechts umfassten.

Auch die Schlussfolgerung von *Pohl-Sichtermann* kann nicht überzeugen. Warum sollte der Gesetzgeber es gerade für selbstverständlich gehalten haben, dass juristische Personen des öffentlichen Rechts nicht darunter fallen? Das genaue Gegenteil kann mindestens ebenso gut zutreffen.

Stichhaltiger ist da schon der Einwand, den *Busch*[164] bereits 1933 gebracht hat und der auch von *Wohlfahrt*[165] und *Pohl-Sichtermann*[166] aufgegriffen wurde, wonach es widersinnig sei, einem „Staatsteil" eine Geldbuße aufzuerlegen, die dann einem anderen „Staatsteil" wieder zufließen würde; das Ganze würde nur zu einer sinnlosen Mittelverschiebung führen.[167]

Gibt es aber überhaupt „den Staat" als eine einzige, allumfassende Einheit, wie es die Labandsche Impermeabilitätstheorie nahe legt, oder handelt es sich nicht vielmehr um einzelne, subjektivierte und damit (relativ) selbständige Elemente, die alle zusammen die „Einheit" Staat bilden? Anders gewendet: Ist etwa die Bayerische Landesbank, die gem. Art. 2 Abs. 1 des Gesetzes über die Errichtung der Bayerischen Landesbank Girozentrale eine Anstalt des öffentlichen Rechts darstellt, keine eigenständige juristische Person und könnte demnach nicht nach § 30 OWiG belangt werden, da rechtstechnisch nicht zwei verschiedene Rechtssubjekte vorliegen würden? Aber wie könnte diese Auffassung mit § 78 VwGO in Einklang zu bringen sein? Eine verwaltungsgerichtliche Klage ist immer gegen den jeweiligen Rechtsträger der handelnden Behörde, wie etwa die Gemeinde, den Landkreis oder auch gegen die Bayerische Landesbank zu richten und nicht gegen „den Staat". Auch hier wird doch von einer gewissen Selbständig-

162 *Wohlfahrt*, NJW 1980, 2238.
163 *Müller*, Geldbuße, S. 52.
164 *Busch*, S. 193 ff.
165 *Wohlfahrt*, NJW 1980, 2238.
166 *Pohl-Sichtermann*, VOR 1973, 414; *dies*., Geldbuße, S. 72.
167 *Schmitt*, Strafrechtliche Maßnahmen, S. 211 sieht das Problem und schlägt als Ausweg vor, die Geldbuße einer unabhängigen Wohlfahrtsorganisation zukommen zu lassen. Ein Vorschlag, de lege lata nur bedingt umsetzbar ist, da § 30 OWiG grundsätzlich von einer Geldbußenzahlung an den Staat ausgeht.

keit ausgegangen, die nur ein Rechtssubjekt besitzen kann.

Daher stellt sich das von *Busch*, *Pohl-Sichtermann* und *Wohlfahrt* skizzierte Problem zwar, ist aber damit zu lösen, dass zwischen der Behörde, die die Geldbuße verhängt und dem Sanktionsobjekt schlichtweg keine Identität besteht.
Zu konzedieren ist aber, dass eine Bebußung ausscheiden muss, wenn es den „Staat insgesamt" (in Form des Bundes oder eines Landes) treffen würde, da zum einen die Gerichte insoweit gar keine Rechtsmacht besitzen würden und außerdem keine zwei verschiedene Rechtssubjekte vorliegen.[168]

Pohl-Sichtermann[169], *Wohlfahrt*[170] und auch *Hirsch*[171] führen aber noch ein weiteres, sehr gewichtiges Argument an. Verstößt die Bebußung einer juristischen Person des öffentlichen Rechts nicht gegen das Gewaltenteilungsprinzip? Sind für die Kontrolle einer Körperschaft des öffentlichen Rechts nicht vielmehr Parlament und Verfassungs- bzw. Verwaltungsgerichte ausschließlich zuständig?[172] Bereits ein Blick in den § 882a ZPO zeigt aber, dass durch hoheitliche Eingriffe in den Bereich der öffentlichen Verwaltung das Gewaltenteilungsprinzip nicht verletzt wird. Dagegen spricht auch nicht, wie *Pohl-Sichtermann*[173] meint, dass in diesen Fällen nur deshalb kein Verstoß gegen das Gewaltenteilungsprinzip vorliegt, weil mit § 882a ZPO eine Spezialvorschrift bestünde, die aber im Ordnungswidrigkeitenrecht fehlen würde. Genau das Gegenteil trifft zu. § 882a ZPO trifft nur spezielle Regelungen, soweit es sich um den Bund oder das Land handelt[174]; die sind aber gerade, wie oben gezeigt wurde, nicht von einer Geldbuße betroffen. Gegenüber allen anderen juristischen Personen des öffentlichen Rechts finden bei der Zwangsvollstreckung grundsätzlich die allgemeinen Regelungen Anwendung, so dass es auch im Ordnungswidrigkeitenrecht keiner Spezialregelungen bedarf.

Vielmehr würde es im Lichte des Art. 3 GG betrachtet geradezu willkürlich anmuten, juristische Personen des öffentlichen Rechts von der Verbandsgeldbuße auszunehmen. Die öffentliche Hand ist inzwischen in der Rechtsformwahl weitestgehend frei. Kann es wirklich einen Unterschied machen, ob ein Unternehmen als Eigenbetrieb oder in Form einer öffentlich-rechtlichen AG betrieben wird? Kann es angehen, die Bebußung von gemischwirtschaftlichen Unternehmungen vom jeweiligen Prozentsatz abhängig zu machen, mit dem sich die öf-

---

[168] Was auch immer in den Fällen gelten muss, in denen die Bußgeldbehörde derselben Funktionseinheit des betroffenen Verbandes angehört, vgl. nur *KK-Rogall*, § 30 Rn 34.
[169] *Pohl-Sichtermann*, Geldbuße, S. 72, 73; *dies.*, VOR 1973, 414, 415.
[170] *Wohlfahrt*, NJW 1980, 2238, 2239.
[171] *Hirsch*, ZStW 107 (1995), 308.
[172] So *Hirsch*, ZStW 107 (1995), 308.
[173] *Pohl-Sichtermann*, Geldbuße, S. 72, 73; *dies.*, VOR 1973, 414, 415.
[174] Bei Gemeinden und Gemeindeverbänden dagegen geht Landesrecht vor, § 15 EGZPO; siehe hierzu *Willenbruch*, ZIP 1998, 812 ff.

fentliche Hand an dem Unternehmen beteiligt?[175] Warum soll etwa die Bayerische Landesbank für durch Beihilfe begangene Steuerhinterziehungen ein Privileg erhalten, dass bei gleichem Sachverhalt etwa die Dresdner Bank nicht hat?
Ein gesetzessystematisches Argument bringt *Achenbach*[176] noch: In § 130 Abs. 2 OWiG werden auch Aufsichtspflichtverletzungen in öffentlichen Unternehmen geahndet, da eine Ungleichbehandlung mit privatrechtlichen Unternehmen nicht zu rechtfertigen sei. Lehnt man nun eine Bebußung von öffentlichrechtlichen Unternehmen ab, so würde sich die widersinnige Konsequenz ergeben, dass zwar gegen dieses Unternehmen nach § 30 OWiG keine Verbandsgeldbuße verhängt werden kann, wohl aber gegen die aufsichtspflichtige Person nach § 130 Abs. 2 i. V. m. § 130 Abs. 1 OWiG.[177]

Im Ergebnis sind auch juristische Personen des öffentlichen Rechts *meines Erachtens* von § 30 OWiG mit umfasst.

II. Rechtsfähige Personengesellschaften

1. De lege lata umfasste Personengesellschaften

Bis zum 29.08.2002 erfasste § 30 Abs. 1 Nr. 3 OWiG nur Personenhandelsgesellschaften. Personenhandelsgesellschaften sind dabei Personengesellschaften, deren Betrieb auf ein Handelsgewerbe ausgerichtet ist.
Mit Inkrafttreten des Gesetzes zur „Ausführung des Zweiten Protokolls vom 19. Juni 1997 zum Übereinkommen über den Schutz der finanziellen Interessen der Europäischen Gemeinschaften, der Gemeinsamen Maßnahme betreffend die Bestechung im privaten Sektor vom 22. Dezember 1998 und des Rahmenbeschlusses vom 29. Mai 2000 über die Verstärkung des mit strafrechtlichen und anderen Sanktionen bewehrten Schutzes gegen Geldfälschung im Hinblick auf die Einführung des Euro“ am 30.08.2002 wurde der Anwendungsbereich erheblich ausgedehnt. Nun sind darunter de lege lata alle rechtsfähigen Personengesellschaften zu subsumieren, insbesondere die oHG, die KG sowie die EWIV zu subsumieren. Darüber hinaus kann jetzt auch gegen die Partnerschaftsgesellschaft eine Verbandsgeldbuße verhängt werden.

---

175 So aber *Busch*, S. 196, der bei einer Beteiligung von über 50 Prozent ein Haftungsprivileg annimmt.

176 *Achenbach* in FS Stree/Wessels, S. 553, 554.

177 *Achenbach* in FS Stree/Wessels, S. 554.

2. Die Gesellschaft bürgerlichen Rechts

Inwieweit nun jetzt auch die Gesellschaft bürgerlichen Rechts in den Anwendungsbereich des § 30 OWiG fällt, bedarf einer näheren Untersuchung.
Die ursprüngliche Gesetzesbegründung[178] lehnte eine Geldbuße gegen eine Gesellschaft bürgerlichen Rechts noch ab, da „die Gesellschafter einer Gesellschaft bürgerlichen Rechts (...) nicht allein als Organ oder Vertreter einer anderen Person oder für ein Sondervermögen, sondern stets für sich selbst“ handeln würde. Es entstehe daher gar nicht die Situation, dass „die Vorteile der Tat einem anderen zufließen oder Pflichten verletzt“ würden. Außerdem sei die Gesellschaft bürgerlichen Rechts weder partei- noch rechtsfähig.

Bereits *Karsten Schmidt*[179] hat diese Auffassung mit beachtlichen Argumenten zurückgewiesen. Akzeptiert man, dass auch die Gesellschaft bürgerlichen Rechts ein Gesamthandsvermögen besitzt, handeln die Organe bzw. Vertreter gerade nicht für sich selbst.

Richtungweisend ist auch hier das Urteil des Bundesgerichtshof vom 29.01.2001[180], der die Gesamthandslehre ausdrücklich bestätigte und die Gesellschaft bürgerlichen Rechts einer juristischen Person angenähert hat. Diese „beschränkte Rechtssubjektivität“ der Gesellschaft bürgerlichen Rechts nahm der Bundesgerichtshof auch zum Anlass, sowohl die aktive als auch die passive Parteifähigkeit der Gesellschaft bürgerlichen Rechts anzuerkennen.[181]
Damit entfallen *meines Erachtens* alle Bedenken, die gegen eine Miteinbeziehung der Gesellschaft bürgerlichen Rechts in § 30 OWiG sprechen würden, da diese nun ebenfalls als rechtsfähig angesehen werden muss.[182]

III. Vorgesellschaften und fehlerhafte Gesellschaften

1. Vorgründungs- und Vorgesellschaften

Die Anwendbarkeit des § 30 OWiG auf Vorgesellschaften und fehlerhafte Gesellschaften ist noch nicht endgültig geklärt.

Vorgesellschaften sind abzugrenzen von Vorgründungsgesellschaften.[183] Als Vorgründungsgesellschaften werden Personenvereinigungen bezeichnet, die sich noch im Stadium vor Abschluss der Gründungsverträge einer späteren juristi-

178 EOWiG S. 59.
179 *Schmidt, Karsten,* wistra 1990, 134, 135.
180 BGH NJW 2001, 1056 ff.
181 BGH NJW 2001, 1058 ff.
182 Ebenso *Achenbach*, wistra 2002, 443.
183 Zur Abgrenzung vgl. nur BGH NJW 1984, 2164.

schen Person bzw. Personenverband befinden. Diese haben mit der späteren juristischen Person bzw. Personenverband im Rechtssinne noch nichts zu tun und können allenfalls eine Gesellschaft bürgerlichen Rechts darstellen. Sofern diese nach außen hin tätig werden, kommt ihnen nach der neuen Rechtsprechung des Bundesgerichtshofs Rechtsfähigkeit zu, so dass auch die Vorgründungsgesellschaften nun in den Anwendungsbereich von § 30 Abs. 1 Nr. 3 OWiG fallen.

Auch bei den Vorgesellschaften stellt sich die Frage, ob ebenfalls hierauf § 30 OWiG angewandt werden kann. *Pohl-Sichtermann*[184] und *Göhler*[185] stellten zur alten Rechtslage dabei auf eine faktische Betrachtungsweise ab. Diese Methode ermöglicht es, sich bei der Auslegung von Begriffen in Tatbeständen des Strafrechts oder des Ordnungswidrigkeitenrechts, die im Zivilrecht oder im öffentlichen Recht einen bestimmten, rechtsförmlichen Inhalt haben, von der zivil- oder öffentlichrechtlichen Normierung zu lösen und einen eigenständigen und unabhängigen strafrechtlichen Begriffsinhalt zu begründen.[186] Demnach würde es hier genügen, wenn eine Vorgesellschaft im alltäglichen Geschäftsverkehr als eine Gesellschaft mit eigener Rechtspersönlichkeit auftreten und auch als solche anerkannt werden würde, um diese wie eine juristische Person zu behandeln.[187] Begründet wurde dies zum einen damit, dass § 30 OWiG einen Missbrauch der „Verbandsmacht" zum Nachteil der Allgemeinheit gerade verhindern soll und dieser Missbrauch durchaus auch bereits von Vorgesellschaften begangen werden könne.[188]

Die faktische Betrachtungsweise ist aber keine spezielle Interpretationsmethode des Strafrechts oder auch nur des Wirtschaftsstrafrechts, sondern nur ein Element innerhalb der teleologischen Auslegung von Strafrechtsnormen, anhand derer Inhalt und Grenzen dieser Normen konkretisiert werden, ohne dass ihr dabei allerdings eine Eigenständigkeit zukommt.[189] Die Frage der inhaltlichen Bestimmung der einzelnen Begriffe in Normen des Straf- und des Ordnungswidrigkeitenrechts lässt sich nicht grundsätzlich im Sinne der faktischen Be-

---

[184] *Pohl-Sichtermann*, Geldbuße, S. 79 ff.; VOR 1973, S. 415 ff.

[185] *Göhler*, OWiG, § 30 Rn 7.

[186] Grundlegend zur faktischen Betrachtungsweise, *Bruns*, Befreiung des Strafrechts vom zivilistischen Denken, *ders.*, GA 1982, 1 ff., *ders.*, JR 1984, 133 ff. Umfassend auch *Cadus*, Die faktische Betrachtungsweise, der diese Methode allerdings als nicht nur überflüssig ansieht, sondern die darüber hinaus auch den „Weg zu den eigentlichen materialen Lösungsgesichtspunkten" versperre (S. 100). Kritisch auch *Tiedemann*, Tatbestandsfunktionen im Nebenstrafrecht, S. 54 ff. und *Blauth*, „Handeln für einen anderen" nach geltendem und kommendem Strafrecht, S. 37 ff.

[187] *Pohl-Sichtermann*, VOR 1973, 418; gleiches soll sinngemäß auch für nichtrechtsfähige Vereine und Personenhandelsgesellschaften gelten.

[188] *Pohl-Sichtermann*, VOR 1973, 417.

[189] *Otto*, Grundkurs Strafrecht AT, § 2 Rn 53; *ders.*, Jura 1989, 329; *Schmidt, Karsten*, ZIP 1988, 1501.

trachtungsweise beantworten, sondern muss vielmehr anhand von Sinn und Zweck der einzelnen Normen in jedem Einzelfall gelöst werden.[190]

Bei § 30 OWiG kann die faktische Betrachtungsweise *meines Erachtens* jedenfalls keiner tragenden Bedeutung zukommen, vielmehr besteht hier eine enge Bindung an die zivil- und öffentlich-rechtliche Begriffsbestimmungen. Mit Rogall[191] kommt es daher entscheidend darauf an, ob die Rechtsform der jeweiligen Vorgesellschaft unter § 30 OWiG subsumiert werden kann oder nicht.

Auch *Pohl-Sichtermann*[192] konzediert dies zwar grundsätzlich, dennoch will sie die Verbindlichkeit der handelsrechtlichen und zivilrechtlichen Begriffsbestimmungen erheblich einschränken und stattdessen auf eine, aus den speziellen Bedürfnissen des Ordnungswidrigkeitenrechts sich ergebende, eigenständige Wertung setzen; die Grenze solle lediglich durch das auch hier geltende Analogieverbot gesetzt werden.

Der Gesetzgeber wollte jedoch keine neuen Definitionen etwa einer juristischen Person oder einer Personengesellschaft schaffen, sondern griff vielmehr auf die bestehenden Begriffsbestimmungen des Handels- und Zivilrechts zurück. Entscheidend hierfür spricht auch, dass der Gesetzgeber gerade nicht jeden Verband in § 30 OWiG einbeziehen wollte[193], sondern im Sinne eines strengen Enumerationsprinzips nur die explizit aufgeführten.

Wählt der Gesetzgeber aber keine Generalklausel, sondern folgt er einem Enumerationsprinzip, so hat dies aber auch Konsequenzen für die möglichen Methoden einer Auslegung. Die Grenzen zur verbotenen Analogie werden hier nämlich bereits schon dann überschritten, wenn auf diese Weise eine als abschließend gedachte Aufzählung über ihre Grenzen hinaus ausgedehnt wird. Durch Anwendung der faktische Betrachtungsweise würde hier aber genau das passieren. Werden nämlich aus einer Vielzahl von möglichen zivil- oder öffentlich-rechtlichen Gestaltungsformen nur ein paar genau bestimmte, in Form einer abschließenden Aufzählung, vom Gesetzgeber ausgewählt, so ist dann auch in aller Regel von einer Bindung an die zivil- und öffentlich-rechtlichen Begriffsbestimmungen auszugehen. Die faktische Betrachtungsweise stellt daher hier keine erlaubte Auslegungsregel mehr dar, sondern eine Form der verbotenen Analogie.

Mit Einfügung der Nr. 3 in § 30 Abs. 1 OWiG ist dieser Kreis der in Betracht kommenden Vorgesellschaften zwar erheblich ausgeweitet worden, entschei-

---

190 *Otto*, Jura 1989, 329.
191 *KK-Rogall*, § 30 Rn 40, 41.
192 *Pohl-Sichtermann*, VOR 1973, 416 f.
193 Vgl. hierzu oben, A.I.3.

dend muss aber nach wie vor sein, ob die jeweilige Vorgesellschaft in einer Rechtsform betrieben wird, die in § 30 OWiG explizit aufgeführt wird, um eine Geldbuße gegen die Vorgesellschaft verhängen zu können. Dies wird nun aber praktisch immer der Fall sein.

So stellen die Vorgesellschaften einer oHG oder einer KG eine Gesellschaft Bürgerlichen Rechts dar, welche nun ebenfalls von § 30 OWiG mit umfasst sind. Gleiches muss bei der Vorgesellschaft einer juristischen Person gelten. Nach der im Gesellschaftsrecht herrschenden – und daher ausschlaggebenden - Sonderrechtstheorie[194] sind die Vorgesellschaft einer juristischen Person ein Rechtsgebilde sui generis, auf das die Normen der jeweiligen juristischen Person entsprechend anzuwenden sind, sofern diese nicht die Eintragung voraussetzen. Zwar bildet dieses Rechtsgebilde selbst noch keine juristische Person, was etwa *Rogall*[195] noch zur alten Rechtslage bewog, eine Anwendung des § 30 OWiG an dessen engen Wortlaut scheitern zu lassen. Doch da nun auch gegen jede rechtsfähige Personengesellschaft eine Verbandsgeldbuße verhängt werden kann, muss dies auch gegen Vorgesellschaften einer juristischen Person gelten, da diese sogar noch ein „Mehr“ darstellen. [196]

In aller Regel kann daher *meines Erachtens* nun auch gegen eine Vorgesellschaft selbst eine Geldbuße gem. § 30 OWiG verhängt werden[197].

2. Fehlerhafte Gesellschaften

Fehlerhafte Gesellschaften sind solche juristische Personen und Personenvereinigungen, die auf einer rechtlich fehlerhaften Grundlage beruhen.[198]
Für juristische Personen des Handelsrechts hat der Gesetzgeber in den §§ 275 ff. AktG, §§ 75 ff. GmbHG, §§ 94 ff. GenG explizit angeordnet, dass bis zu einem rechtskräftigen Urteil die Gesellschaft als voll gültige juristische Person anzusehen ist, so dass daraus automatisch auch die Anwendbarkeit des § 30 OWiG folgt.

Bei juristischen Personen des öffentlichen Rechts dürfte es kaum Anwendungsfälle geben, jedenfalls können aus Rechtsschutz- und Vertrauensgründen keine anderen rechtlichen Folgen daraus gezogen werden.
Für fehlerhafte Personengesellschaften des Handelsrechts fehlt eine ausdrückli-

194 Vgl. nur BGHZ 17, 385; 21, 242; 51, 30; *Schmidt, Karsten*, Gesellschaftsrecht, S. 303 ff.
195 *KK-Rogall*, § 30 Rn 40, 41.
196 Ähnlich bereits *Schmidt, Karsten*, wistra 1990, 134, der aufgrund der Annäherung an eine juristische Person die Sanktionen des § 30 OWiG ebenfalls anwenden will. Ebenso inzwischen *Rebmann/Roth/Hermann*, § 30 Rn 9 mit Verweis auf Rn 5a.
197 Zur Problematik, inwiefern eine Geldbuße gegen den später entstandenen Verband verhängt werden kann, siehe unten unter IV.
198 *Rebmann/Roth/Herrmann*, § 30 Rn 10.

che Regelung. *Pohl-Sichtermann*[199] und auch *Rebmann/Roth/Herrmann*[200] wollen deshalb auf eine faktische Betrachtungsweise zurückgreifen. Mit den oben bereits dargelegten Gründen kann eine faktische Betrachtungsweise für die Beurteilung, ob § 30 OWiG angewandt werden kann, auch hier keine Rolle spielen. *Karsten Schmidt*[201] weist außerdem völlig zurecht darauf hin, dass die fehlerhaften Gesellschaften nicht nur privatrechtlich vollgültige Verbände darstellen, sondern auch die gleiche Rechtsform aufweisen und somit auch von der enumerativen Aufzählung in § 30 Abs. 1 OWiG erfasst werden.

Daher kann auch gegen fehlerhafte Gesellschaften eine Verbandsgeldbuße verhängt werden.

IV. Problematik des Rechtsformwechsels der Gesellschaft

In der modernen Wirtschaft muss ein Unternehmen flexibel reagieren können. Insbesondere gehören auch Rechtsformwechsel dazu, um z. B. etwaige neue Steuer- oder Haftungsvorteile besser in Anspruch nehmen zu können.
Ein solcher Rechtsformwechsel kann für die Anwendung des § 30 OWiG erhebliche Auswirkungen haben.

Da die „alte" Gesellschaft nicht mehr existiert, kann die Geldbuße überhaupt nur noch gegen die „neue" Gesellschaft verhängt werden. Klar ist, dass dabei der Zeitpunkt der Tat bzw. der der Gewinnauswirkung und vor allem die Frage, ob eine Gesellschaftsidentität vorliegt, von entscheidender Bedeutung für eine Verhängung einer Geldbuße gem. § 30 OWiG sind.

So soll gegen die „neue" Gesellschaft eine Geldbuße verhängt werden können, wenn zwar die „alte" Gesellschaft – die nicht im Katalog des § 30 OWiG aufgeführt sein muss – die Zuwiderhandlung begangen hat, die Bereicherung jedoch erst bei der „neuen" Gesellschaft – die im Katalog des § 30 OWiG aufgeführt ist – eingetreten ist (wobei eine lediglich beabsichtigte, aber nicht eingetretene Bereicherung nicht genügen soll).[202] Gleiches soll bei einer Aufsichtspflichtverletzung gelten, die erst bei der „neuen" Gesellschaft zum Tragen kam.[203]

Da nun von § 30 Abs. 1 Nr. 3 OWiG auch alle rechtsfähigen Personengesellschaften umfasst werden, wird die Feststellung, ob die Gesellschaft sowohl vor als auch nach dem Rechtsformwechsel in den Anwendungsbereich des § 30

199 *Pohl-Sichtermann*, VOR 1973, S. 422 ff.
200 *Rebmann/Roth/Herrmann*, § 30 Rn 10 i. V. m. Rn 8.
201 *Schmidt, Karsten*, wistra 1990, 134; weiterführendes dazu auch *ders.*, Gesellschaftsrecht S. 136 ff.
202 *KK-Rogall*, § 30 Rn 44.
203 BGH wistra 1986, 221.

OWiG fällt, in aller Regel keine Schwierigkeit mehr bereiten. Nur wenn dies ausnahmsweise einmal nicht der Fall sein sollte, kann unter konsequenter Anwendung des nulla-poena-Grundsatzes keine Verbandsgeldbuße verhängt werden.

Denn § 30 OWiG verlangt ausdrücklich, dass die Zuwiderhandlung als Organ einer in Absatz 1 aufgeführten Gesellschaft begangen wird und zugleich eine Pflichtverletzung bzw. eine Bereicherung der Gesellschaft vorliegen muss.
Wurde die Zuwiderhandlung vom Organ der „alten" Gesellschaft begangen und fällt nicht diese (ausnahmsweise), wohl aber die „neue" Gesellschaft in den Anwendungsbereich des § 30 OWiG, so fehlt es an einer tauglichen Tathandlung. Völlig gleichgültig ist dabei, ob die Bereicherung bei der „neuen" Gesellschaft eingetreten ist und ob eine Gesellschaftsidentität vorliegt, da es an der für die Verhängung einer Geldbuße erforderlichen qualifizierten Handlung fehlt. Die Zuwiderhandlung ist eben gerade nicht gleichbedeutend mit der Bereicherung, so dass auch der Zeitpunkt des Bereicherungseintritts nur von nachrangiger Bedeutung ist. Für eine Ahndung nach § 30 OWiG muss eben beides zum richtigen Zeitpunkt vorliegen; § 30 OWiG ist streng am Wortlaut orientiert auszulegen.
Gleiches gilt dabei auch für den umgekehrten Fall.

In aller Regel werden *meines Erachtens* aber nunmehr sowohl die „alte" als auch die „neue" Gesellschaft von § 30 OWiG umfasst werden.
Damit ist zugleich auch die Frage geklärt, inwiefern Zuwiderhandlungen durch § 30 OWiG geahndet werden können, die während der Existenz der Gesellschaft als Vorgesellschaft begangen wurden. Da sich sowohl die Vorgesellschaft als auch die spätere juristische Person im Anwendungsbereich des § 30 OWiG befinden, kommt es auch hier wie bei allen anderen Rechtsformwechseln nur auf die Frage an, ob eine Identität zwischen den beiden Gesellschaften angenommen werden kann.

Diese Frage kann dabei nur anhand des jeweiligen Einzelfalls bestimmt werden. Wichtig ist aber, dass das Unternehmen der Sache nach dasselbe geblieben ist,[204] und es sich um eine Gesamtrechtsnachfolge handelt, da eine bloße Einzelrechtsnachfolge den Anforderungen an eine Gesellschaftsidentität nicht genügt. Bei der Einzelrechtsnachfolge werden nämlich nur ganz bestimmte, einzelne Rechtsbeziehungen übernommen, die überdies nur inter partes, also relativ wirken. Diese privatrechtlichen Vereinbarungen (wie etwa die Übernahme evtl. bestehender bzw. entstandener Haftungsansprüche und Geldbußen) wirken insoweit auch gegenüber dem Staat als Verfolgungsbehörde.

---

[204] BGH wistra 1986, 221; *KK-Rogall*, § 30 Rn 45; *Rebmann/Roth/Herrmann*, § 30 Rn 50; *Göhler*, OWiG, § 30 Rn 38.

Gesellschafterwechsel oder eine bloße Namensänderung sind allerdings unerheblich[205], schwieriger ist die Frage dagegen bei Unternehmensübernahmen zu beantworten.

Der Bundesgerichtshof[206] und ihm folgend *Göhler*[207], *Rebmann/Roth/Herrmann*[208] sowie *Rogall*[209] wollen mittels einer wirtschaftlichen Betrachtungsweise klären, ob noch eine Gesellschaftsidentität vorliegt. Dies soll u. a. dann bejaht werden, wenn das „alte" Unternehmen den wesentlichen Teil der Vermögensmasse darstellt und in gleicher oder ähnlicher Weise eingesetzt wird sowie eine Vermögenstrennung zu den in § 30 OWiG als Verantwortliche aufgeführte Personen besteht.[210]

Diese Abgrenzung ist zugegebener Maßen von erheblichen Unsicherheiten geprägt, eine exaktere Unterscheidung lässt sich aber nicht treffen, da die wirtschaftlichen und rechtlichen Möglichkeiten bei einer Unternehmensübernahme zu groß sind, als dass eine pauschale und scharfe Trennlinie gezogen werden könnte. Auch im Hinblick auf die drohenden Sanktionslücken ist diese Unsicherheit in Kauf zu nehmen.

Allerdings geht bei einer Gesamtrechtsnachfolge die Schuld ja nicht ebenfalls „automatisch" mit über, vielmehr muss für eine Sanktionsmöglichkeit immer eigene Schuld vorliegen. Wird dagegen der Geschäftsbereich etc., in dem die, die Verbandsgeldbuße auslösende, Handlung begangen wurde, später in ein Tochterunternehmen ausgegliedert, so kann dennoch nach wie vor gegen das „alte" (Mutter-)Unternehmen die Geldbuße verhängt werden, da insoweit weder eine Gesamtrechtsnachfolge eingetreten ist, noch eine wirtschaftliche Identität angenommen werden kann. Anderenfalls könnte die Vorschrift über die Verbandsgeldbuße zu leicht ausgehebelt werden. Im genau umgekehrten Fall, wenn also das die Verbandsgeldbuße verursachende Tochterunternehmen später in das Mutterunternehmen eingegliedert wird und somit die rechtliche Selbständigkeit verliert, kann dann allerdings auch gegen das Mutterunternehmen vorgegangen werden. Das Mutterunternehmen tritt dann auch aus bußgeldrechtlicher Sicht an die Stelle des früheren Tochterunternehmens.

---

205 *KK-Rogall*, § 30 Rn 45 mwN.
206 BGH wistra 1986, 221 f.
207 *Göhler*, OWiG, § 30 Rn 38c.
208 *Rebmann/Roth/Herrmann*, § 30 Rn 50.
209 *KK-Rogall*, § 30 Rn 48.
210 BGH wistra 1986, 222.

Meines Erachtens sind bei Unternehmensübernahmen daher strenge Maßstäbe anzulegen, so dass nur in eindeutigen Fällen eine Geldbuße verhängt werden darf, insofern ist § 30 OWiG restriktiv zu handhaben. Gewisse Zweifel hinsichtlich einer Gesellschaftsidentität werden immer verbleiben. Wo sie allerdings von erheblichen Gewicht sind, hat unter zu Grunde Legung der in dubio pro reo Grundsätze eine Bebußung zu unterbleiben.

2. Kapitel: Voraussetzungen der Verbandsgeldbuße gem. § 30 OWiG

A. Der Täterkreis des § 30 OWiG

I. Nach § 30 OWiG in Betracht kommende Personen

Da der Verband selbst nicht handeln kann, knüpft § 30 OWiG eng an eine fremde Zuwiderhandlung an. § 30 Abs. 1 Nr. 1 – 5 OWiG regelt dabei abschließend den Personenkreis der in Betracht kommenden Täter.

Von Anfang an tobte dabei der Streit, wie die Umschreibung dieses Personenkreises geschehen soll.

Während bereits *Busch*[211] ganz generell die Rechtsverletzungen aller Personen, die im Interesse des Verbandes tätig werden, als taugliche Anknüpfungshandlungen für die Verhängung einer Geldbuße genügen lassen wollte, entschied sich der Gesetzgeber für einen ganz engen, enumerativ und abschließend aufgeführten Personenkreis. Dabei beschränkte sich der Gesetzgeber zunächst darauf, nur Zuwiderhandlungen von Personen mit einer gesetzlichen Vertretungsmacht für den jeweiligen Verband als taugliche Anknüpfungstat anzusehen. Als Argument wurde angeführt, dass juristische Personen und Personenvereinigungen mit den natürlichen Personen gleichgestellt werden sollten, was nur dann gewährleistet sei, wenn ihnen diese fremden Handlungen als eigene zugerechnet werden können.[212]

Diese Beschränkung führte zu einer Flut an kritischen Äußerungen. So merkt *Müller*[213] an, dass unter dieser Einschränkung die Effizienz des § 30 OWiG erheblich litt und diese Regelung auch den modernen Organisationsformen im Unternehmen nicht mehr gerecht wurde. *Tiedemann*[214] kritisiert darüber hinaus, dass dadurch die verfassungsrechtlich gebotene Gleichstellung von natürlichen und juristischen Personen wie Personenvereinigungen nicht gewährleistet wurde, vielmehr weiterhin eine Privilegierung der juristischen Person vorliege.

Im 2. UKG von 1994[215] griff der Gesetzgeber daher diese Bedenken zum Großteil auf. Durch den neu geschaffenen § 30 Abs. 1 Nr. 4 OWiG erweiterte der Gesetzgeber den Personenkreis um Generalbevollmächtigte, Prokuristen und Handlungsbevollmächtigte, so dass nun auch eine rechtsgeschäftliche Bestellung aus-

---

211 *Busch*, S. 98, 177 ff. und 189.

212 Zur zutreffenden Kritik an dieser Zurechnungstheorie siehe bereits oben, 1. Kapitel, A.II.1.

213 *Müller*, Stellung der juristischen Person, S. 66 ff.

214 *Tiedemann*, Gutachten zum 49. DJT (1972), Band 1, S. C 58.

215 BGBl I, 1440.

reicht. Allerdings kommen nur solche Personen in Betracht, die in einer leitenden Stellung im Verband tätig sind.[216] Damit sollte zum einen den modernen Organisationsstrukturen im Unternehmen besser Rechnung getragen und einer möglichen Verschleierung der wahren Verantwortung vorgebeugt, andererseits aber durch die explizite und abschließende Aufzählung der in Betracht kommenden, in leitender Stellung befindlichen Verantwortlichen eine klare und eindeutige Abgrenzungslinie gezogen werden.[217]

Eine erneute Erweiterung bahnte sich durch das EG-Recht an. Mit dem Gesetz zur „Ausführung des Zweiten Protokolls vom 19. Juni 1997 zum Übereinkommen über den Schutz der finanziellen Interessen der Europäischen Gemeinschaften, der Gemeinsamen Maßnahme betreffend die Bestechung im privaten Sektor vom 22. Dezember 1998 und des Rahmenbeschlusses vom 29. Mai 2000 über die Verstärkung des mit strafrechtlichen und anderen Sanktionen bewehrten Schutzes gegen Geldfälschung im Hinblick auf die Einführung des Euro" schuf der Gesetzgeber in § 30 Abs. 1 Nr. 5 OWiG eine Generalklausel[218]. Danach können nunmehr auch alle sonstige Personen, die für die Leitung des Betriebs oder Unternehmens einer juristischen Person oder einer in Nummer 2 oder 3 genannten Personenvereinigung verantwortlich handeln, wozu auch die Überwachung der Geschäftsführung oder die sonstige Ausübung von Kontrollbefugnissen in leitender Stellung gehört, taugliche Anknüpfungstaten für die Verhängung einer Verbandsgeldbuße begehen. In steuerstrafrechtlicher Hinsicht ist dabei an Personen zu denken, denen die Verantwortung für einen bestimmten Personenbereich obliegt, etwa die interne Finanz- und Steuerkontrolle oder die Rechnungsprüfung.[219]

Nach der heute gültigen Regelung sind die vertretretungsberechtigten Organe i. S. d. § 30 Abs. 1 Nr. 1 bis 3 OWiG jedenfalls der Vorstand, Vorstandsmitglieder und Abwickler der Aktiengesellschaft[220], Genossenschaften[221], privatrechtlichen Stiftungen[222] sowie der rechtsfähigen[223] wie nichtrechtsfähigen[224] Vereine, bei einer Kommanditgesellschaft auf Aktien der persönlich haftende Gesellschaf-

216 Anders dagegen im europäischen Kartellrecht (vgl. EuGH Slg. 1983, 1825, 1303), wonach als Anknüpfungstat bereits das Verhalten jeder natürlichen Person als ausreichend angesehen wird.
217 Vgl. BegrEUKG 2, S. 32.
218 *Achenbach*, wistra 2002, 443.
219 *Wegner*, PStR 2003, 184.
220 §§ 78, 82, 94 AktG sowie §§ 265, 269 AktG.
221 § 24 GenG.
222 §§ 86, 26 Abs. 2 1 BGB.
223 §§ 26, 30 BGB.
224 Wobei hier im Gegensatz zum rechtsfähigen Verein aufgrund des klaren und eindeutigen Wortlauts nicht der besondere Vertreter i. S. d. § 30 BGB fällt (vgl. dazu nur *Rebmann/Roth/Hermann*, § 30 Rn 17 mwN).

ter[225], der Geschäftsführer[226] einer GmbH sowie alle vertretungsberechtigten Gesellschafter einer Personenhandelsgesellschaft[227]. Bei den juristischen Personen des öffentlichen Rechts bestimmt sich die Organschaft nach den jeweiligen gesetzlichen Vorschriften[228].

Diese Vertretungsberechtigung kann auch intern nicht durch den Verband eingeschränkt werden, da es anderenfalls die Verbände selbst es in der Hand hätten, über den Anwendungsbereich von § 30 OWiG zu bestimmen.[229]

Ein besonderes Problem ergibt sich dabei bei der GmbH & Co KG. Allein persönlich haftender Gesellschafter und damit auch allein vertretungsberechtigt ist die GmbH (als juristische Person) und nicht etwa eine natürliche Person. Nun kann aber die GmbH selbst keine taugliche Anknüpfungstat begehen, da eine Straftat bzw. Ordnungswidrigkeit nur von einer natürlichen Person begangen werden kann. Die Folge wäre eine erhebliche Ahndungslücke, so dass bei der GmbH & Co KG teilweise von einer „Bußgeldoase" gesprochen wird[230].

Insbesondere deshalb belässt es die Rechtsprechung[231] nicht bei diesem Ergebnis. Vielmehr ergebe sich aus dem Grundgedanken des § 30 OWiG, dass es möglich sein müsse, auch gegenüber einer GmbH & Co KG eine Verbandsgeldbuße zu verhängen. Der Geschäftsführer der GmbH wird also faktisch wie ein Organ der GmbH & Co KG behandelt. Für diese Auffassung lässt sich auf jeden Fall das kriminalpolitische Bedürfnis nach einer Ahndung anführen. Daneben spielt sicherlich auch die Tatsache eine Rolle, dass der Geschäftsführer der GmbH immerhin auch mittelbar für die KG handelt. *Karsten Schmidt*[232] meint sogar, dass ein anderes Ergebnis der Vernunft widerspräche und § 30 OWiG nur missverständlich formuliert sei und daher korrigierend ausgelegt werden müsse.

---

225 §§ 282, 283 AktG (der an die Stelle des Vorstandes tritt).

226 §§ 6, 35 GmbHG.

227 Bei der oHG sind dies gem. § 125 Abs. 1 HGB grundsätzlich alle Gesellschafter, bei der KG hingegen nur der Komplementär, §§ 161, 125 HGB.

228 Worunter auch Satzungen fallen.

229 *KK-Rogall*, § 30 Rn 69; *Göhler*, OWiG, § 30 Rn 13; *Rebmann/Roth/Herrmann*, § 30 Rn 20.

230 So etwa *Bender*, ZfZ 1976, 140; *Tiedemann*; ZStW 83 (1971), 797; *ders.* Gutachten zum 49. DJT, S. C 56 f.; *Pohl-Sichtermann*, Geldbuße, S. 136.

231 BGH NStE Nr. 1 zu § 30 OWiG; OLG Dresden, NStZ 1997, 348 f.; OLG Koblenz, BB 1977, 1571; OLG Stuttgart, MDR 1976, 690 f. und OLG Hamm, NJW 1973, 1851 f. *Göhler*, OWiG, § 30 Rn 12a; *Rotberg*, § 30 Rn 2; *Rebmann/Roth/Hermann*, § 30 Rn 18 sowie *Mitsch*, Recht der Ordnungswidrigkeiten, S. 120 schließen sich den Argumenten der Rechtsprechung an und behandeln den Geschäftsführer der GmbH ebenfalls als Organ der GmbH & Co KG.

232 *Schmidt, Karsten,* wistra 1990, S. 136.

Rogall[233] sieht darin aber keine zulässige Auslegung mehr, sondern eine von Art. 103 Abs. 2 GG verbotene Analogie, da der Wortlaut des § 30 Abs. 1 Nr. 3 OWiG insofern eindeutig sei.

Ransiek[234] gibt zwar zu, dass es sich in diesem Fall um eine analoge Anwendung des § 30 OWiG handelt, will diese aber ausnahmsweise zulassen, da die KG immerhin in den Anwendungsbereich des § 30 OWiG fällt. Hier aber eine Ausnahme vom Analogieverbot anzunehmen, vermag nicht zu überzeugen. Allein die Tatsache, dass die KG von § 30 OWiG umfasst wird, kann nicht dazu führen, auf die explizite Voraussetzung einer Handlung durch ein Organ zu verzichten. Der Geschäftsführer der GmbH ist nun aber gerade kein Organ der KG (auch nicht „mittelbar", da eine solche Konstruktion rechtlich schlichtweg nicht existiert), sondern allein Organ der GmbH, welche wiederum allein Organ der KG ist.

Ransiek[235] ist auch zuzugeben, dass eine bloße faktische Betrachtungsweise, bei der das Problem „verschleiert" wird, höchst bedenklich ist. Nimmt man daher einen Verstoß gegen den Wortlaut des § 30 OWiG an, so stellt die GmbH & Co KG tatsächlich eine „Bußgeldoase" dar. *Pohl-Sichtermann*[236] verzichtet daher konsequent auf eine Bebußung der GmbH & Co KG, will aber mit überzeugenden Argumenten eine Bebußung der GmbH annehmen. Allerdings gesteht auch sie ein, dass damit dem eigentlichen Problem nicht abgeholfen wird und eine solch schwerwiegende Lücke auch vom Gesetzgeber nicht beabsichtigt wurde.[237] Die gilt umso mehr, wenn man die große Verbreitung dieser Rechtsform betrachtet und insbesondere wenn man berücksichtigt, dass eine Bebußung der GmbH nur in den geringsten Fällen wirklich zu dem kriminalpolitisch gewünschten Erfolg führt.

Meines Erachtens kann dem Problem aber mit § 9 Abs. 1 Nr. 1, 2 OWiG begegnet werden. Danach können, sofern jemand als Organ etc. eines Verbandes gehandelt hat, Rechtsvorschriften auch hinsichtlich des Vertreters angewandt werden, wenn das persönlichen Merkmal, die die Rechtsvorschrift voraussetzt, lediglich bei dem Vertretenen vorliegen (Genaueres dazu unten unter B.II.).

Auf diese Fallkonstellation angewandt bedeutet dies: Der Geschäftsführer der GmbH hat als Organ gehandelt und ist gem. § 35 GmbHG gesetzlicher Vertreter der GmbH, jedoch ist er kein Organ der KG. Die GmbH wiederum ist die allein

233 *KK-Rogall*, § 30 Rn 64; Ebenso stellt auch *Pohl-Sichtermann*, Geldbuße, S. 135 auf den eindeutigen Wortlaut ab und verneint daher in diesen Fällen die Möglichkeit der Verhängung einer Geldbuße.
234 *Ransiek*, Unternehmensstrafrecht, S. 114, insb. Fußnote 501.
235 *Ransiek*, Unternehmensstrafrecht, Fußnote 501.
236 *Pohl-Sichtermann*, Geldbuße, S. 135 f.
237 *Pohl-Sichtermann*, Geldbuße, S. 136 f.

vertretungsberechtigte Gesellschafterin der KG. Bei der Stellung als vertretungsberechtigte Gesellschafterin handelt es sich zugleich auch um ein persönliches Merkmal im Sinne des § 9 Abs. 1 OWiG.[238] Zwar werden die persönlichen Merkmale herkömmlicherweise nur auf natürliche Personen bezogen[239], der Wortlaut des § 9 Abs. 1 OWiG steht aber einer Interpretation nicht entgegen, wonach auch juristische Personen oder bestimmte Personenverbände Merkmale besitzen können, die ihnen „persönlich" zukommen[240]; im Lichte einer Gleichbehandlung von juristischen und natürlichen Personen betrachtet, erscheint dies sogar geboten. Dann aber findet § 30 Abs. 1 Nr. 3 OWiG auch hinsichtlich des Geschäftsführers als Vertreter der GmbH Anwendung. Zwar handelt es sich bei dieser Konstruktion nicht um die typische Konstellation, für die § 9 OWiG geschaffen wurde. An sich sollte durch § 9 OWiG nämlich lediglich der Anwendungsbereich der Tatbestände um Personen erweitert werden, die für den eigentlichen Normadressaten handeln.[241] Die GmbH ist aber in dieser Fallkonstellation nicht der wahre Normadressat von § 30 OWiG, sondern die KG.

Um aber erhebliche Strafbarkeitslücken zu vermeiden, erscheint eine Erstreckung des § 9 OWiG auch auf diese Fallkonstellationen angebracht. Zugleich wird mit dieser Konstruktion einem Verstoß gegen das Gesetzlichkeitsprinzip vorgebeugt, ohne auf die äußerst angreifbare faktische Betrachtungsweise zurückgreifen zu müssen.

Daher ist der Geschäftsführer der GmbH zwar kein Organ der GmbH & Co KG, doch kommt es wegen § 30 Abs. 1 Nr. 3 OWiG i. V. m. § 9 Abs. 1 OWiG nicht zu einer „Bußgeldoase". Demnach kann also auch gegen eine GmbH & Co. KG eine Verbandsgeldbuße verhängt werden.

Daneben stellt sich das Problem, ob die Bestellung des Organs etc. rechtswirksam gewesen sein muss. Auf das Erfordernis der Rechtswirksamkeit der Bestellung kann nicht unter zu Hilfenahme der faktischen Betrachtungsweise verzichtet werden.[242] *Pohl-Sichtermann*[243] will dagegen unter Berufung auf die Rege-

---

238 Vgl. dazu ausführlich *Göhler*, OWiG, § 9 Rn 6.

239 Vgl. nur *Rebman/Roth/Herrmann*, § 9 Rn 5 –10.

240 Auch der Begriff „persönliches Merkmal" muss nicht ausschließlich dahingehend verstanden werden, dass ausschließlich natürliche Personen Träger dieser Merkmale sein können. Vielmehr ist es gerade im wirtschaftlichen Leben, wo eine Vielzahl juristischer Personen und Personenverbände eine tragende Rolle spielen, unbedingt erforderlich, auch diese mit einzubeziehen. Wenn man den juristischen Personen und Personenverbänden schon eine gewisse Selbständigkeit zukommen lässt, ist es nur angebracht, ihnen im wirtschaftlichen Verkehr zukommende Aufgaben und Befugnisse auch als persönliche Merkmale zuzuschreiben.

241 BegrEEGOWiG, S. 62.

242 Dass die faktische Betrachtungsweise bei § 30 OWiG überhaupt unangebracht ist, vgl. bereits ausführlich oben im 1. Kapitel, D.III.

243 *Pohl-Sichtermann*, VOR 1973, 427 f.

lungen der (heutigen) §§ 9 Abs. 3, 29 Abs. 2 OWiG darauf verzichten, da diese Regelungen eine wirksame Bestellung nicht voraussetzen. Genauso argumentieren *Rebmann/Roth/Herrmann*[244], *Göhler*[245] und der Bundesgerichtshof.[246]

Rogall[247], *Achenbach*[248] und *Mitsch*[249] verlangen dagegen eine wirksame Bestellung des Organs. Insbesondere könnten die Vorschriften der §§ 9 Abs. 3, 29 Abs. 2 OWiG nicht herangezogen werden, da eine entsprechende Vorschrift bei § 30 OWiG gerade fehlt. Eine dann aber erforderliche analoge Anwendung dieser Vorschriften auch auf § 30 OWiG wäre mit dem Analogieverbot nicht in Einklang zu bringen.

Da bei § 30 OWiG eine entsprechende Regelung gerade fehlt, liegt in der Tat ein Umkehrschluss zu den §§ 9 Abs. 3, 29 Abs. 2 OWiG nahe, so dass daraus eine wirksame Bestellung als erforderlich zu fordern wäre. Auch verbietet sich eine analoge Heranziehung der §§ 9 Abs. 3, 29 Abs. 2 OWiG, da auf diese Weise sonst klar gegen das Gesetzlichkeitsprinzip verstoßen werden würde. An sich wäre daher *Rogall*, *Achenbach* und *Mitsch* zuzustimmen.

Zu bedenken ist aber, dass sich durch dieses Verständnis erhebliche Ahndungslücken ergeben. Man kann nun dahingehend argumentieren, dass die hieraus evtl. entstehenden Lücken aufgrund des eindeutigen Wortlauts hinzunehmen sind. Ob ein solches Verständnis allerdings wirklich im Sinne des Gesetzgebers lag, darf bezweifelt werden. Der Umkehrschluss zu den §§ 9 Abs. 3, 29 Abs. 2 OWiG ist darüber hinaus nicht unbedingt zwingend, da auch ein Versehen des Gesetzgebers angenommen werden könnte. Sieht man sich die Norm etwas genauer an, so ergibt sich vielmehr, dass die Erstreckung auf rechtsgeschäftliche Vertreter erst relativ spät erfolgte. Ursprünglich nämlich sollten nur die gesetzlichen Vertreter von § 30 OWiG umfasst werden. In diesen Fällen aber konnte sich diese Problemkonstellation überhaupt nicht ergeben. Daher liegt die Annahme nahe, dass der Gesetzgeber, als er § 30 OWiG auch auf die rechtsgeschäftlichen Vertreter erstreckte, dieses Problem schlichtweg übersah. Dem kann außerdem auch nicht entgegen gehalten werden, dass der Gesetzgeber im Sinne einer klaren Abgrenzungslinie nicht alle, sondern nur ganz bestimmte rechtsgeschäftlich bestellte Vertreter in den Personenkreis des § 30 OWiG aufnehmen wollte. Denn diese Abgrenzungslinie kann auch bei einem rechtlich fehlerhaften Bestellungsakt noch einwandfrei gezogen werden.

---

244 *Rebmann/Roth/Herrmann*, § 30, Rn 20.
245 *Göhler*, OWiG, § 30 Rn 14.
246 BGHSt 21, 101. *Többens*, NStZ 1999, S. 6, schließt sich dieser wohl herrschenden Meinung ohne nähere Begründung an.
247 *KK-Rogall*, § 30 Rn 70.
248 *Achenbach* in FS Stree/Wessels, S. 562.
249 *Mitsch*, Recht der Ordnungswidrigkeiten, S. 120.

Zu beachten ist ferner, dass es die beteiligten Personen sonst selbst in der Hand hätten, über eine Sanktionierung entscheiden zu können. Sie bräuchten nur eine rechtlich unwirksame Bestellung vornehmen, um dem Risiko einer Verbandsgeldbuße entgehen zu können, ohne gravierende zivilrechtliche oder gesellschaftsrechtliche Auswirkungen hinnehmen zu müssen. Überspitzt formuliert würde das bedeuten, dass dem Rechtssuchenden eine rechtlich unwirksame Bestellung angeraten werden müsste, damit der Verband dem Haftungsrisiko entgeht. Das aber kann nicht richtig sein.

Auf eine rechtlich wirksame Bestellung kommt es *meines Erachtens* daher nicht an. Mit der oben genannten Begründung setzt man sich zudem nicht dem Verdikt eines Verstoßes gegen das Gesetzlichkeitsprinzip aus.

II. Erweiterung des Personenkreises durch Spezialvorschriften

Eine Erweiterung des Personenkreises des § 30 OWiG fand sich in den § 59 KWG, § 39 HypBG und § 40 SchiffsBG. Danach war es nicht erforderlich, dass die Geschäftsleiter durch ein Gesetz, Satzung oder durch Gesellschaftsvertrag zur Vertretung ermächtigt wurden. Vielmehr genügt in diesen Fällen für eine Anwendung des § 30 OWiG bereits die tatsächliche Vertretung bestimmter Verbände durch den Geschäftsleiter. Mit Einfügung des § 30 Abs. 1 Nr. 5 OWiG und der damit verbundenen Ausdehnung des Täterkreises wurden diese Bestimmungen allerdings überflüssig. Dementsprechend wurden § 39 HypBG und § 40 SchiffsBG gestrichen, § 59 KWG wurde modifiziert.

B. Die Bezugstat: Straftat oder Ordnungswidrigkeit

Das Organ, der Vertreter oder Bevollmächtigte (vgl. oben) muss eine Straftat oder eine Ordnungswidrigkeit begangen haben, damit eine taugliche Bezugs- bzw. Anknüpfungstat vorliegt.
Dabei genügt es nicht, wenn der Täter die Straftat oder die Ordnungswidrigkeit nur tatbestandsmäßig begeht, vielmehr ist gerade ein volldeliktisches Handeln erforderlich. D. h., der Täter muss nicht nur tatbestandsmäßig, sondern auch rechtswidrig und schuldhaft handeln. *Rebmann/Roth/Hermann*[250] sehen daher § 30 OWiG zu Recht als streng akzessorisch an.

Als Strafnormen kommen dabei nicht nur solche des Nebenstrafrechts in Betracht, sondern auch die Strafvorschriften des StGB. Auch differenziert § 30 Abs. 1 StGB nicht zwischen Vermögens- und Nichtvermögensdelikten. Kriminalpolitisch ist dieser indifferente Ansatz auch höchst sinnvoll, da nur auf diese

---

[250] *Rebmann/Roth/Hermann,* § 30 Rn 23.

Weise eine umfassende und gerechte Vorteilsabschöpfung bei dem betroffenen Verband gewährleistet werden kann.[251]

Dennoch soll hier die Konzentration den Steuerstraftaten und Steuerordnungswidrigkeiten gehören, da nur diese von besonderer Relevanz für das zu behandelnde Thema sind. Daneben muss auch noch der Zusammenhang von § 30 OWiG mit den §§ 130, 9 OWiG untersucht werden, ehe auf die besondere Problemkonstellation der Einstellung der Verfahrens bzw. des Absehens von Strafe eingegangen wird.

I. Mögliche Steuerstraftaten und Steuerordnungswidrigkeiten

In Betracht kommen insbesondere die §§ 370, 370a AO und §§ 372 bis 374 AO als Steuerstraftaten sowie die §§ 378 bis 383 AO als Steuerordnungswidrigkeiten. Da diese Vorschriften nur sehr begrenzt entsprechende strafrechtliche und ordnungsrechtliche Bestimmungen enthalten, finden über § 369 Abs. 2 AO und § 377 AO die Regelungen des allgemeinen Strafrechts (insbesondere also die Vorschriften aus dem StGB) sowie die des Ordnungswidrigkeitenrechts (hier wiederum insbesondere die des OWiG) Anwendung.

Eine Bestrafung nach § 370 AO tritt nicht ein, wenn zwar gegenüber der Finanzbehörde unrichtige oder unvollständige Angaben über steuerlich erhebliche Tatsachen gemacht oder die Finanzverwaltung pflichtwidrig über steuerlich erhebliche Tatsachen in Unkenntnis gelassen und dadurch Steuern verkürzt oder für sich oder einen anderen nicht gerechtfertigte Steuervorteile erlangt wurden, aber eine strafbefreiende Erklärung gem. § 371 AO abgegeben wurde.[252] Da in solchen Fällen die an sich verwirklichte Straftat aus rechtlichen Gründen gem. § 30 Abs. 4 S. 3 OWiG nicht verfolgt werden kann, ist daher auch die Festsetzung einer Verbandsgeldbuße ausgeschlossen.[253] Gleiches gilt nach § 1 Abs. 1 S. 1 StraBEG[254] auch dann, wenn eine strafbefreiende Erklärung für in der Vergangenheit verkürzten Steuern abgegeben und anschließend innerhalb einer Frist von zehn Tagen nach deren Abgabe (spätestens bis zum 31.12.2004) eine bestimmte Pauschale entrichtet wird.

Daneben gibt es eine Vielzahl von Vorschriften, die auf die Bestimmungen der AO zum Steuerstrafrecht und Steuerordnungswidrigkeitenrecht unmittelbar oder

[251] Vgl. dazu auch *Rebmann/Roth/Herrmann*, § 30 Rn 24.
[252] Bei § 370a AO tritt demgegenüber gem. S. 3 nur eine Strafmilderung ein.
[253] Ebenso *Wegner*, PStR 2003, 184.
[254] Gesetz zur Förderung der Steuerehrlichkeit vom 23.12.2003, BGBl I S. 2928, welches am 30.12.03 in Kraft getreten ist. Gem. § 6 StraBEG gilt § 1 StraBEG auch für Steuerordnungswidrigkeiten nach §§ 378 bis 380 AO und § 26b UStG. Befristet ist diese Strafbefreiung allerdings bis einschließlich den 31.12.2004.

mittelbar Bezug nehmen. Mittelbar erlangen diese Vorschriften durch den Blankettcharakter insbesondere der Vorschriften der §§ 370, 370a 373, 374, 378 und 379 Abs. 1 AO an Bedeutung, indem diese als blankettausfüllende Normen für diese steuerstrafrechtlichen Vorschriften der AO herangezogen werden. Daneben werden in einigen Gesetzen die Vorschriften zum Steuerstrafrecht und Steuerordnungswidrigkeiten auch unmittelbar für anwendbar erklärt, indem dort direkt auf die Vorschriften der AO verwiesen wird.

In beiden Konstellationen gewinnt dabei das Europarecht zunehmend an Bedeutung, insbesondere dann, wenn es um finanzielle Interessen der Europäischen Union geht.[255] So werden europarechtliche Vorschriften zunehmend als blankettausfüllende Normen herangezogen[256], andererseits gelangen über europarechtliche Vorschriften zunehmend nationale straf- und bußgeldrechtliche Regelungen zur Anwendung.[257]

II. Die Bedeutung der §§ 130, 9 OWiG

Nur in seltenen Fällen werden die Straftaten bzw. Ordnungswidrigkeiten tatsächlich von einer Person begangen, die auch zu dem in § 30 OWiG genannten

---

[255] Vgl. zur zunehmenden Europäisierung des Strafrechts nur *Jung*, JuS 2000, 417; *Otto*, Jura 2000, 98, jeweils mit weiteren Nachweisen. Am 11.12.2001 beschloss die EG-Kommission darüber hinaus ein 103-seitiges Grünbuch zum strafrechtlichen Schutz der finanziellen Interessen der Europäischen Gemeinschaften und zur Schaffung einer Europäischen Staatsanwaltschaft (KOM [2001] 715 endg.), welches dem Bundesrat am 22.01.2002 vom Bundesfinanzministerium zugeleitet wurde (BR-Drucksache, 51/02).

[256] Dies kann dabei nur für europarechtliche Vorschriften gelten, die über einen zwingenden Charakter verfügen. Darunter fallen etwa die Verordnung und die originären Vertragstexte. Doch dass auch in diesen Fällen die Heranziehung europarechtlicher Vorschriften nicht ganz unproblematisch ist, belegt bereits BGHSt 41, 427. Dem Einwand *Tiedemanns*, NJW, 1993, 28, dass insbesondere Rechtsverordnungen der EG unter einem Demokratiedefizit leiden, dass dazu führen kann, diese nicht als taugliche Vorschriften (für die Begründung steuerstrafrechtlich erheblicher Tatsachen) anzusehen, wurde aber durch die fortgeschrittene und fortschreitende Demokratisierung der Europäischen Gemeinschaft inzwischen abgeholfen. Dennoch weisen die europarechtlichen Vorschriften oftmals weiterhin ein erhebliches Bestimmtheitsproblem auf, dass teilweise zu erheblichen Bedenken führt, ob diese Vorschriften wirklich als blankettausfüllende Normen herangezogen werden dürfen.

[257] Die Europäische Union verfügt über keine originäre Zuständigkeit für das Straf- und Ordnungswidrigkeitenrecht. Die Durchführung der europarechtlichen Regelungen obliegt aber den jeweiligen Nationalstaaten. Diese wiederum können in ihren Durchführungsvorschriften auch die Bestimmungen des Steuerstraf- und des Steuerordnungswidrigkeitenrechts mit einbeziehen bzw. auf diese verweisen. Daneben kann sich eine Verpflichtung der Mitgliedstaaten zur Sanktionierung der Verletzung des Gemeinschaftsrechts auch durch (die Schaffung) nationaler Strafvorschriften ergeben, vgl. dazu nur EuGH Slg. 1989, 2965 ff. Darüber hinaus besteht die Möglichkeit, dass die EG durch Richtlinien oder Verordnungen die Mitgliedstaaten zur Schaffung nationaler Strafvorschriften anweisen (vgl. dazu nur *Dannecker*, Jura 1998, 81).

Personenkreis gehört.[258] In den weitaus häufigeren Fällen wird die Straftat bzw. Ordnungswidrigkeit vielmehr von einem Mitarbeiter des Verbandes begangen, der nicht die Voraussetzungen des § 30 OWiG in seiner Person erfüllt. Ließe man es bei diesem Ergebnis, so käme es zu einer erheblichen Strafbarkeitslücke, die nicht nur den Anwendungsbereich des § 30 OWiG äußerst einschränken, sondern die die ganze Norm praktisch nutzlos werden lassen würde. Insbesondere muss nämlich bedacht werden, dass gerade in größeren Unternehmen der von § 30 OWiG genannte Personenkreis faktisch teilweise gar nicht in der Lage ist, alle Ge- und Verbote selbst zu erfüllen.[259] Besonders bei Steuerzuwiderhandlungen treten außerdem aufgrund der bestehenden Arbeitsteilung und der komplexen Organisationsstruktur in solchen Unternehmen erhebliche Beweisschwierigkeiten auf, um den betreffenden Personen leichtfertiges oder gar vorsätzliches Verhalten nachweisen zu können.[260]

An dieser Stelle setzt nun § 130 OWiG ein. § 130 OWiG bestimmt nämlich, dass der Inhaber eines Betriebes oder eines Unternehmens, sofern er vorsätzlich oder fahrlässig seine Aufsichtspflicht verletzt, ordnungswidrig handelt. Mit anderen Worten: es liegt auch dann eine Ordnungswidrigkeit vor (die eine taugliche Anknüpfungstat für § 30 OWiG darstellt), wenn der Inhaber eines Betriebes oder eines Unternehmens seiner Aufsichtspflicht nicht in angemessener Weise nachkommt.

Dabei erstreckt § 130 Abs. 2 OWiG den Anwendungsbereich des § 130 Abs. 1 OWiG auch auf öffentliche Unternehmen. Die Tat selbst muss dabei nicht unbedingt von einem Mitarbeiter des jeweiligen Verbandes begangen werden, es genügt vielmehr bereits auch, wenn jemand in Wahrnehmung betrieblicher Angelegenheiten tätig wird und dies auch in den Verantwortungsbereich des Unternehmens fällt.[261] Auch muss nicht festgestellt werden, wer genau die Tat begangen hat; es muss lediglich fest stehen (d. h. mit an Sicherheit grenzender Wahrscheinlichkeit), dass sie volldeliktisch erfüllt wurde und dieser Verstoß bei einer angemessenen Aufsicht verhindert oder zumindest wesentlich erschwert worden wäre.[262] In aller Regel kann in den Fällen, in denen nicht ermittelt werden kann, welches Organ oder welches Teilorgan gehandelt hat, darin bereits zugleich eine Aufsichtspflichtverletzung gesehen werden, da dann von einer mangelnden Organisation ausgegangen werden kann.[263]

---

[258] *Schmitz/Taschke*, WiB 1997, 1170.

[259] *Többens*, NStZ 1999, 3.

[260] *Dörn*, StBp 1991, 87.

[261] vgl. Hamm NVwZ, 1994, S. 625; *Hecker*, GewArch 1999, 324; ausführlich auch *Göhler*, OWiG, § 130, Rn 19 mwN.

[262] BGH NStZ, 1994, S. 346; BayObLG NJW 1977, S. 1771; OLG Hamm, NJW 1979, S. 1312; OLG Köln, GewArch 1974, S. 143; *Schmitt*, FS Lange, S. 885; *Göhler*, OWiG, § 130 Rn 20 und § 30 Rn 40; *Rebmann/Roth/Herrmann*, § 30 Rn 52.

[263] *Tiedemann*, NJW 1988, 1173.

Durch § 130 OWiG wird § 30 OWiG daher in einem wesentlichen Punkt erweitert, eben dann, wenn – vergröbernd gesprochen – der Betriebsinhaber eine Aufsichtspflichtverletzung beging, die die Begehung einer Straftat oder einer Ordnungswidrigkeit durch einen Mitarbeiter zumindest erleichtert hat.

Beließe man es bei diesem Ergebnis, würde die praktische Relevanz der §§ 30, 130 OWiG dennoch nur relativ gering ausfallen. In vielen Fällen lässt sich dem Betriebsinhaber nämlich gerade keine Aufsichtspflichtverletzung nachweisen, da er die beauftragten Personen ordnungsgemäß ausgesucht, geschult und auch überwacht hat. Was aber, wenn nun diese vom Betriebsinhaber ausgewählten Personen eine Aufsichtspflichtverletzung begehen?

Hier wirkt sich § 9 OWiG aus[264]. Diese Regelung bezieht sich auf solche Normen, die den Kreis möglicher Täter anhand von personenbezogenen Merkmalen bestimmen, respektive einengen.[265] Der Zweck von § 9 OWiG besteht nun gerade in einer Erweiterung auch auf solche Personen, die für den eigentlichen Normadressaten handeln, diesen also vertreten. Gäbe es § 9 OWiG nicht, würde eine, bereits oben angedeutete, kriminalpolitisch nicht zu rechtfertigende Lücke entstehen, wonach weder der Vertreter (der das personenbezogene Merkmal nicht besitzt), noch der Normadressat (da dieser nicht vorwerfbar gehandelt hat) belangt werden könnte[266]. Dann aber könnte auch keine Verbandsgeldbuße gem. § 30 OWiG verhängt werden.

Dieses unstimmige und unbillige Ergebnis wird durch § 9 OWiG vermieden. § 9 Abs. 1 OWiG betrifft dabei die gesetzlichen Vertreter, § 9 Abs. 2 OWiG dagegen die gewillkürten Vertreter. In beiden Fällen werden die personenbezogenen Merkmale, die eigentlich nur beim Vertretenen vorliegen, auch auf den Vertreter erstreckt. § 9 Abs. 2 Nr. 2 OWiG verlangt dabei eine ausdrückliche Beauftragung, eine Einschränkung, die insbesondere von *Schünemann*[267] und *Göhler*[268] kritisiert wurde, aber auch im EWiKG 2 auf wenig Gegenliebe stieß[269]. Doch

---

264 Auch diese Norm wurde durch das Gesetz zur „Ausführung des Zweiten Protokolls vom 19. Juni 1997 zum Übereinkommen über den Schutz der finanziellen Interessen der Europäischen Gemeinschaften, der Gemeinsamen Maßnahme betreffend die Bestechung im privaten Sektor vom 22. Dezember 1998 und des Rahmenbeschlusses vom 29. Mai 2000 über die Verstärkung des mit strafrechtlichen und anderen Sanktionen bewehrten Schutzes gegen Geldfälschung im Hinblick auf die Einführung des Euro" in § 9 Abs. 1 Nr. 2 OWiG erweitert, indem nun auch hier bereits jede rechtsfähige Personengesellschaft genügt.

265 *Marxen*, JZ 1988, 286 ff.

266 BegrEEGOWiG, S. 62.

267 *Schünemann*, Unternehmenskriminalität, S. 148 ff.

268 *Göhler*, NStZ 1983, 64 und *ders.*, NStZ 1987, 58.

269 Dieser schlug vor, auf das Merkmal „ausdrücklich" zu verzichten, doch folgte der Bundestag wie Bundesrat dieser Empfehlung nicht, da dafür kein praktisches Bedürfnis bestehe (BT-Drucksache, 12/192, S. 37, 42 f.).

kann in den Fällen, in denen eine solch ausdrückliche Beauftragung fehlt, in aller Regel von einer Aufsichtspflichtverletzung durch den Betriebsinhaber ausgegangen werden, da zu einer ordnungsgemäßen Wahrnehmung der Aufsichtspflichten auch eine klare und nachvollziehbare Organisation gehört.[270]

Die Tatsache, Inhaber eines Betriebes oder eines Unternehmens zu sein, stellt auch ein personenbezogenes Merkmal dar. Über § 9 OWiG kann daher auch dann eine Ordnungswidrigkeit nach § 130 OWiG begangen werden, wenn der Inhaber des Unternehmens oder des Betriebes selbst nicht eine Aufsichtspflichtverletzung begangen hat, dafür aber eine in § 9 OWiG aufgeführte Person.

Nur im Zusammenspiel mit den §§ 130, 9 OWiG eröffnet sich daher die volle Bandbreite der verbandsrechtlichen Sanktionsmöglichkeiten des § 30 OWiG, so dass deren Bedeutung für die Verbandsgeldbuße gar nicht hoch genug eingeschätzt werden kann.

III. Absehen von Strafe und Einstellung des Verfahrens bei der Anknüpfungstat

Wie oben bereits dargelegt wurde, bedarf es für § 30 OWiG einer Anknüpfungstat, die volldeliktisch begangen wurde. Kommt es bei dieser Anknüpfungstat nun zu einer Einstellung des Verfahrens oder wird von einer Strafe abgesehen, so fehlt es an sich an einer rechtlich verbindlichen Feststellung, dass eine volldeliktische Tat begangen wurde.

§ 30 Abs. 4 OWiG bestimmt nun, dass auch in den Fällen, in denen ein Straf- oder Bußgeldverfahren nicht eingeleitet bzw. eingestellt oder von Strafe abgesehen wurde, dennoch in einem selbständigen Verfahren ein Bußgeld gegen den Verband verhängt werden kann. Mit anderen Worten ausgedrückt bedeutet dies, dass allein die tatsächliche Lage, also dass eine volldeliktische Tat begangen wurde, für die Verhängung einer Verbandsgeldbuße genügt.

Praktisch ist dieses selbständige Verfahren von größter Bedeutung, da so sehr schnell gegen den eigentlichen Täter das Verfahren eingestellt werden kann, um dafür umso schneller gegen den Verband vorgehen zu können.[271] Damit trägt man zugleich dem eigentlichen Gedanken der Verbandsgeldbuße, den rechtswidrig erlangten Vermögensvorteil auch bei dem wirtschaftlich Bereicherten abzuschöpfen, bestmöglich Rechnung.

---

[270] KG, JR 1972, 121 mit einer Anmerkung von *Göhler*, JR 1972, 123 ff.; *Rebmann/Roth/Herrmann*, § 9 Rn 42, 45.

[271] *Schroth, Hans-Jürgen*, wistra 1986, 163 m. w. N. Dass aber eine solche Vorgehensweise nicht ganz unproblematisch, ja sogar mit erheblichen, strafrechtlich relevanten Folgeproblemen behaftet ist, vgl. ausführlich im 4. Kapitel.

Dass aber auf eine rechtliche Feststellung nicht in jedem Fall verzichtet werden kann, leuchtet sofort ein. Stellt die Staatsanwaltschaft das Verfahren etwa nach § 170 Abs. 2 StPO mangels hinreichendem Tatverdacht ein, kann es zwangsläufig nicht zu einer Festsetzung einer Geldbuße kommen, weil in diesem Fall gerade nicht feststeht, dass eine Anknüpfungstat i. S. d. § 30 OWiG von einem geeigneten Täter begangen wurde.[272]

Auch in den Fällen, in denen ein rechtliches Verfolgungshindernis, wie etwa die Verjährung, besteht, kann gegen den Verband nicht eine Geldbuße verhängt werden, was auch § 30 Abs. 4 S. 3 OWiG ausdrücklich anordnet. Wird das Verfahren dagegen nach § 153 StPO wegen absoluter Geringfügigkeit eingestellt (was sowohl vor Klageerhebung durch die Staatsanwaltschaft mit Zustimmung durch das Gericht wie auch nach Klageerhebung durch das Gericht mit Zustimmung der Staatsanwaltschaft geschehen kann), so kann dennoch gegen den Verband eine Geldbuße festgesetzt werden. Die Tat steht dann ja als volldeliktisch begangen fest. Da die Verbandsgeldbuße selbst wiederum im Ermessen der Behörde steht, kommt in diesen Fällen u. U. auch ein Verzicht (etwa ebenfalls wegen Geringfügigkeit der erlangten Bereicherung) auf die Verhängung dieser Geldbuße in Betracht (in solchen Fällen kann dann auch § 47 OWiG für den Verband herangezogen werden).[273]
Zu § 153a StPO vertritt *Cramer*[274] die Auffassung, dass zwar nach dem Wortlaut des § 30 Abs. 4 OWiG eine Verbandsgeldbuße möglich wäre, jedoch die Auflagen das Interesse an einer Verhängung einer Verbandsgeldbuße beseitigen würden. Dem widerspricht *Ransiek*[275], da er trotz der Auflagen noch ein eigenständiges Interesse an einer Verhängung einer Geldbuße gegen das Unternehmen anerkennt. Richtig ist jedenfalls, dass die Verbandsgeldbuße nicht als Auflage i. S. d. § 153a StPO verhängt werden kann, da § 153a StPO insoweit abschließend ist.

272 Eine Geldbuße kann allerdings wie *Ransiek*, Unternehmensstrafrecht, S. 120 zutreffend hinweist auch dann verhängt werden, wenn zwar das Verfahren gegen alle Organmitglieder gem. § 170 Abs. 2 StPO eingestellt wurde, jedoch feststeht, dass ein Organmitglied die Tat volldeliktisch begangen haben muss.

273 Anderer Ansicht dagegen *Ransiek*, Unternehmensstrafrecht, S. 121, der in jedem Fall eine Verbandsgeldbuße zulassen will, da ein anderes Ergebnis nicht mit der dogmatischen Struktur des § 30 OWiG übereinstimmen würde. Dabei verkennt *Ransiek meines Erachtens* aber, dass es in diesen Fällen nicht darum geht, per se die Verhängung einer Verbandsgeldbuße ausscheiden zu lassen, vielmehr stellt sich hier die Frage, ob die Behörde noch pflichtgemäß von ihrem Ermessen Gebrauch macht, wenn sie trotz der Geringfügigkeit (wobei selbstverständlich auch berücksichtigt werden muss, inwieweit der Verband bereichert ist bzw. wie schwer der Verstoß war) eine Geldbuße gegen den Verband verhängt.

274 *KK-Cramer*, 1. Aufl., § 30 Rn 151.

275 *Ransiek*, Unternehmensstrafrecht, S. 121.

Beseitigen aber nun die Auflagen gerade das Interesse auch der Verhängung einer Geldbuße, so muss gem. § 47 OWiG auch eingestellt, auf die Verhängung einer Geldbuße also verzichtet werden.[276]

Auch in den Fällen einer Einstellung nach § 153b StPO kommt es gerade darauf an, ob nach pflichtgemäßen Ermessen eine Geldbuße gegen den Verband verhängt werden kann, obwohl gegenüber dem Täter von Strafe abgesehen werden kann. Bei einer Bereicherung wird davon in aller Regel auszugehen sein. Ebenso kann bei einer Einstellung nach den §§ 154, 154a StPO eine Geldbuße grundsätzlich auch gegen den Verband verhängt werden. *Rogall*[277] dagegen meint, dass in diesen Fällen wegen dem geringen Gewicht der Tat keine Verbandsgeldbuße angeordnet werden kann. Doch auch in diesen Fällen kann eine Bereicherung des Verbandes vorliegen, die eine Abschöpfung als geboten erscheinen lassen kann. Außerdem ist die Tendenz der Staatsanwaltschaften zu beachten, mittels der §§ 154, 154a StPO so genannte „Kronzeugen praeter legem" zu schaffen[278]; diese sehr fragwürdige Methode sollte nun gerade nicht auch noch bei § 30 OWiG honoriert werden.

Wird eine Ordnungswidrigkeit begangen und erfolgt eine Einstellung wegen dieser Tat gem. § 47 OWiG, steht einem selbständigen Verfahren gem. § 30 Abs. 4 OWiG nichts im Wege. Gleiches gilt, wenn gem. § 60 StGB von der Verhängung einer Strafe abgesehen wird.[279]

Die isolierte Verbandsgeldbuße eröffnet daher eine völlig neue Bandbreite einer Verbandssanktion und bewirkt eine erhebliche Vereinfachung, was sich auch in einer größeren Effektivität in der praktischen Anwendbarkeit und Anwendung niederschlägt.

Schroth[280] erhebt gegen diese Konstruktion der isolierten Verbandsgeldbuße aber erhebliche dogmatische Bedenken. Insbesondere würde in diesen Fällen ein Verstoß gegen das Prinzip der Individualschuld vorliegen, so dass es de facto zu einer Verdachts-„Strafe" komme.[281] Eine saubere dogmatische Lösung wäre daher seiner Ansicht nur mit einer Wiedereinführung der Verbandstäterschaft

276 Darüber hinaus ordnet § 47 Abs. 3 OWiG ausdrücklich an, dass § 153a StPO im Bußgeldverfahren nicht sinngemäß angewandt werden kann, es daher nicht möglich ist, dass der Verband etwa Geldzahlungen an eine gemeinnützige Einrichtung leisten kann, um dafür keine Verbandsgeldbuße gem. § 30 OWiG entrichten zu müssen. Dies übersieht auch *Ransiek*, Unternehmensstrafrecht, S. 121.

277 *KK-Rogall*, § 30, Rn 151.

278 Vgl. dazu *Volk*, Strafprozessrecht, S. 100; *ders.*, NJW 1996, 879.

279 Vgl. dazu ausführlich *KK-Rogall*, § 30 Rn 153.

280 *Schroth, Hans-Jürgen,* wistra 1986, 164.

281 *Schroth, Hans-Jürgen* aaO.

möglich.[282] In die gleiche Kerbe schlägt auch *Wegner*[283], wenn er § 153a StPO nicht als tauglichen Anknüpfungspunkt für die Verhängung einer Verbandsgeldbuße ansehen will, da dadurch noch nicht die Unschuldsvermutung nach Art. 6 Abs. 3 MRK widerlegt sei und es deshalb an dem Nachweis einer schuldhaft begangen Tat fehle.

Zuzugeben ist, dass durch die isolierte Verbandsgeldbuße eine gewisse Lockerung zur Anknüpfungstat erfolgt ist. Dennoch aber ist immer noch die Akzessorietät gewahrt. In allen Fällen, in denen eine isolierte Verbandsgeldbuße gem. § 30 Abs. 4 OWiG verhängt werden kann, muss mit an Sicherheit grenzender Wahrscheinlichkeit feststehen, dass eine volldeliktische Tat begangen wurde. Verzichtet wird lediglich auf das „rechtliche Siegel" durch ein Urteil. Kommt es zu Zweifeln, muss aber eine rechtliche Prüfung erfolgen.

Im Endeffekt kommt es hier zu den gleichen Problemen wie im Zivilprozess (insbesondere bei § 823 Abs. 2 BGB). Auch hier muss der Richter prüfen, ob ein Schutzgesetz, was auch eine strafrechtliche Norm sein kann, verletzt wurde. Dabei kann der Richter auf ein strafrechtliches Urteil zurückgreifen, jedoch ist dies keinesfalls zwingend. Gerade bei Sachbeschädigungen kommt es häufig gar nicht zum Strafprozess. Dennoch wird niemand bestreiten wollen, dass eine zivilrechtliche Verurteilung auch gem. § 823 Abs. 2 BGB i. V. m. § 303 StGB möglich sein muss. Nicht anders stellt sich die Sachlage *meines Erachtens* aber auch hier dar.

Die erkennende Behörde bzw. das erkennende Gericht muss daher bei Fehlen eines strafrechtlichen Urteils – wie auch der Zivilrichter bei § 823 BGB – nötigenfalls feststellen, ob eine volldeliktische Tat begangen wurde, um im selbständigen Verfahren eine Geldbuße gegen den Verband verhängen zu können.

---

282 *Schroth, Hans-Jürgen* aaO.
283 *Wegner*, PStR 2003, 181.

C. Pflichtverletzung oder Bereicherung des Verbandes

Damit eine Verbandsgeldbuße gegen den Verband verhängt werden kann, genügt es noch nicht, dass eine Straftat oder eine Ordnungswidrigkeit durch den in § 30 Abs. 1 OWiG aufgeführten Personenkreis begangen wurde.
Vielmehr stellt § 30 OWiG in zwei Tatbestandsalternativen zusätzliche Voraussetzungen auf.

Entweder muss durch die Straftat oder Ordnungswidrigkeit zugleich eine Pflicht verletzt, die gerade der juristischen Person oder der Personenvereinigung obliegt (1. Tatbestandsalternative), oder aber durch diese Anknüpfungstat muss der Verband bereichert worden sein (2. Tatbestandsalternative).

I. Pflichtverletzung

In der begangenen Straftat oder Ordnungswidrigkeit muss also zugleich eine Pflichtverletzung gesehen werden können, die dem jeweiligen Verband obliegt, also betriebsbezogen sein.

Nun mutet es aber ziemlich erstaunlich an, dass einerseits zwar das Organ etc. die Anknüpfungstat begehen, darin aber zugleich ein Pflichtverstoß des Verbandes liegen muss. Der Verband kann seine Pflichten nicht selbst erfüllen. Vielmehr ist er hierfür auf seine Organe etc. angewiesen, derer er sich zu bedienen hat. Daher ist es nur angemessen, auch die Pflichten des jeweiligen Verbandes heran zu ziehen. Hinzu kommt, dass der Sinn des § 30 OWiG ja gerade mit darin besteht, die wirtschaftlichen Verhältnisse des Verbandes und nicht die des handelnden Organs bei der Bemessung der Höhe der Geldbuße zu Grunde zu legen.[284] Vereinfacht ausgedrückt bedeutet dies also nichts anderes, als dass die Straftat oder Ordnungswidrigkeit bei einer Ausübung einer betriebsbezogenen Pflicht begangen werden muss, so dass zwangsläufig auf die Pflichten des jeweiligen Verbandes abzustellen ist.

Betriebsbezogen ist eine Pflicht insbesondere dann, wenn sich Gesetze, Rechtsverordnungen usw. in Form von Geboten und Verboten an die juristische Person oder Personenvereinigung als Normadressaten wenden und ihr dabei bestimmte Pflichten zuweisen.[285] Eine grundlegende Pflicht des betreffenden Verbandes ist dabei die Aufsichtspflicht, deren Verletzung gem. § 130 OWiG als Ordnungswidrigkeit geahndet wird (vgl. oben).[286] Zwar trifft diese Pflicht gem. § 130

284 Vgl. dazu auch die Begründung zu § 19 EOWIG.

285 Beispiele und Nachweise dazu siehe *Rebmann/Roth/Herrmann*, § 30 Rn 26.

286 Vgl. dazu nur: *Göhler*, OWiG, § 30 Rn 17; *Rebmann/Roth/Hermann*, § 30 Rn 27; *KK-Rogall*, § 30 Rn 73; BGH, NStZ, 1986, S. 79; OLG Köln, GewArch 1974, S. 141, 143; OLG Düsseldorf, NStZ 1984, S. 366.

OWiG nur den Betriebsinhaber, doch wird der Personenkreis – wie oben bereits dargestellt – durch § 9 OWiG beträchtlich erweitert. Außerdem liegt eine betriebsbezogene Pflicht immer dann vor, wenn die jeweilige Norm speziell einen Betrieb oder ein Unternehmen als Adressaten aufführt.[287]

Bei so genannten „Jedermannspflichten", Pflichten also, die sich nicht speziell an den Verband wenden, sondern jedermann treffen können, gestaltet sich die Annahme einer Verletzung einer betriebsbezogenen Pflicht deutlich schwieriger. So ist für jeden einsichtig, dass man z. B. keine Steuerhinterziehung gem. § 370 AO begehen bzw. dazu Beihilfe leisten darf. Begeht nun aber ein Organ etc. eines Verbandes eine solche Steuerhinterziehung, kann darin, obwohl es sich eigentlich um eine „Jedermannspflicht" handelt, dennoch eine Verletzung einer betriebsbezogenen Pflicht gesehen werden? Die gleiche Fragestellung gilt übrigens nicht nur für diese spezielle steuerstrafrechtliche Norm, sondern auch für viele strafrechtlichen Normen, da diese oftmals Pflichten für jedermann begründen.

Der Gesetzgeber meinte dazu lapidar: „Es versteht sich von selbst, dass nicht etwa auch Pflichten gemeint sind, die für jedermann gelten."[288] Auf die Tatsache, dass eine Norm generell betrachtet jedermann treffen kann, kann es *meines Erachtens* allerdings nicht ankommen. Vielmehr muss berücksichtigt werden, ob diese „Jedermannspflichten" in Zusammenhang mit der Betriebs- oder Unternehmensführung stehen.[289] Gerade die Führung eines Betriebes vermag nämlich eine Vielzahl von Pflichten gerade aus den „Jedermannsdelikten" zu begründen. Insbesondere kann sich anhand von sachlichen, persönlichen oder sonstigen Zurechnungskriterien eine Art „Garantenstellung" des Unternehmens ergeben, was die daraus entstehenden Pflichten zu Betriebsbezogenen macht.[290]

Eine betriebsbezogene Pflicht kann daher, um das obige Beispiel wieder aufzugreifen, auch sein, keine Steuerhinterziehung, respektive keine Beihilfe dazu zu begehen. Es besteht eine betriebsbezogene Pflicht, etwa eine ordnungsgemäße und richtige Körperschaftssteuererklärung einzureichen, die Lohnsteuer abzuführen oder bei Auslandsüberweisungen die vorgeschriebenen Formalitäten etc. einzuhalten.

---

287 Beispiele und Nachweise siehe *Rebmann/Roth/Herrmann*, § 30 Rn 28.

288 EOWiG, S. 60.

289 *Göhler*, OWiG, § 30 Rn 20; *Rebmann/Roth/Herrmann*, § 30 Rn 29; *KK-Rogall*, § 30 Rn 72. *Demuth/Schneider*, BB 1970, 650 sprechen dabei von einer „Konkretisierung", die durch die Betätigung im Rahmen der Betriebsführung eintritt.

290 *Rebmann/Roth/Herrmann*, § 30 Rn 29.

II. Bereicherung

Im Gegensatz zur Pflichtverletzung wird bei dieser Tatbestandsalternative gerade nicht verlangt, dass die durch die Organe etc. verletzte Pflicht betriebsbezogen sein muss. Voraussetzung ist lediglich, dass zwischen der begangenen Straftat oder Ordnungswidrigkeit und der Bereicherung des Verbandes ein innerer Zusammenhang besteht[291], sprich die Bereicherung muss gerade aufgrund der durch das Organ etc. begangenen Anknüpfungstat bei dem Verband eingetreten sein. Als Anknüpfungstat kommt aber hier jeder Straftatbestand bzw. jede Ordnungswidrigkeit in Betracht.

Zu fragen ist aber, was unter dem Begriff „Bereicherung" im Sinne des § 30 OWiG zu verstehen ist. Es ließe sich an die §§ 812 ff. BGB denken[292]. Diese setzen aber voraus, dass ein Vermögensvorteil erstens rechtsgrundlos erlangt wurde und zweitens eine Entreicherung vorliegt. Beides aber verlangt der Wortlaut von § 30 OWiG nicht, da ausdrücklich bereits genügt, wenn der Verband nur bereichert wurde, ohne dass es darauf ankommt, ob die Bereicherung mit oder ohne Rechtsgrund erlangt oder ob der andere entreichert wurde. Auch passen die §§ 812 ff. BGB vom ganzen Sinn und Zweck nicht auf die Regelung des § 30 OWiG, da es bei § 30 OWiG nicht darum geht, ungerechtfertigte Vermögensverschiebungen wieder rückgängig zu machen, sondern es soll insbesondere ein Vermögensvorteil abgeschöpft werden, ohne dass dieser dann automatisch dem ursprünglichen Vermögensinhaber wieder zu Gute kommen müsste. Tiedemann[293] betrachtet daher bereits die Heranziehung der Gedanken aus §§ 812 ff. BGB als „Missgriff".

Zutreffend erscheint es *meines Erachtens* daher, den Begriff „Vermögensvorteil" aus § 263 StGB als Begriffsbestimmung heranzuziehen[294]. Beide Begriffe dienen nämlich dem Zweck, das Ausmaß der tatsächlichen Bereicherung festzustellen.[295] Vermögensvorteil respektive Bereicherung ist daher jede Erhöhung des wirtschaftlichen Werts des Vermögens[296]; auch bloß mittelbare Vorteile können daher eine Bereicherung darstellen. Auch ist nicht erforderlich, dass diese Bereicherung tatsächlich eingetreten ist, es genügt, wenn sie beim Verband eintreten sollte. Damit einher geht allerdings auch, dass bei einem Dritten (anders als bei § 263 StGB, wobei aber Gleiches beim Versuch gilt) kein Vermö-

291 *Rebmann/Roth/Herrmann*, § 30 Rn 30.

292 Vgl. dazu auch *Rotberg*, OWiG, § 30 Rn 8.

293 *Tiedemann*, ZStW 83 (1971), 813.

294 *Rebmann/Roth/Herrmann*, § 30 Rn 31; *KK-Rogall*, § 30 Rn 82.

295 Dagegen geht es bei § 263 StGB nicht um eine Abschöpfung der erlangten Vermögensvorteile, so dass der Abschöpfungsgedanke des § 30 OWiG entgegen der Ansicht von *Pohl-Sichtermann*, Geldbuße, S. 153, keine Parallele zu § 263 StGB eröffnet.

296 *Sch-Sch-Cramer*, § 263 Rn 167; *Tröndle/Fischer*, § 263 Rn 42.

gensschaden entstanden sein muss.[297]

Pohl-Sichtermann[298] vertritt darüber hinaus die Ansicht, dass die Bereicherung nicht rechtswidrig sein muss, da die der Wortlaut des § 30 OWiG dies nicht voraussetzen würde. Aus § 30 OWiG ergibt sich, dass die Bereicherung aus einer Straftat bzw. einer Ordnungswidrigkeit zu stammen hat. Diese Taten sind aber immer rechtswidrig, so dass auch die Bereicherung in aller Regel rechtswidrig sein wird.

Kommt eine rechtmäßige Forderung dagegen nur mit rechtswidrigen Methoden dem Verband zu Gute, so lehnt *Rogall*[299] die Annahme einer Bereicherung ab, da in diesem Fall nichts abgeschöpft werden könne. Allerdings besteht der Sinn und Zweck von § 30 OWiG nicht nur in einer Abschöpfungsfunktion, sondern dient auch dem generalpräventiven Zweck, die Organe etc. des Verbandes zu rechtstreuem Verhalten zu animieren. Daher muss auch in solchen Fällen eine Geldbuße gegen den Verband verhängt werden können.

Aus dem engen Zusammenhangsverständnis zwischen der Anknüpfungstat und der Bereicherung folgt *meines Erachtens* darüber hinaus zwingend, dass nicht die bloße (Mit-) Verursachung genügen kann, sondern vielmehr erforderlich ist, dass sich die rechtswidrige Tat gerade in der Bereicherung niedergeschlagen hat. Diskutiert wird dieses Problem immer an dem Fall, bei dem jemand nur unter Verletzung der StVO noch rechtzeitig zu einem Vertragsschluss gelangt.[300] *Rebmann/Roth/Herrmann*[301] und *Müller*[302] wollen in diesem Fall § 47 OWiG heranziehen, da sich für eine Einschränkung der möglichen Anknüpfungstaten im Gesetz kein Anhaltspunkt finden lässt. *Pohl-Sichtermann*[303], *Rotberg*[304] und auch *Rogall*[305] wollen dagegen über eine am Sinn und Zweck der Norm angelehnte berichtigende Auslegung solche Vortaten aus dem Anwendungsbereich des § 30 OWiG herausnehmen. Begründet wird dies zum einen mit einem unangemessenen Ergebnis[306] und zum anderen damit, dass es nicht sachgerecht sei, bei Normen, die nicht eine Bereicherung verhindern wollen, dennoch „an sich" von der Möglichkeit einer Geldbußenverhängung auszugehen, um dann erst auf Ermessensebene eine Korrektur vorzunehmen[307].

297 *Pohl-Sichtermann*, Geldbuße, S. 153; *Rebmann/Roth/Herrmann*, § 30 Rn 31.
298 *Pohl-Sichtermann*, Geldbuße, S. 153; ebenso *Rotberg*, § 30 Rn 9; aA dagegen *KK-Rogall*, § 30 Rn 82; *Rebmann/Roth/Herrmann*, § 30 Rn 31.
299 *KK-Rogall*, § 30 Rn 82.
300 Vgl. *Rotberg*, § 30 Rn 9.
301 *Rebmann/Roth/Herrmann*, § 30 Rn 32.
302 *Müller*, Stellung der juristischen Person, S. 75.
303 *Pohl-Sichtermann*, Geldbuße, S. 154 ff.
304 *Rotberg*, § 30 Rn 9.
305 *KK-Rogall*, § 30 Rn 85, 86.
306 So *Rotberg* aaO.
307 So *Rogall* aaO.

Einer berichtigenden Einschränkung bedarf es *meines Erachtens* aber gar nicht, da wie gesagt bereits der Wortlaut der Vorschrift dafür spricht, nicht nur eine einfache Kausalität genügen zu lassen, sondern vielmehr ein unmittelbarer und enger Zusammenhang bestehen muss, dem Verstoß also sozusagen die Bereicherung innezuwohnen hat. Darüber hinaus verwirklicht sich in diesem Fall auch nicht die typische Gefahr, die mit § 30 OWiG sanktioniert werden soll, so dass hier auch der Schutzzweck des § 30 OWiG erst gar nicht tangiert wird. *Göhler*[308] verlangt darüber hinaus, dass Ersatzansprüche Dritter im Rahmen des Opportunitätsprinzips gem. § 47 OWiG Berücksichtigung finden müssen, sprich auf die Verhängung einer Geldbuße verzichtet werden muss, wenn ansonsten Ersatzansprüche Dritter verkürzt werden würden.

Meines Erachtens ergibt sich die Tatsache, dass evtl. bestehende Ersatzansprüche Dritter keinen Einfluss darauf haben können, ob eine Bereicherung vorliegt, bereits zwangsläufig aus der zu Grunde Legung des Begriffs „Vermögensvorteils" aus § 263 StGB; dies hatte für § 263 StGB bereits das Reichsgericht[309] erkannt. Dabei versteht sich das eigentlich von selbst. Würde man anders entscheiden, könnte man nur in den seltensten Fällen eine Betrugsstrafbarkeit bejahen, da in den allermeisten Fällen bereits zivilrechtliche Ersatzansprüche des Geschädigten bestehen, die dieser in aller Regel auch geltend machen wird.

Das Ganze erinnert vielmehr geradezu an die Diskussion zu dem Begriff „etwas erlangt" im Rahmen des § 812 BGB. Der Bundesgerichtshof[310] will nämlich bereits auf dieser Ebene berücksichtigen, inwieweit sich eine spätere Entreicherung nicht schon hier auswirken muss, so dass eine Bereicherung von Anfang an auszuscheiden hätte. Nach dem Bundesgerichtshof müsste daher eine echte, bleibende Vermögensmehrung eingetreten sein, um von einem erlangten „Etwas" sprechen zu können. *Larenz/Canaris*[311] weisen dagegen zutreffend darauf hin, dass für die Frage, ob jemand etwas erlangt hat, eine spätere Entreicherung völlig unerheblich ist und werfen dem Bundesgerichtshof vor, nicht genau zwischen dem Erlangten und der Bereicherung bzw. Entreicherung zu unterscheiden.

---

308 *Göhler,* OWiG, § 30 Rn 23. Grundsätzlich hält jedoch *Göhler* diese Ersatzansprüche für die Frage, ob eine Bereicherung des Verbandes gegeben ist, für unbeachtlich. Ebenso die ganz h. M. (vgl. nur mit jeweils weiteren Nachweisen: *KK-Rogall*, § 30 Rn 83; *Demuth/Schneider*, BB 1970, 651; *Rotberg*, § 30 Rn 8; *Rebmann/Roth/Herrmann*, § 30 Rn 31; *Müller*, Stellung der juristischen Person, S. 74; *Pohl-Sichtermann*, Geldbuße, S. 152).

309 12, 395.

310 BGHZ 55, 128, 131; BGHZ 94, 160, 165. In dem „Flugreisefall" setzt der BGH bei nichtgegenständlichen Leistungen das erlangte Etwas mit der Ersparnis von Aufwendungen gleich, die gemacht worden wären, um die Gebrauchsvorteile zu bekommen. Mangels ersparter Aufwendungen würde demnach etwa bei Luxusfahrten ein Bereicherungsanspruch schon tatbestandlich ausscheiden, da danach eben „nichts" erlangt worden wäre.

311 *Canaris*, JZ 1971, 561; *Larenz/Canaris*, SchuldR II/2, § 71 I 2a.

Ähnlich lässt es sich auch hier argumentieren. Der Verband hat etwas erlangt; ob diese „Bereicherung" später wieder wegfällt, ist für die Frage, ob im Tatzeitpunkt eine Bereicherung vorlag, völlig unerheblich. Diese Wertung, die für § 812 BGB gilt, muss auch bei § 263 StGB und § 30 OWiG gelten, da es für eine abweichende Beurteilung keine stichhaltige Rechtfertigung gibt. Daher sind evtl. Ersatzansprüche Dritter bei der Frage nach dem „Ob" der Bereicherung des Verbandes schlichtweg nicht zu berücksichtigen.

Auch ist die Auffassung Göhlers abzulehnen, hier § 47 OWiG anzuwenden. § 30 OWiG lässt sich eben nicht auf eine bloße Abschöpfungsfunktion zusammenkürzen, sondern verfolgt eben auch noch andere, insbesondere präventive Zwecke (vgl. oben, 1. Kapitel, A.II.2.). Dann aber ist es nicht ermessensfehlerhaft, trotz Bestehens von Ersatzansprüchen Dritter eine Geldbuße gegen den Verband zu verhängen. Eine Berücksichtigung kann daher, wenn überhaupt, nur bei der Höhe („wie") der Geldbuße, genauer: bei der Bestimmung der Höhe des abzuschöpfenden Betrages erfolgen. Das ist im Folgenden Genauer darzustellen.

3. Kapitel: Rechtsfolgen der Verbandsgeldbuße gem. § 30 OWiG

A. Höchstmaß und Bemessung der Verbandsgeldbuße, § 30 Abs. 2 OWiG

§ 30 Abs. 2 OWiG bestimmt den Bußgeldrahmen für die Geldbuße, die gegen die juristische Person oder gegen den Personenverband verhängt werden kann.

Bei einer Ordnungswidrigkeit des Vertreters bestimmt sich das Höchstmaß der Geldbuße gem. § 30 Abs. 2 Satz 2 OWiG (wobei bei fahrlässigen Handlungen § 17 Abs. 2 OWiG zu beachten ist) nach dem Höchstmaß der für die begangene Ordnungswidrigkeit vorgesehenen Geldbuße.
Hat der Vertreter dagegen eine Straftat verübt, so kann die Geldbuße bei vorsätzlichen Straftaten bis zu 1.000.000 Euro (§ 30 Abs. 2 Satz 1 Nr. 1 OWiG), bei bloß fahrlässig begangenen Straftaten bis zu 500.000 Euro (§ 30 Abs. 2 Satz 1 Nr. 1 OWiG) betragen. Darüber hinaus ordnet § 30 Abs. 2 Satz 3 O-WiG[312] an, dass der Geldbußenrahmen für Ordnungswidrigkeiten auch auf Straftaten Anwendung findet, sofern dort eine höhere Geldbuße vorgesehen ist.[313]

Das Höchstmaß allein sagt aber noch nichts darüber aus, wie hoch die Verbandsgeldbuße im konkreten Einzelfall ausfällt bzw. welche Kriterien für die Zumessung der Geldbuße eine Rolle spielen.
Aus der amtlichen Begründung zu § 30 OWiG[314] (wie auch aus dem akzessorischen Charakter der Verbandsgeldbuße;) ergibt sich dabei die enge Anknüpfung gerade auch hinsichtlich des zu verhängenden Bußgeldes an die durch den Vertreter begangene Tat. Dieser Gedanke spiegelt sich auch in § 30 Abs. 2 Satz 2 OWiG wider, der ausdrücklich auf den Geldbußenrahmen der jeweiligen Ordnungswidrigkeit des Vertreters abstellt.[315]

Unter Heranziehung der §§ 46 StGB, 17 Abs. 3 OWiG stellt *Müller*[316] daher insbesondere auf die Schuld des Vortäters ab; dies sei sogar das „vorrangige" Zumessungskriterium. Allerdings sieht sich Müller gleich darauf genötigt, diese „Vorrangigkeit" wieder erheblich einzuschränken[317], so dass nach diesen Einschränkungen von der vermeintlichen „Vorrangigkeit" der Schuld des Vor-

---

312 Eingefügt durch Gesetz vom 13.08.1997, BGBl. I S. 2038.

313 Die praktische Relevanz beschränkt sich momentan dabei auf Straftaten gem. § 263 StGB (vgl. BGHSt 38, 186 und BGH NJW 1995, 737) und § 298 StGB i. V. m. § 81 Abs. 2 GWB (vgl. dazu Korte, NStZ 1997, 518).

314 § 19 EOWiG, BT-Drucksache V/1269, S. 62.

315 Vgl. dazu auch *Rebmann/Roth/Herrmann*, § 30 Rn 43.

316 *Müller*, Die Stellung der juristischen Person, S. 82. Vorsichtig dagegen gegenüber einer solchen Heranziehung der §§ 46 StGB, 17 Abs. 3 OWiG *Brender*, Die Neuregelung der Verbandstäterschaft, S. 156 f., was wiederum *KK-Rogall*, § 30 Rn 115 kritisiert.

317 *Müller*, aaO.

täters nicht mehr viel übrig bleibt.

Richtigerweise ist daher die Vortat in seiner Gesamtheit bei der Bemessung der Verbandsgeldbuße zu berücksichtigen. Neben der Vorwerfbarkeit als einem Gesichtspunkt spielen insbesondere auch die Schwere der Vortat und der angerichtete Schaden eine entscheidende Rolle.
Allerdings darf man dabei nicht stehen bleiben. Neben diesen akzessorisch bedingten Zumessungskriterien muss auch der Charakter als Verbandsgeldbuße ausreichend zur Geltung gelangen. Danach kann es unter Umständen erforderlich werden, auch eine noch weitergehende Geldbuße zu verhängen, oder aber auch eine im Verhältnis zur Vortat geringere Geldbuße zu verhängen.
Eine geringere oder eine bis auf Null reduzierte Geldbuße kann etwa dann verhängt werden, wenn die Vortat der juristischen Person mehr geschadet als genutzt hat oder der Vortäter mehr im eigenen Interesse gehandelt hat.[318]
Dagegen kommt die Verhängung einer (deutlich) höheren Geldbuße vor allem aus dem Gesichtspunkt der Abschöpfung von den bei der juristischen Person oder bei dem Personenverband eingetretenen (rechtswidrigen) Vermögensvorteilen in Betracht. Auch präventive Gründe vermögen eine höhere Geldbuße zu rechtfertigen, wohingegen den repressiven Kriterien bereits durch die rechtliche Beurteilung der Anknüpfungstat hinreichend Rechnung zu tragen ist.
Neben den akzessorisch bedingten Zumessungskriterien sind bei der Bemessung der Höhe der Geldbuße *meines Erachtens* also insbesondere auch die Kriterien heran zu ziehen, die sich aus dem Zweck der Geldbuße nach § 30 OWiG ergeben.[319]

Diese Kriterien sind dabei gleichrangig und gegeneinander abzuwägen. Dadurch wird zudem eine zusätzliche Flexibilität in der Handhabung der Verbandsgeldbuße erreicht, was die Praktikabilität – wenn auch zu Lasten einer etwas geringeren Rechtssicherheit – signifikant erhöht.

---

[318] Vgl. nur *Pohl-Sichtermann*, Geldbuße, S. 172.
[319] Vgl. auch *Rebmann/Roth/Herrmann*, § 30 Rn 43.

B. Besonderheit des § 30 Abs. 3 OWiG i. V. m. § 17 Abs. 4 OWiG

§ 30 Abs. 3 OWiG bestimmt, dass auf die Bemessung der Höhe der Verbandsgeldbuße auch § 17 Abs. 4 OWiG anzuwenden ist. Danach soll die Abschöpfung des wirtschaftlichen Vorteils, den die juristische Person oder der Personenverband aufgrund der Vortat erlangt hat, ermöglicht werden. Sofern das in § 30 Abs. 2 OWiG geregelte Höchstmaß dazu nicht ausreicht, erlaubt § 30 Abs. 3 OWiG i. V. m. § 17 Abs. 4 OWiG, dieses Höchstmaß auch zu überschreiten.

Diese Möglichkeit stellt eine der schärfsten Waffen des § 30 OWiG dar.

I. Geschichtliche Entwicklung der Vermögensabschöpfung, Sinn und Bedeutung der Vorschrift sowie kriminalpolitischer Hintergrund

Die Vorschrift des § 17 Abs. 4 OWiG geht bereits zurück auf das erste Ordnungswidrigkeitengesetz vom 25.03.1952[320], in dem § 6 OWiG bestimmte, dass die Bußgeldhöhe sowohl das Entgelt, welches der Täter für die Ordnungswidrigkeit erlangt, wie auch den Gewinn, den er daraus gezogen hatte, übersteigen durfte. Diese Differenzierung in Entgelt und Gewinn entsprach dabei der damals gleichlautenden Vorschrift des §§ 27c Abs. 2, Abs. 3 StGB[321], die § 6 OWiG auch als Vorbild diente.
§ 13 des Ordnungswidrigkeitengesetzes von 1968[322] fasste die §§ 5 und 6 OWiG zusammen und ersetzte die Begriffe Entgelt und Gewinn als Bemessungsgrundlage der Geldbuße in § 13 Abs. 4 durch den Begriff „wirtschaftlicher Vorteil"[323]. Sinn dieser Neuformulierung war es, nicht nur reine Geldgewinne von der Abschöpfungsfunktion zu umfassen, sondern auch klar zu stellen, dass sonstige, wirtschaftlich messbare Vorteile ebenfalls abgeschöpft werden sollen.[324] Insbesondere sollten auch verbesserte Marktpositionen, die sich aus der Ordnungswidrigkeit ergaben, angemessen berücksichtigt werden.[325] Darüber hinaus bestand nun auch die Möglichkeit, eigene wirtschaftliche Aufwendungen des Täters vorteilsmindernd zur Geltung zu bringen.
Im Mittelpunkt stand aber nach wie vor der Gedanke der Vorteilsabschöpfung[326]. Aufgrund der Neufassung durch das Ordnungswidrigkeitengesetz vom

---

320 BGBl. I, S. 177.
321 Vgl. zum damaligen § 27c StGB *Schönke*, Strafgesetzbuchkommentar, 6. Auflage 1952.
322 Gesetz vom 24.05.1968, BGBl. I, S. 481.
323 Diese Neuformulierung geht dabei auf eine Stellungnahme des Rechtsausschusses zurück (BerEOWIG, BT-Drucksache, V/2600/2601). Noch der Regierungsentwurf (EOWiG, BT-Drucksache V/1269, S. 52 f.) hatte an der alten Formulierung festgehalten.
324 So ausdrücklich OLG Karlsruhe, NJW 1975, 793.
325 OLG Hamburg, NJW 1971, 1002.
326 Der Gedanke der Vorteilsabschöpfung reicht dabei bis ins römische Recht zurück. Auch während des Mittelalters und auch noch zu Beginn der Neuzeit kannte man die Vorteils-

02.01.1975 ging die Vorschrift des § 13 Abs. 4 OWiG in dem wortgleichen § 17 Abs. 4 OWiG auf. Dies war zugleich auch die letzte Änderung.

Zweck des § 17 Abs. 4 OWiG ist es daher, den Täter einer Ordnungswidrigkeit so zu stellen, dass er keinen wirtschaftlichen Vorteil von seiner Handlung behält, sondern sogar darüber hinaus Einbußen in seinem Vermögen erleidet.[327] Der Vermögensvorteil bildet daher im Regelfall nur die Untergrenze der zu verhängenden Geldbuße.

§ 17 Abs. 4 OWiG geht dabei auf die Erkenntnis zurück, dass Gewinnstreben nicht nur die entscheidende Antriebsfeder in unserer Wirtschafts- und Gesellschaftsordnung ist, sondern überdies ein übermäßiges Gewinnstreben eine der wesentlichen Gesichtspunkte darstellt, warum Straftaten oder Ordnungswidrigkeiten begangen werden. Dass solche unter Verstoß gegen unsere Rechtsordnung erlangten wirtschaftlichen Vorteile nicht beim Täter verbleiben dürfen, stellt demnach ein weithin anerkanntes Grundprinzip nicht nur innerhalb der Verfolgung dieser Verstöße dar, sondern ist auch in dem Gerechtigkeitsempfinden unserer Gesellschaft tief verankert.[328]

Andererseits aber stellen solche Ausgleichsfunktionen weniger strafrechtliche Sanktionen im eigentlichen Sinne dar, sondern gehören eigentlich ins Privatrecht. So sind insbesondere die §§ 812 ff. BGB ein umfassendes Instrumentarium, um ohne Rechtsgrund erlangte Vermögensvorteile wieder dem eigentlich Berechtigten zurück zu gewähren. Auch in den Eigentümer-Besitzer-Regelungen der §§ 985 ff. BGB findet sich dieser Gedanke wieder. Schließlich kennt selbst das öffentliche Recht mit dem öffentlich-rechtlichen Erstattungsanspruch oder dem Folgenbeseitigungsanspruch ungeschriebene, aber gewohnheitsrechtlich anerkannte Institute vergleichbarer Art.[329]

Doch auch im Strafrecht besteht ein hohes Bedürfnis nach der Möglichkeit, rechtswidrig erlangte Vermögensvorteile abzuschöpfen.
Zum einen reichen die oben beschriebenen Institute bei weitem nicht aus, um eine gerechte und rechtsfriedenstiftende wie –bewahrende Lösung herbeizufüh-

abschöpfung, jedoch fielen die abschöpfbaren Vorteile dann ganz allgemein dem Fiskus zu, wohingegen des Reichsstrafgesetzbuch von 1871 eine solche Regelung nur im Besonderen Teil in § 335 vorsah (später dann auch in § 296a). Erst der durch das Geldstrafengesetz vom 27.04.1923 eingeführte § 27c StGB (RGBl. I, S. 254) sah wieder eine allgemeine Regelung vor, auf die dann auch der heutige § 17 Abs. 4 OWiG zurückgeht. Ausführlich zur historischen Entwicklung der Vorteilsabschöpfung, *Güntert*, Gewinnabschöpfung als strafrechtliche Sanktion, S. 2 ff. mwN sowie *Müther*, Vorteilsabschöpfung in Ordnungswidrigkeitenrecht, S. 5 ff. mwN.

327 Vgl. nur BayObLG, wistra 1995, 360; *Göhler*, OWiG § 17 Rn 38 mwN.

328 Vgl. dazu *Tiedemann*, HWiStR, Art. Gewinnabschöpfung, S. 1.

329 Vgl. dazu nur *Detterbeck*, Allgemeines Verwaltungsrecht, Rn 1235 ff. und Rn 1201 ff.

ren. Insbesondere wird darauf hingewiesen, dass gerade im Bereich des organisierten Verbrechens und im Bereich der Wirtschaftskriminalität ein starkes Bedürfnis nach einer Gewinnabschöpfung besteht, um so die Anreize für die Begehung solcher Straftaten weiter zu mindern.[330] *Eser*[331] weist zutreffend darauf hin, dass sinnvolles Strafen ohne die gleichzeitige Entziehung der Tatvorteile überhaupt nicht denkbar ist. So würde der Täter bei entsprechenden Vermögensvorteilen von vornherein evtl. strafrechtliche Sanktionen in den Gesamtaufwand einkalkulieren; eine sinnvolle Abschreckung wäre somit nicht mehr möglich.[332] Schließlich wissen die Geschädigten oftmals nichts von ihren Ansprüchen und machen diese daher auch nicht geltend bzw. können auch gar nicht ermittelt werden; der Vorteil würde also beim Täter verbleiben - ein kriminalpolitisch äußerst unerwünschtes Ergebnis.

Ist im Strafrecht die Vorteilsabschöpfung daher kriminalpolitisch sinnvoll und geboten, bedarf die Frage nach der Berechtigung einer solchen Maßnahme auch im Ordnungswidrigkeitenrecht einer näheren Untersuchung, insbesondere im Hinblick darauf, dass im Unterschied zum eigentlichen Strafrecht den Ordnungswidrigkeiten ein geringerer Unrechtsgehalt innewohnt.[333]

---

330 Vgl. nur *Kaiser*, Festschrift für Tröndle, S. 686; umfassend *Hassemer*, WM 1995 Sonderbeilage, S. 4 f.

331 *Eser*, Strafrechtliche Sanktionen gegen das Eigentum, S. 86, 284 f.

332 *Güntert*, Gewinnabschöpfung als strafrechtliche Sanktion, S. 12.

333 So zumindest die inzwischen herrschende, auf die Rechtsprechung des BVerfG zurückgehende „gemischt qualitativ-quantitative Betrachtungsweise", vgl. *Jescheck/Weigend*, Strafrecht AT, S. 56 ff.; BVerfGE 8, 197, 207; 9, 167, 172; 27, 18, 28. Die früher vertretene „aliud-Theorie", die noch bis 1975 die entscheidende Grundlage für die tatbestandliche Trennung von Kriminal- und Ordnungsunrecht bildete, und auf die Verwaltungsstrafrechtstheorie Goldschmidts, Verwaltungsstrafrecht, sowie auf die Lehre vom Ordnungsstrafrecht (vgl. dazu ausführlich *Heimler*, Ordnungswidrigkeit, S. 15 ff.) zurückgeht, nahm eine qualitative Unterscheidung vor, wonach Straftat und Ordnungswidrigkeit sich wesensmäßig qualitativ unterscheiden. Diese Unterscheidung konnte aber die zunehmende Ausweitung des Ordnungswidrigkeitenrechts (insbesondere durch Umwandlung vormaliger Straftatbestände in Ordnungswidrigkeiten) nicht mehr zufrieden stellend erklären (vgl. nur *Rebmann/Roth/Herrmann*, Vor § 1, Rn 8 f.; *Drathjer*, Abschöpfung rechtswidrig erlangter Vorteile, S. 27). Doch auch die „gemischt qualitativ-quantitative" Theorie sieht sich insbesondere durch Einführung des § 38 Abs. 4 GWB mit der sehr hohen Bußgeldhöhe von 500.000 Euro und der Einordnung als „schwerwiegende Störung der öffentlichen Ordnung (Regierungsentwurf, BT-Drucksache, 8/2136, S. 27) zunehmender Kritik ausgesetzt (vgl. nur *Weber*, ZStW 92, 317; Rn 15; *Drathjer*, Abschöpfung rechtswidrig erlangter Vorteile, S. 28 f.). Danach komme nur eine Unterscheidung nach dem rein formalen Kriterium in Betracht, ob es sich bei der Rechtsfolge um eine Strafe oder um eine Geldbuße handelt, wobei es dem Gesetzgeber auf der Grundlage der verfassungsgerichtlichen Rechtsprechung allerdings verwehrt ist, nach Belieben Straftaten in bloße Ordnungswidrigkeiten „umzuwidmen" (vgl. dazu *Göhler*, OWiG, Vor § 1 Rn 8 mwN; überzeugend auch *Volk*, ZStW 83, 433 f.). Zusätzlich gestützt wird diese Auffassung *meines Erachtens* auch durch § 30 OWiG. Nicht nur sieht diese Norm eine sehr hohe Bußgeldandrohung vor, sondern sie ist, wie oben im 1. Kapitel, A.I. und II. bereits kurz dargelegt wurde, zugleich ein gewisser Ersatz für die im deutschen Strafrecht fehlende Strafbarkeit

Gerade aber Vorschriften aus dem Wettbewerbsgesetzes (GWB), aus dem Außenwirtschaftsgesetzes (AWG) oder aus anderen Wirtschaftsgesetzen[334], die auf das Ordnungswidrigkeitenrecht verweisen oder eigene Ordnungswidrigkeitentatbestände beinhalten, belegen, dass hier ähnlich wie bei den strafrechtlichen Vorschriften zur Wirtschaftskriminalität ein erhebliches Bedürfnis nach der Möglichkeit einer Vorteilsabschöpfung besteht. Überdies werden gerade in diesen Fällen eine Vielzahl von Geschädigten vorhanden sein, die entweder von ihren Ansprüchen nichts wissen bzw. diese zivilrechtlich nicht durchsetzbar sind. Daher muss auch in solchen Fällen eine Vorteilsabschöpfung wie im Strafrecht möglich sein.

Der wesentliche Gesichtspunkt für eine Vorteilsabschöpfung im Ordnungswidrigkeitenrecht ist *meines Erachtens* aber ihr Einsatz als Verbandssanktion. Gerade weil die Bedeutung von Verbänden im wirtschaftlichen Geschehen immer mehr zunimmt und weil sich Privatpersonen zunehmend hinter Verbänden bei der Begehung von Straftaten und Ordnungswidrigkeiten „verstecken", werden Verbände in immer stärkeren Maße mit der Regelung des § 30 OWiG konfrontiert. Da in solchen Fällen der wirtschaftliche Vorteil in den allermeisten Fällen beim jeweiligen Verband und nicht bei der eigentlich handelnden (natürlichen) Person verbleibt, besteht gerade in solchen Konstellationen ein erhöhtes Bedürfnis nach einer Möglichkeit, diesen Vorteil auch bei dem Verband wieder abzuschöpfen.

II. Rechtsnatur des § 17 Abs. 4 OWiG

Eng mit dem bereits oben kurz dargestellten Zweck der Vorteilsabschöpfung verwoben ist die Frage nach der Rechtsnatur des § 17 Abs. 4 OWiG.

Vor allem bei der Verfallanordnung des § 73 StGB ist diese Frage hochumstritten.[335] Doch auch bei § 17 Abs. 4 OWiG ist diese Frage noch nicht abschließend geklärt.

---

von Verbänden. Der Gesetzgeber hat sich hier dafür entschieden, gegen Verbände nur Bußgelder zu verhängen. Qualitative oder quantitative Unterscheidungskriterien sind hierfür aber nicht ersichtlich, was gerade auch der anhaltende Streit um die (Wieder-)Einführung der Verbandsstrafe belegt.

334 So etwa im Marktorganisationsgesetz (MOG) oder bei Zuwiderhandlungen gegen arbeitsrechtliche Vorschriften.

335 Vgl. dazu nur die Übersicht bei *LK-Schmidt*, § 73 Rn 7 – 13 mwN; *Sch-Sch-Eser*, Vorbem § 73 Rn 12 ff.

So sieht *Müther*[336] die Vorteilsabschöpfung des § 17 Abs. 4 OWiG als „quasi-kondiktionelle Ausgleichsmaßnahme öffentlich-rechtlicher Art" an. Er begründet dies insbesondere mit dem Gedanken, dass die Vorteilsabschöpfung rein präventiven Zwecken diene und keine Übelszufügung darstelle, so dass sie nicht mehr von anderen Rechtsfolgen, wie u. a. den Bereicherungsansprüchen, zu unterscheiden wäre.[337] Nur in den Fällen des § 817 S. 2 BGB will er davon eine Ausnahme machen, da eine Vorteilsabschöpfung trotz Vorliegen der Voraussetzungen von § 817 S. 2 BGB rein pönaler Natur sei.[338] Nach *Müther* handelt es sich bei § 17 Abs. 4 OWiG also um eine materiellrechtliche Doppelmaßnahme, mit der „eigentlichen" Geldbuße als pönale und dem Abschöpfungsanteil (unter der Einschränkung des § 817 S. 2 BGB) als präventive Maßnahme.[339]

Dagegen sieht *Drathjer* die Vorteilsabschöpfung des § 17 Abs. 4 OWiG als eine zusätzliche Funktion der Geldbuße an, die dabei einen unselbständigen Teil derselben darstellt, ohne am Gesamtcharakter der Geldbuße als eine punitive Maßnahme etwas zu ändern.[340]

Richtig ist jedenfalls, dass die Geldbuße des § 17 OWiG mehrere Ziele verfolgt, so dass *Steindorf*[341] und *Schroth*[342] richtigerweise von einer „kombinierten Sanktion" sprechen, die durch Repression, Prävention und Gewinnabschöpfung gekennzeichnet ist. Während also ein Teil der Geldbuße durch die „eigentliche" Geldbuße als repressive und präventive Maßnahme gebildet wird, steht daneben die Vorteilsabschöpfung; demnach kann zu Recht von einer „Doppelfunktion" gesprochen werden.

Müther[343] kann aber in seiner weitergehenden Folgerung, diese Vorteilsabschöpfung sei eine rein „quasi-kondiktionelle Ausgleichsmaßnahme, nicht ge-

---

336 *Müther*, Vorteilsabschöpfung im Ordnungswidrigkeitenrecht, S. 44 ff.
337 *Müther* aaO.
338 *Müther* aaO.
339 *Müther*, Vorteilsabschöpfung im Ordnungswidrigkeitenrecht, S. 51.
340 *Drathjer*, Abschöpfung rechtswidrig erlangter Vorteile, S. 30 f.
341 *KK-Steindorf*, § 17 Rn 5, wobei Steindorf die Vorteilsabschöpfung als nachrangiges Ziel ansieht.
342 *Schroth, Hans-Jürgen*, wistra 1986, 160.
343 *Müther*, Vorteilsabschöpfung im Ordnungswidrigkeitenrecht, S. 44 ff. *Forthauser*, Geldwäscherei de lege lata et ferenda, S. 167 bezeichnet die Theorie von der quasi-kondiktionellen Ausgleichsmaßnahme bei § 73 StGB sogar als herrschend. Dies ist aber gerade seit der Umstellung vom „Nettoprinzip" auf das „Bruttoprinzip" bei § 73 StGB hochumstritten (vgl. nur *LK-Schmidt*, § 73 Rn 8 ff mwN und *Sch-Sch-Eser*, Vorbem § 73, Rn 18 f mwN), wonach zunehmend der Strafcharakter in den Vordergrund gerückt wird (zuletzt allerdings ablehnend BGH NJW 1995, 2235). Bei § 17 Abs. 4 OWiG dagegen erfolgte ein solcher Wechsel hin zum „Bruttoprinzip" dagegen nicht (vgl. dazu näher unten unter IV.2.).

folgt werden. Zum einen „hinkt“ der Vergleich mit den §§ 812 ff. BGB. Deren Sinn und Zweck besteht ja gerade darin, dass der Entreicherte vom widerrechtlich Bereicherten die Vermögensvorteile wieder zurückerlangt. Die Vorteilsabschöpfung aber kommt dem Staat zu Gute, ohne dass dieser (zumindest in vielen Fällen) der eigentlich Entreicherte ist.[344] Kennzeichnend hierfür ist gerade die Problematik, ob trotz der Ersatzansprüche der (entreicherten bzw. geschädigten) Dritten überhaupt eine Vorteilsabschöpfung angeordnet werden darf.[345] Von einem wie auch immer gearteten „quasi-kondiktionellen“ Ausgleichsanspruch zwischen dem widerrechtlich Bereicherten und dem Staat kann daher keinesfalls gesprochen werden. Auch die unnötige Komplizierung mittels § 817 S. 2 BGB (einer rechtspolitisch sowieso hoch umstrittenen Norm[346]) vermag nicht dazu beitragen, der Theorie von der „quasi-kondiktionellen Ausgleichsmaßnahme“ mehr an Überzeugungskraft zu verleihen.[347] Vielmehr muss gerade der eindeutige Wortlaut des § 17 Abs. 4 OWiG Beachtung finden, wonach eine Unterscheidung in „Entgelt für die Tat“ und „Gewinn aus der Tat“ ausdrücklich aufgegeben wurde und stattdessen ganz bewusst die einheitliche Formulierung vom „wirtschaftlichen Vorteil“ gewählt wurde.[348] Darüber hinaus verbietet sich bei § 17 Abs. 4 OWiG eine zu enge Anlehnung an die zu § 73 StGB vertretene Theorie der „quasi-kondiktionellen Ausgleichsmaßnahme“ vor allem aufgrund dessen Bedeutung bei der Verbandsgeldbuße. Hier liegt ein gewisser strafersetzender Charakter auf der Hand.[349]

Der Bundesgerichtshof hat darüber hinaus in seinem Urteil vom 21.08.2002[350] auch für § 73 StGB inzwischen klargestellt, dass auch der Verfall keine Strafe, sondern trotz der Bruttomethode eine Maßnahme eigener Art darstellt. Die Einführung der Bruttomethode sollte lediglich einer besseren Praktikabilität dienen und den Präventionscharakter stärker betonen.[351] Dann aber erscheint es *mir* nur konsequent, auch bei der Vorteilsabschöpfungsregelung des § 17 Abs. 4 OWiG von einer Rechtsfolge eigener Art zu sprechen, die zugleich ein

---

344 Daran ändert auch die Vorschrift des § 111b Abs. 5 StPO nichts. Zum einen ist diese Vorschrift nur auf die §§ 73 ff. StGB anwendbar, zum anderen wird dadurch nur ermöglicht, dass der Staat zum Schutze des Opfers die Gegenstände beschlagnahmt bzw. sicherstellt.

345 Hierzu ausführlich unten unter VI.2.b.

346 Vgl. hierzu nur *Palandt-Sprau*, § 817 Rn 14.

347 Im Rahmen des § 73 StGB soll dagegen zumindest der Rechtsgedanke des § 817 S. 2 BGB Anwendung finden, vgl. BGHSt 33, 37; *LK-Schäfer*, 10. Aufl., § 73 Rn 18; *Sch-Sch-Eser*, § 73 Rn 25 mwN. *LK-Schmidt*, 11. Aufl., § 73 Rn 18 rechtfertigt dies damit, dass durch die Umstellung auf die Bruttomethode bei § 73 StGB eine Annäherung an das Bereicherungsrecht des BGB erfolgt sei.

348 Vgl. zur Historie und zum gesetzgeberischen Willen bereits oben im 1. Kapitel, A.I. und II.

349 Ebenso *Pohl-Sichtermann*, Geldbuße, S. 48.

350 StV 2002, 601 ff.

351 So auch schon *LK-Schmidt*, § 73 Rn 8.

unselbständiger Bestandteil einer einheitlichen und kombinierten bußgeldrechtlichen Sanktion ist.[352]

III. Bedenken gegen die Bußgeldrahmenregelung des § 17 Abs. 4 OWiG

§ 17 Abs. 4 OWiG eröffnet dem Richter die Möglichkeit, den gesamten wirtschaftlichen Vorteil, der aus der rechtswidrigen Vortat resultiert, abzuschöpfen. Dem jeweils Betroffenen wird dabei eine einheitliche Geldbuße aufgebürdet, die den Abschöpfungsanteil bereits mit enthält. Dabei ist § 17 Abs. 4 OWiG als „Soll-Bestimmung" ausgestaltet, so dass im Regelfall der erlangte wirtschaftliche Vorteil die Untergrenze der Geldbuße bildet. Da nicht nur die eigentlichen Geldbuße, sondern auch der „Abschöpfunganteil" einen repressiven bzw. punitiven Charakter besitzt, unterliegt diese Bestimmung bestimmten Beschränkungen.

Zum einen ist zweifelhaft, inwieweit diese Regelung mit dem ordnungswidrigkeitenrechtlichen Bestimmtheitsgebot in Einklang steht. Zweifel daran sind deshalb erlaubt, weil die Höhe des abzuschöpfenden wirtschaftlichen Vorteils und die daraus folgende Höhe der Geldbuße nicht von vorne herein feststehen, insbesondere dann, wenn man Schätzungen bzgl. der Höhe des wirtschaftlichen Vorteils zulässt[353].
Hinsichtlich der Ahndung einer Ordnungswidrigkeit wird in § 3 OWiG das Bestimmtheitsgebot einfachgesetzlich angeordnet. Über seinen Wortlaut hinaus findet § 3 OWiG aber auch hinsichtlich der Art und Höhe der Sanktion Anwendung.[354] Danach unterliegt auch § 17 Abs. 4 OWiG zumindest dem Bestimmtheitsgebot des § 3 OWiG.
Nach *Müther*[355] stellt sich die Frage nach der Bestimmtheit der Norm nicht nur bei § 17 Abs. 4 OWiG, sondern in vergleichbarer Weise auch bei der Vermögensstrafe, § 43a StGB. Zu diesem Schluss gelangt er deshalb, da § 43a StGB, ähnlich wie bei § 17 Abs. 4 OWiG, eine Bestimmung der Sanktionshöhe nur durch das Vermögen erfolge.[356]
In der Entscheidung vom 20.03.2002[357] hat das Bundesverfassungsgericht die Vermögensstrafe gem. § 43a StGB für verfassungswidrig erklärt. Dabei hat es gerade den Verstoß gegen das verfassungsrechtliche Bestimmtheitsgebot gem. Art. 103 Abs. 2 GG als zentrales Argument für eine Verfassungswidrigkeit dieser Norm benutzt. Dies erschien umso erstaunlicher, als weder in der Literatur, noch in der schriftlichen Beschwerdebegründung noch in der mündlichen

352 Vgl. dazu auch BFH, DStR 1999, 1520.
353 Genauer zu den Schätzungen unten unter V.
354 BVerfG, NJW 1969, 1061; *KK-Rogall*, § 3 Rn 4; *Rebmann/Roth/Herrmann*, § 3 Rn 3, *Göhler*, OWiG § 3 Rn 4.
355 *Müther*, Vorteilsabschöpfung im Ordnungswidrigkeitenrecht, S. 76.
356 *Müther* aaO.
357 BVerfG, wistra 2002, 175 ff.

Verhandlung diese Frage eine zentrale Rolle einnahm.[358]

Das Bundesverfassungsgericht hat dabei insbesondere bemängelt, dass die Schwere des Eingriffs – immerhin wird ein Zugriff auf das gesamte Vermögen ermöglicht – nicht durch eine hinreichende Konkretisierung „abgefedert" werde. Ein solch schwerer Eingriff erfordere es aber, dass dem Richter für die gesicherte Anwendung eines solch neuen und „gefährlichen" Werkzeugs besonders präzise, verlässliche und vor allen Dingen nachprüfbare Strafzumessungsregeln an die Hand gegeben werden.[359] Zudem störte das Bundesverfassungsgericht, dass durch § 43a StGB die Höhe der Geldstrafe ausschließlich durch den Wert des vorhandenen Vermögens beschränkt ist, aber keine wenigstens abstrakt bestimmbare Unter- oder Obergrenze enthalte.[360]
Genau dadurch aber unterscheidet sich die Vermögensstrafe des § 43a StGB von der Vorteilsabschöpfungsregel des § 17 Abs. 4 OWiG.[361] § 17 Abs. 4 OWiG ist in der Höhe der Geldbuße wenigstens abstrakt bestimmt bzw. bestimmbar, ohne dass die genaue Höhe erst zum Zeitpunkt der konkreten Rechtsanwendung auf den Einzelfall sichtbar werden würde.
Die Höhe wird nämlich gerade nicht durch das gesamte Vermögen bestimmt, sondern durch die jeweils erlangten wirtschaftlichen Vorteile. Daher verbietet sich auch ein Vergleich zwischen diesen beiden Regelungen. Bei § 17 Abs. 4 OWiG ist es demnach für jedermann von vorneherein vorhersehbar, zu welchen Folgen eine Tat führt.[362] Daran ändert auch die Tatsache nichts, wenn man eine Schätzung des wirtschaftlichen Vorteils für zulässig erachtet, da so nur über Beweis- bzw. Nachweisschwierigkeiten hinweggeholfen werden soll, der Sanktionsrahmen aber nach wie vor abstrakt bestimmt bzw. bestimmbar ist.[363]

Ein Verstoß gegen das Bestimmtheitserfordernis liegt bei § 17 Abs. 4 OWiG daher *meines Erachtens* nicht vor.

---

358 Vgl. *Park*, StV 2002, 395.

359 BVerfG, wistra 2002, 179.

360 BVerfG, wistra, 2002, 180.

361 Worauf das BVerfG auch indirekt hinweist, wenn es unter Hinweis auf eine Entscheidung des BGH (BGHSt 41, 20, [24 f.]) hervorhebt, dass eine Konkretisierung des § 43a StGB durch eine Abschöpfungswirkung bzgl. der durch organisierte Kriminalität erlangten Gewinne aufgrund des eindeutigen Strafcharakters dieser Vorschrift bei § 43a StGB gerade nicht vorliegt. Demgegenüber soll § 17 Abs. 4 OWiG gerade auch dazu dienen, evtl. Vermögensvorteile wieder abschöpfen zu können.

362 *Zippel*, Mehrerlöß bei Geldbußen für Kartellverstöße, S. 20 f.

363 Näher dazu unten unter V.; aA *Drathier*, Abschöpfung rechtswidrig erlangter Vorteile, S. 114 f., der eine Schätzung für nicht zulässig erachtet.

Eng damit verknüpft ist die Frage, ob sich der Gesetzgeber mit der Regelung des § 17 Abs. 4 OWiG noch im Rahmen seiner Gestaltungsfreiheit bewegt. Daran könnte insbesondere deshalb Zweifel bestehen, da das Höchstmaß bei Geldstrafen gem. § 40 Abs. 2 Satz 2 StGB auf 5.000 € festgelegt wurde[364], so dass sich bei maximal 360 Tagessätzen 1,8 Mio. Euro als höchstmöglich zu verhängende Geldbuße ergibt[365]. Eine vergleichbare Begrenzung besteht bei § 17 Abs. 4 OWiG dagegen nicht; vielmehr kann der gesamte wirtschaftliche Vorteil, gleichgültig wie hoch dieser ist, abgeschöpft werden. Insbesondere Tiedemann[366] sieht darin einen Verstoß gegen das Rechtsstaatsprinzip, da eine solche Geldbuße in keinem angemessenen Verhältnis mehr zur Geldstrafe stehe.

Zum einen kann dies aber, wie *Müther* richtig bemerkt[367], nicht überzeugen, da im Ordnungswidrigkeitenrecht eine Freiheitsstrafe nicht existiert, welche immer noch eine wesentlich härtere Bestrafung darstellt. In meinen Augen „hinkt" aber bereits der Vergleich mit der Geldstrafe. Vielmehr ist § 17 Abs. 4 OWiG mit § 73 StGB zu vergleichen. Auch das Strafrecht kennt die Möglichkeit, die aus der rechtswidrigen Vortat erlangten Vermögensvorteile komplett abzuschöpfen, ohne dabei eine Beschränkung wie bei der Geldstrafe gem. § 40 StGB beachten zu müssen. Daher kann keinesfalls davon gesprochen werden, der Gesetzgeber hätte mit § 17 Abs. 4 OWiG seinen von Verfassungswegen eingeräumten Gestaltungsspielraum überschritten. Auch geht das Argument fehl, dass ein Täter, der einen wirtschaftlichen Vorteil aus der Vortat gezogen hat, auf diese Weise härter bestraft werden würde als ein Täter, der einen solchen Vorteil nicht erlangt hat. Vielmehr bewirkt diese Regelung das genaue Gegenteil, denn ohne § 17 Abs. 4 OWiG könnte ein Täter diese Vorteile behalten, stünde also im Vergleich besser da, obwohl er sogar „verwerflicher" gehandelt hat. Dies könnte wiederum nur durch eine Berücksichtigung bei der Höhe des zu verhängenden Bußgeldes ausgeglichen werden. Das aber hätte wiederum den Nachteil, dass aus Bestimmtheitserfordernissen eine feste Obergrenze bestehen müsste, der Vorteil also u. U. nur zum Teil durch ein erhöhtes Bußgeld wieder ausgeglichen werden könnte. Ein rechtspolitisch wie rechtsstaatlich sehr bedenkliches Ergebnis.

Schließlich können sich auch noch aus dem Grundsatz der Verhältnismäßigkeit Bedenken ergeben. Steht es dafür, durch die Verhängung einer Verbandsgeldbuße und der damit verbundenen Abschöpfung gem. § 17 Abs. 4 OWiG ein

---

364 Zur Begründung vgl. BT-Drucksache 7/1261, S. 6.

365 Bei einer Gesamtstrafe besteht gem. § 54 Abs. 2 StGB die Möglichkeit, eine Geldbuße von maximal 720 Tagessätzen, also 3,6 Mio. Euro zu verhängen.

366 *Tiedemann* in Immenga/Mestmäcker, Gesetz gegen Wettbewerbsbeschränkungen, § 38 Rn 280; *ders.* in HWiStR, Stichwort: Mehrerlös, S. 3 f.

367 *Müther*, Die Vorteilsabschöpfung im Ordnungswidrigkeitenrecht, S. 77 f.

Unternehmen an den Rand des wirtschaftlichen Kollapses zu bringen und auf diese Weise möglicherweise tausende von Arbeitsplätzen zu gefährden, nur wegen Verfehlungen Einzelner? Für Managementfehler – und um nichts anderes handelt es sich hierbei – „büßen" aber gerade immer die Mitarbeiter, die eigentlich am allerwenigsten etwas „dafür können"; die Folge sind oftmals Entlassungen und im schlimmsten Fall die Insolvenz. Es handelt sich in solchen Fällen daher um nichts anderes als um die Verwirklichung des normalen Lebensrisikos.

Vermögen daher die Bedenken gegen die Regelung des § 17 Abs. 4 OWiG zwar nicht zu überzeugen, so wird doch ersichtlich, zu welch weitreichenden Konsequenzen diese Vorteilsabschöpfung im Rahmen der Verbandsgeldbuße führen kann. Unabdingbar ist es daher, gerade bei der Bestimmung des wirtschaftlichen Vorteils größtmögliche Sorgfalt walten zu lassen und penibel darauf zu achten, dass keine übermäßigen Folgen – insbesondere im Hinblick auf eine doppelte Inanspruchnahme – auftreten.

IV. Bestimmung des wirtschaftlichen Vorteils

1. Allgemeines

An die Stelle des „gezogenen Gewinns" oder dem „empfangenen Entgelts" des § 6 OWiG 1952 trat der Begriff des „wirtschaftlichen Vorteils". Dieser Begriff ist nach dem Willen des Gesetzgebers weiter als der des „Vermögensvorteils" bei § 29a Abs. 1 a. F. OWiG zu verstehen.[368] Danach soll nicht nur der durch die Vortat in Geld erlangte Gewinn unter diesen Begriff fallen, sondern auch alle sonstigen wirtschaftlichen Vorteile, sofern ihnen ein (messbarer) Geldeswert zugeordnet werden kann. Darunter sollen etwa eine durch Ausschaltung oder Verdrängung anderer Marktteilnehmer resultierende verbesserte Marktposition[369], die Ersparnis eigener Aufwendungen[370] oder Gebrauchsvorteile fallen, die sichere zukünftige Gewinne erwarten lassen[371].

Dabei blieb diese Formulierung auch dann noch erhalten, als in § 73 StGB[372] und in § 29a OWiG[373] der Begriff „Vermögensvorteil" durch das Wort „etwas" ersetzt wurde. Damit wollte der Gesetzgeber zumindest in diesen Vorschriften

368 BT-Drucksache, 10/318, S. 37.
369 BayObLG NJW 1998, 2461 f.
370 *KK-Steindorf*, § 17 Rn 138, OLG Düsseldorf, MDR 1994, 1237.
371 *KK-Steindorf*, § 17 Rn 118 mwN. Dagegen fallen rein immaterielle Vorteile, wie z. B. ein höheres Ansehen, das aus einer besseren wirtschaftlichen Lage resultiert, nicht darunter.
372 Änderung durch das Gesetz zur Änderung des Außenwirtschaftsgesetzes, des Strafgesetzbuchs und anderer Gesetze (AWGStGBÄndG) vom 28.02.92 (BGBl. I S. 372).
373 Änderung durch AWGStGBÄndG Art. 5.

den Übergang vom „Nettoprinzip“ auf das „Bruttoprinzip“ gerade auch im Wortlaut fest verankern.[374]

Nach dem bis zum 06.03.1992 geltenden „Nettoprinzip“, sollten von den (rechtswidrig) erlangten Vermögenswerten, alle gewinnmindernden Aufwendungen des Täters abgezogen werden, so dass nur der überschießende Wert des Erlangten gem. § 73 StGB abgeschöpft werden durfte.[375] Die Rechtsprechung ließ aber bereits vor der Gesetzesänderung durchblicken, dass sie an dem „Nettoprinzip“ nicht mehr in jedem Fall festhalten wolle.[376] Dem „Nettoprinzip“ wurde vor allem entgegengehalten, dass auf diese Weise der „kriminelle“ Aufwand auch noch positiv Berücksichtigung fände, wodurch § 73 StGB erheblich an Abschreckungswirkung verlieren würde.[377]
Nach dem heute bei § 73 StGB und § 29a OWiG geltenden „Bruttoprinzip“ sind daher eigene Aufwendungen des Täters grundsätzlich[378] nicht mehr abzugsfähig.

2. Berechnungsmethode bei § 17 Abs. 4 OWiG

Demgegenüber wird bei § 17 Abs. 4 OWiG nach wie vor vom „wirtschaftlichen Vorteil“ gesprochen, der abgeschöpft werden soll. Diese Formulierung und die Tatsache, dass der Gesetzgeber gerade bei § 17 Abs. 4 OWiG im Gegensatz zu § 73 StGB und § 29a OWiG den Wortlaut explizit unverändert gelassen hat, legen es nahe, hier nach wie vor vom „Nettoprinzip“ auszugehen; eigene Aufwendungen des Täters, die im Zusammenhang mit der Vortat stehen, also zum Abzug zu bringen. *Müther* will dagegen bereits eine grundsätzliche Unterscheidung treffen: danach soll eine Berücksichtigung von Aufwendungen bei Tatentgelten anders als bei den erzielten Gewinnen ausscheiden.[379] Diese Auffassung liefe also auf eine Art „Zweispurigkeit“ der Rechtsfolgen bei

---

374 BT-Drucksache, 11/6623, S. 13. Kritisch dazu *Göhler*, wistra 1992, 134, der diese Wortlautänderung als verfehlt ansieht, da entgegen der gesetzgeberischen Intention dadurch keine Klarheit geschaffenen worden sei, ob statt dem „Nettoprinzip“ zukünftig das „Bruttoprinzip“ anzuwenden sei.

375 BGHSt 28, 369 mwN. Nach *Sch-Sch-Eser*, § 73 Rn 17a kann jedoch bei nichtschuldhaften Anknüpfungstaten auch nach der Gesetzesänderung nur auf das „Nettoprinzip“ zurückgegriffen werden, so dass in diesem Fall eigene (unmittelbare) Aufwendungen des Täters vom Erlangten abzuziehen sind.

376 BGHSt 36, 252, wo es der BGH im Gegensatz noch zu BGHSt 28, 369 offen gelassen hat, inwiefern eigene Aufwendungen des Täters zu berücksichtigen sind. Kritisch dazu *Meyer*, JR 1990, 208, der diese Entscheidung als einen „missglückten Versuch, Rechtspolitik zu machen“ ansah.

377 Vgl. nur *Forthauser*, Geldwäscherei de lege lata et ferenda, S. 167 f.; *Krey/Dierlamm*, JR 1992, 356 spricht in diesem Zusammenhang sogar von einer „grotesken Fehlleistung“; vgl. dazu auch *LK-Schmidt*, § 73 Rn 8 mwN und *Schäfer*, Praxis der Strafzumessung, Rn 248 mwN.

378 Mit der in Fußnote 374 dargestellten Ausnahme.

379 *Müther*, Vorteilsabschöpfung im Ordnungswidrigkeitenrecht, S. 60 f.

§ 17 Abs. 4 OWiG hinaus: bei den Gewinnen das „Nettoprinzip“, bei den Tatentgelten das „Bruttoprinzip“. Zur Begründung führt er die zu § 73 StGB vergleichbare punitive Wirkung und die Wertung des § 817 S. 2 BGB bei der Abschöpfung des erlangten Tatentgelts an.[380] Außerdem sei hier die bereits bei § 73 StGB angeführte Kritik von Bedeutung, wonach sonst der durch die kriminelle Handlungsweise bedingte Aufwand berücksichtigt werden müsste, was zu einer erheblichen Beeinträchtigung der abschreckenden Wirkung führen würde. Die These von der mangelnden abschreckenden Wirkung vermag aber nicht zu überzeugen. Wenn dem Täter aus der rechtswidrigen Vortat keinerlei Vorteile verbleiben, ist das ausreichend genug, um einem übermäßigen Gewinnstreben Einhalt zu gebieten. Dass er darüber hinaus noch Verluste erleiden muss (was die Folge der „Bruttomethode“ ist), ist dagegen nicht zwingend, um eine abschreckende Wirkung zu erzielen. Vielmehr kann dem durch die Verhängung von Strafen gegen die handelnde Person selbst besser Rechnung getragen werden. Diese Auffassung steht im Übrigen auch nicht im Widerspruch zu der Entscheidung des Bundesgerichtshofs vom 23.08.1989[381], der es dort im Rahmen des § 73 a. F. StGB gerade offen gelassen hat, ob eigene Aufwendungen des Täters beim Tatentgelt berücksichtigt werden sollen. Der Gesetzgeber hat auch – anders als bei § 73 StGB und § 29a OWiG – bei § 17 Abs. 4 OWiG nicht erkenntlich gemacht, ob ein in diesem Urteil evtl. zu erblickenden Wandel in der Rechtsprechung auch normativ bei § 17 Abs. 4 OWiG zu verankern sei. Da der Gesetzgeber vielmehr gerade nicht gehandelt hat, lässt auf ein „beredtes Schweigen“ schließen, alles beim „Alten“, also beim „Nettoprinzip“ zu lassen.

Die Schwäche dieser „Theorie von der Zweispurigkeit“ bei § 17 Abs. 4 OWiG zeigt sich überdies auch darin, dass bei der Gewinnabschöpfung, die ja eine „quasi-kondiktionelle Maßnahme“ nichtpönaler Natur sein soll, die Vorschriften der §§ 818 Abs. 4, 819 Abs. 1 BGB (die einen Aufwendungsersatz unter Umständen ausschließen könnten[382]) außer Acht gelassen werden sollen.[383] Darüber hinaus findet eine solche Aufspaltung der einheitlichen Fassung des

---

380 *Müther* aaO.

381 BGHSt 36, 251 f.

382 Vgl. *Müther*, Vorteilsabschöpfung im Ordnungswidrigkeitenrecht, S. 47.

383 Damit zeigt sich zugleich einmal mehr die Schwäche der Theorie von der „quasi-kondiktionellen Ausgleichsmaßnahme“ des § 17 Abs. 4 OWiG. Diese Theorie muss gerade in den zentralen Punkten Ausnahmen von erheblichem Gewicht machen. Daher erscheint es angebracht, zumindest bei § 17 Abs. 4 OWiG von einer Maßnahme eigener Art zu sprechen, ohne zu große Parallelen zu den bereicherungsrechtlichen Vorschriften zu ziehen. Dafür spricht auch die Tatsache, dass es hier weniger darum geht, dem Entreicherten den rechtswidrig erlangten Vorteil wieder zukommen zu lassen, sondern dem „Bereicherten“ den Vorteil wieder zu nehmen. Durch die Formulierung „soll ... übersteigen“ bei § 17 Abs. 4 OWiG wird zudem klargestellt, dass dem „Bereicherten“ auch mehr entzogen werden kann, ebenfalls ein Gesichtspunkt, der dem Bereicherungsrecht völlig fremd ist.

§ 17 Abs. 4 OWiG auch im Wortlaut keine Stütze. Wie die Entstehungsgeschichte zeigt, fasste der Gesetzgeber die früher bestehenden zwei Alternativen dieser Norm gerade in einen Begriff zusammen; auch erfolgte trotz der Änderung in § 29a OWiG keine Veränderung bei § 17 Abs. 4 OWiG. Dann aber ist es nur konsequent, wenn dem Ganzen auch eine einheitliche Berechnungsmethode zu Grunde gelegt wird.

Für die „Bruttomethode" kann dabei auch nicht die Formulierung „soll ... übersteigen" als Argument angeführt werden[384], denn damit soll nur zum Ausdruck gebracht werden, dass zwar der wirtschaftliche Vorteil die Untergrenze bildet, darüber hinaus aber nur eine von der Abschöpfung zu unterscheidende, „eigentliche" Geldbuße verhängt werden kann.[385]

Daher ist insgesamt für den gesamten wirtschaftlichen Vorteil die „Nettomethode" anzuwenden, ohne eine Unterscheidung in „Gewinn" und „Tatentgelt" vorzunehmen. Eigene Aufwendungen des Täters sind demnach bei § 17 Abs. 4 OWiG grundsätzlich zu berücksichtigen.

Fraglich ist aber, ob dieses Ergebnis auch im Rahmen der Verbandsgeldbuße so uneingeschränkt aufrechterhalten bleiben kann. Da der Gesetzgeber in Deutschland nach wie vor auf eine Strafbarkeit von Verbänden verzichtet, kann man der Verbandsgeldbuße eine gewisse „Lückenbüßerfunktion" zusprechen. Dementsprechend könnte man daran denken, in der Konstellation der Verbandsgeldbuße die Berechnungsmethode des § 17 Abs. 4 OWiG an die der strafrechtlichen Vorschrift des § 73 StGB anzugleichen. Wie oben bereits kurz dargestellt, gilt anders als bei § 17 Abs. 4 OWiG im Rahmen des § 73 StGB das sog. „Bruttomethode". Die Verweisvorschrift des § 30 Abs. 3 OWiG müsste als ein modifizierter Verweis auf § 17 Abs. 4 OWiG zu verstehen sein, wonach nur klargestellt werden soll, dass auch bei der Verbandsgeldbuße eine Vorteilsabschöpfung möglich ist, allerdings nicht nach der „Netto-", sondern nach der „Bruttomethode".

Dadurch könnte man zugleich die „pönale Ersatzfunktion" des § 30 OWiG stärken und zudem einen weiteren Schritt hin zu einer besseren Gleichstellung bei der Sanktionierung von natürlichen Personen und Verbänden unternehmen. Diese Auffassung könnte sich zudem darauf berufen, dass § 30 Abs. 3 OWiG auch nur eine „entsprechende" Anwendung des § 17 Abs. 4 OWiG anordnet, eine Abweichung von den bei § 17 Abs. 4 OWiG geltenden Erwägungen im Hinblick auf die besonderen Bedürfnisse bei der Verbandsgeldbuße daher als hinnehmbar, wenn nicht sogar als notwendig angesehen werden könnten.

---

[384] Diese müsste zudem aus dem oben Dargelegten auf Tatentgelte wie den Gewinn Anwendung finden.

[385] Vgl. dazu auch *KK-Steindorf*, § 17 Rn 116, 117.

Allerdings vermögen diese Überlegung letztlich doch nicht zu überzeugen. Hätte der Gesetzgeber im Gegensatz zum „normalen" Anwendungsbereich bei der Verbandsgeldbuße den Übergang zur Bruttomethode gewollt, hätte er, wie etwa bei § 29a OWiG, hinreichend Gelegenheit gehabt, dies auch im Wortlaut deutlich zu machen. Dass der Gesetzgeber hierauf – wie bei § 17 Abs. 4 OWiG – gerade verzichtet hat, kann nur als beredtes Schweigen verstanden werden, auch hier weiterhin nicht die „Bruttomethode" anzuwenden. Hätte er eine Angleichung an § 73 StGB tatsächlich gewünscht, so hätte er dies dadurch kennzeichnen können, dass er zur Vorteilsabschöpfung statt auf § 17 Abs. 4 OWiG eben sinngemäß auf § 73 StGB verweist. Das aber hat er nicht getan. Außerdem sollte der Übergang vom „Netto-" hin zum „Bruttoprinzip" nicht zu einer Änderung in der Rechtsnatur des Verfalls gem. § 73 StGB führen, also dem Verfall dadurch gerade kein „strafähnlicher Charakter" zugemessen werden.[386] Dann aber kann man auf diese Weise auch bei der Verbandsgeldbuße keine „pönale Ersatzfunktion" erreichen. Schließlich ist die Idee von der „pönalen Ersatzfunktion" auch deshalb abzulehnen, da es der Gesetzgeber bis heute ausdrücklich vermieden hat, der immer wieder auftauchenden Forderung nach einer Verbandsstrafe nachzukommen; eine Einführung sozusagen durch die „Hintertür" darf deshalb nicht stattfinden.

Daher ist auch im Rahmen der Verbandsgeldbuße die „Nettomethode" bei der Vorteilsabschöpfung anzuwenden.

3. Vermögenszuordnung und maßgeblicher Bewertungszeitpunkt

Bei § 73 StGB besteht Streit, ob es genügt, wenn der Täter über den Vermögensvorteil die tatsächliche Verfügungsgewalt erlangt hat, oder ob dieser nicht vielmehr Eigentum erlangt haben muss, um es ihm als erlangtes Etwas zuordnen und somit abschöpfen zu können.[387] Im Rahmen des § 17 Abs. 4 OWiG besteht eine vergleichbare Diskussion dagegen nicht. *Müther*[388] weist allerdings zutreffend auf die Bedeutung des Begriffes „wirtschaftlicher Vorteil" hin. Demnach muss auch auf eine wirtschaftliche Betrachtungsweise ähnlich wie im Steuerrecht gem. § 42 AO zurückgegriffen werden; die Erlangung von Eigentum auf Täterseite ist demnach nicht notwendig, vielmehr genügt jede wirtschaftlich bedeutsame Vorteilserlangung.

---

386 Anders aber *Hoyer*, GA 1993, 421 und *Perron*, JZ 1993, 918. Wie hier dagegen *LK-Schmidt*, § 73 Rn 12, 13.

387 Vgl. einerseits *SKStGB-Horn*, § 73 Rn 13; *LK-Schmidt*, § 73 Rn 29; *Sch-Sch-Eser*, § 73 Rn 11; dagegen verlangen *Eberbach*, NStZ 1987, 490 und *Tröndle/Fischer*, § 73 Rn 3b, dass der Täter Eigentum erlangt hat (nur im Rahmen des §§ 73 Abs. 3, 4 StGB soll hiervon eine Ausnahme gelten).

388 *Müther*, Vorteilsabschöpfung im Ordnungswidrigkeitenrecht, S. 58.

Als maßgeblicher Zeitpunkt für die Bewertung des erlangten wirtschaftlichen Vorteils kommt dabei nur der Zeitpunkt der Entscheidung in Betracht.[389] Das ist noch relativ einsichtig.

Das eigentliche Problem stellt sich erst, wenn geklärt werden muss, welche Positionen überhaupt vorliegen und wie diese wirtschaftlich zu bewerten sind. Genaueres hierzu in den folgenden Ausführungen.

V. Schwierigkeiten bei der Ermittlung des wirtschaftlichen Vorteils (insb. Schätzung)

Insbesondere bei Wirtschafts- und Steuerdelikten stellt die Ermittlung des wirtschaftlichen Vorteils eine erhebliche personelle und zeitliche Belastung dar, die mit erheblichen Kosten verbunden ist.[390] Teilweise wird es aufgrund fehlerhafter oder gar fehlender Unterlagen überhaupt nicht möglich sein, den genauen wirtschaftlichen Vorteil zu ermitteln. Eine Schätzung wäre daher ersichtlich vorteilhaft.

Drathjer[391] will dennoch eine Schätzung des wirtschaftlichen Vorteils bei § 17 Abs. 4 OWiG nicht zulassen. Er begründet dies insbesondere damit, dass die Schätzung im Straf- und Ordnungswidrigkeitenrecht eine zum Grundsatz der freien Beweiswürdigung modifizierende Ausnahmeregelung darstelle, die einer ausdrücklichen, hier im Gegensatz zu anderen Normen fehlenden, gesetzlichen Grundlage bedürfe.[392]
Auch *Müther* stimmt dem zumindest bei der Abschöpfung des Tatentgelts zu, wohingegen er im Rahmen der Gewinne eine Schätzung unter strengen Voraussetzungen als zulässig ansieht.[393]

Demgegenüber hält die ganz einhellige Meinung im Schrifttum die Schätzung auch bei § 17 Abs. 4 OWiG für zulässig.[394] *Steindorf*[395] weist zutreffend darauf hin, dass bei Bestehen einer „einhelligen" Meinung der Gesetzgeber auf eine gesetzliche Verankerung in aller Regel verzichtet. Zudem folgt bereits aus der

---

389 So auch *KK-Steindorf*, § 17 Rn 121, *Rebmann/Roth/Herrmann*, § 17 Rn 51, jeweils mit weiteren Nachweisen.

390 Zur Schätzung im Steuerstrafverfahren vgl. nur *Volk*, Schätzung im Finanzstrafrecht, S. 35 ff.; *ders*., in Festschrift Kohlmann, Zur Schätzung im Steuerstrafverfahren, S. 579 ff.

391 *Drathjer*, Abschöpfung rechtswidrig erlangter Vorteile, S. 114 f.

392 *Drathjer* aaO.

393 *Müther*, Vorteilsabschöpfung im Ordnungswidrigkeitenrecht, S. 72 f. Diese von ihm vorgenommene Unterscheidung vermag aber bereits im Grundsatz nicht zu überzeugen, vgl. dazu ausführlich bereits oben unter IV.2.

394 Vgl. nur *KK-Steindorf*, § 17 Rn 121; *Göhler*, OWiG § 17 Rn 43; *Rebmann/Roth/Herrmann*, § 17 Rn 53; *Sannwald*, GewArch 1986, 320, jeweils mit weiteren Nachweisen.

395 *KK-Steindorf*, § 17 Rn 121.

Gesetzesbegründung, dass durch § 17 Abs. 4 OWiG ein Institut geschaffen werden sollte, dass eine einfache Handhabung zur Vorteilsabschöpfung ermöglicht, so dass auf eine genaue zahlenmäßige Berechnung auch einmal verzichtet werden können muss.[396] Außerdem würde sonst die gesetzliche Intention ohne die Möglichkeit einer Schätzung völlig unterlaufen werden. Die Vorschrift des § 17 Abs. 4 OWiG würde zu einem bloßen „Papiertiger" verkommen; denn wie soll denn etwa nur eine evtl. verbesserte Marktposition genau berechnet werden? Etwas anderes als eine Schätzung wäre hier gar nicht möglich.

Dennoch muss zugegeben werden, dass dadurch eine erhebliche Rechtsunsicherheit installiert wird. Dem kann nur dadurch Rechnung getragen werden, dass in der Begründung alle die Entscheidung tragenden Gesichtspunkte klar und nachvollziehbar aufgeführt werden, um so eine bestmögliche Nachprüfung zu ermöglichen.[397]

Eine solchermaßen vorgenommene Schätzung ist dann aber *meines Erachtens* zulässig.

VI. Die Berücksichtigung von Steuern bei § 17 Abs. 4 OWiG

1. Problematik der Berücksichtigung von Folgesteuern

a) Berücksichtigung von der Tat unmittelbar selbst anhaftenden Steueransprüchen

aa) Allgemeines

Dem Täter entstehen bei Begehung der Straftat oder Ordnungswidrigkeit unter Umständen eigene Kosten, die der im Rahmen der „Nettomethode" als den Vorteil mindernde Aufwendungen zum Abzug bringen kann.
Daneben kann in Betracht kommen, dass die kriminellen bzw. ordnungswidrigen Machenschaften des Täters dazu führen, dass aus der Vortat ein unmittelbarer Steueranspruch entsteht. Dass es sich bei der die Steuerschuld auslösenden Tathandlung um eine Straftat oder um eine Ordnungswidrigkeit handelt, ist für die Entstehung eines Steueranspruchs dabei gänzlich unerheblich.[398] § 40 AO ordnet nämlich frei nach dem Motto: „pecunia non olet" an, dass die Ent-

[396] BerEOWiG zu § 11.

[397] So auch BVerfGE 81, 228, 242; OLG Hamm, wistra 2000, 393 ff. und 433 f; *Göhler*, OWiG, § 17 Rn 43 mwN; *Rebmann/Roth/Herrmann*, § 17 Rn 53 mwN; *KK-Steindorf*, § 17 Rn 126 mwN.

[398] Ebenso *Müther*, Vorteilsabschöpfung im Ordnungswidrigkeitenrecht, S. 64; *Güntert*, Gewinnabschöpfung, S. 45.

stehung einer Steuerschuld nicht durch gesetz- oder sittenwidriges Verhalten beeinträchtigt oder gar verhindert wird.

Die dadurch entstandenen Steuerschulden sind grundsätzlich einmal Aufwendungen, die zu einer Minderung des erlangten Vorteils führen können. Nach dem „Nettoprinzip" wären daher auch diese unmittelbar aus der Straftat bzw. Ordnungswidrigkeit folgenden Steueraufwendungen zu berücksichtigen. *Müther*[399] dagegen will konsequent auch hier nach „Gewinn" (wo eine Berücksichtigung stattfinden soll) und nach den „Tatentgelten" (wo keine Berücksichtigung möglich sein soll) unterscheiden. Diese Auffassung wurde aber bereits oben unter IV.2. abgelehnt; ihr ist auch hier nicht zu folgen. Zudem dürfte diese Unterscheidung bei der hier vorliegenden Frage nach den unmittelbar aus der Vortat resultierenden Steuerschulden nicht besonders virulent werden.

bb) Mögliche Steueransprüche

Als unmittelbar aus der begangenen Straftat oder Ordnungswidrigkeit folgende Steueransprüche kommen insbesondere sämtliche Verkehrs- und Verbrauchssteuern in Betracht.

So hat etwa das KG Berlin[400] entschieden, dass die Mehrwertsteuer einen durchlaufenden Posten darstellt und dementsprechend bei der Ermittlung des wirtschaftlichen Vorteils unberücksichtigt bleiben muss. Das hat auch der Bundesgerichtshof[401] als Rechtsbeschwerdeinstanz indirekt bestätigt, indem er meinte, dass bei – dem in diesem Fall einschlägigen - § 38 Abs. 4 GWB eine solche Berücksichtigung genau im Gegensatz zu § 17 Abs. 4 OWiG zu unterbleiben habe. *Göhler*[402], *Drathjer*[403], *Peltzer*[404], *Sannwald*[405], *Rebmann/Roth/Herrmann*[406] und wohl auch *Steindorf*[407] schließen daraus, dass Verkehrs- und Verbrauchssteuern wie insbesondere die Mehrwertsteuer daher bei § 17 Abs. 4 OWiG als eine der Vortat unmittelbar anhaftende Aufwendung voll abzugsfähig ist. *Peltzer*[408] will aber zurecht insofern eine Einschränkung machen, als die entstandenen Steueransprüche den Charakter von zeitabhängigen Kosten habe, wie dies etwa für die Kraftfahrzeugsteuer zutrifft. In diesem Fall könne, wenn überhaupt, nur eine anteilige Berücksichtigung in Betracht

399 *Müther*, Vorteilsabschöpfung im Ordnungswidrigkeitenrecht, S. 65.
400 WuW/E OLG S. 4572 ff. (4573).
401 wistra 1991, 268 f.
402 *Göhler*, OWiG, § 17 Rn 42a.
403 *Drathjer*, Abschöpfung rechtswidrig erlangter Vorteile, S. 66.
404 *Peltzer*, DB 1977, 1447.
405 *Sannwald*, GewArch 1986, 86.
406 *Rebmann/Roth/Herrmann*, § 17 Rn 52.
407 *KK-Steindorf*, § 17 Rn 129.
408 *Peltzer* aaO.

kommen.

Allerdings bedarf es einer noch weitergehenden Einschränkung. Insbesondere die Umsatzsteuer kann nicht so ohne weiteres als eine abzugsfähige Aufwendung angesehen werden. Eine solche Verallgemeinerung würde nämlich zu einer unbilligen Besserstellung führen. Die dem Ertrag anhaftende Umsatzsteuer stellt dabei zweifellos einen Kostenfaktor dar, der den wirtschaftlichen Vorteil mindert. Anders stellt sich die Lage dagegen bei der Umsatzsteuer dar, die zusätzlich zu evtl. getätigten Aufwendungen bezahlt wurde. Diese Umsatzsteuer stellt nämlich nur dann einen abzugsfähigen Kostenfaktor dar, wenn die juristische Person oder der Personenverband nicht gem. § 15 UStG zum Vorsteuerabzug berechtigt ist. Dies ist der Fall, wenn es sich um keinen Unternehmer im Sinne des § 2 UStG handelt oder wenn der Vorsteuerabzug nach § 15 UStG ausgeschlossen ist. Würde man diesen Gesichtspunkt aber vernachlässigen und diese Unterscheidung nicht treffen, so könnte die geleistete Umsatzsteuer hinsichtlich der getätigten Aufwendungen gleich zweimal zum Abzug gebracht werden: einmal als Kostenfaktor bei der Ermittlung des wirtschaftlichen Vorteils und zum anderen im Rahmen der Umsatzsteuerzahllastermittlung gem. § 16 Abs. 2 UStG, bei der die gezahlten Vorsteuerbeträge von der zu zahlenden Umsatzsteuer zum Abzug zu bringen ist.

Nur wenn keine Berechtigung zum Vorsteuerabzug gem. § 15 UStG besteht, kann daher die den geleisteten Aufwendungen anhaftende Umsatzsteuer tatsächlich als ein den wirtschaftlichen Vorteil mindernder Kostenfaktor angesehen werden.

Auch die früher bestehende Börsenumsatzsteuer wurde von der Rechtsprechung[409] als möglicher abzugsfähiger Kostenfaktor anerkannt.

Darüber hinaus wird auch die die Lohnsteuer für beschäftigte Arbeitnehmer als ein möglicher abzugsfähiger Kostenfaktor angesehen.[410] Die Lohnsteuer wird allerdings gem. § 38 Abs. 3 EStG nur für Rechnung des Arbeitnehmers vom Arbeitgeber einbehalten, so dass diese richtigerweise nicht als Kosten angesehen werden können. Ein Kostenfaktor kann allenfalls die pauschale Lohnsteuer gem. §§ 40 Abs. 3, 40a Abs. 5 und 40b Abs. 4 EStG darstellen, die der Arbeitgeber übernommen muss. Allerdings kann auch bei der pauschalen Lohnsteuer dann ebenfalls nur eine anteilige Berücksichtigung erfolgen, wenn die Arbeitnehmer etwa nicht ausschließlich für die begangene Straftat oder Ordnungswidrigkeit eingestellt wurden, sondern darüber hinaus auch andere, „legale“ Tätigkeiten verübten. Nur soweit für die Straftat oder Ordnungswidrigkeit (pauschale) Lohnsteuer anfiel, stellt sie auch einen den wirtschaftlichen Vorteil

409 BayObLG, DB 1980, 2081.
410 OLG Koblenz, wistra 1984, 38.

mindernden Kostenfaktor dar.

Diese Entscheidungen lassen sich dabei auf alle möglichen Steueransprüche verallgemeinern, die in unmittelbaren Zusammenhang mit dem gezogenen wirtschaftlichen Vorteil stehen. Allerdings muss der oben zur Umsatzsteuer entwickelte Gedanke *meines Erachtens* ebenfalls verallgemeinert werden: Die aufgebrachte Steuer kann nur in den Fällen als Aufwendung, die den erlangten wirtschaftlichen Vorteil mindert, anerkannt werden, wenn diese Steuerzahlungen tatsächlich auch nach den Grundsätzen einer ordentlichen Buchführung als Kosten bei der juristischen Person oder dem Personenverband angesehen werden und damit den erlangten Vermögensvorteil schmälern würden.

b) Berücksichtigung der sich aufgrund der Bereicherung des Verbandes ergebenden (höheren) Steuerbelastung

aa) In Betracht kommende Steuerarten

Erlangt der Verband durch die rechtswidrige Vortat einen wirtschaftlichen Vorteil, so fließt dieser als eine den Gewinn erhöhende Einnahme dem Verband zu. Dadurch wiederum kommt es zu einer höheren Bemessungsgrundlage für die Ermittlung der zu zahlenden Steuern. In Betracht kommen hier also all diejenigen Steuern, die an eine Vermögensmehrung anknüpfen. Insbesondere handelt es sich dabei um die Einkommen-, die Gewerbe- und die Körperschaftssteuer. Erhöht sich bei diesen Steuern die Bemessungsgrundlage, so führt dies zwangsläufig auch zu einer höheren Steuerzahlungspflicht. Das aber wiederum führt zu einer höheren Belastung des Verbandes; der aus der Vortat resultierende wirtschaftliche Vorteil wird daher um genau diese erhöhte Steuerlast geschmälert. In der Überlegung, ob eine bestimmte Tat begangen werden soll, spielt der daraus resultierende Steueranspruch des Staates als Kostenfaktor sicherlich keine untergeordnete Rolle; es ist eine wirtschaftspolitische Binsenweisheit, dass eine zu hohe Steuerlast die wirtschaftliche Betätigung bzw. den wirtschaftlichen Fortschritt hemmt. Verbleibt nach Abzug der sich etwa aus dem EStG, dem GewStG oder dem KStG ergebenden Steuern ein zu geringer wirtschaftlicher Vorteil, „lohnt" sich die Tat womöglich gar nicht, insbesondere dann nicht, wenn dazu eine Straftat oder eine Ordnungswidrigkeit begangen werden muss.

Bei der Gewerbesteuer ist allerdings ab dem Veranlagungszeitraum 2001[411] durch Gesetz vom 23.10.2000[412] gem. § 35 EStG eine Besonderheit zu beachten. Nach den Vorstellungen des Gesetzgebers wurde § 35 EStG eingeführt, um die zusätzliche Steuerbelastung gerade der Gewerbetreibenden zu reduzie-

411 Vgl. hierzu § 52 Abs. 50a EStG.
412 BGBl I, S. 1433.

ren, da diese bis dahin im Gegensatz zu den freiberuflichen Unternehmern neben der Einkommens- bzw. Körperschaftssteuer zusätzlich auch noch der Gewerbesteuer unterfielen. § 35 EStG sieht eine Minderung der tariflichen Einkommensteuer um den so genannten Gewerbesteuer-Messbetrag vor. Dieser stellt das 1,8-fache des gem. § 14 GewStG für den dem Veranlagungszeitraum im Sinne des EStG entsprechenden Erhebungszeitraum festgesetzten Steuermessbetrags dar. Es wird also nicht die gesamte gezahlte Gewerbesteuer angerechnet, sondern nur ein gewisser Teil.[413] Damit sollte sichergestellt werden, dass die Gemeinden, denen die Gewerbesteuer zufließt, nicht auf Kosten geringerer Einkommensteuereinnahmen[414] die Gewerbesteuer ständig erhöhen.

Eine weitere Einschränkung findet zudem dadurch statt, dass eine Ermäßigung nur hinsichtlich der im zu versteuernden Einkommen enthaltenen gewerblichen Einkünfte möglich ist. Bestehen also überhaupt keine oder nur sehr geringe gewerblichen Einkünfte, beispielsweise wegen eines durchgeführten Verlustausgleichs, so kann auch keine bzw. keine vollständige Anrechnung erfolgen. Neben der Einkommen- und der Körperschaftssteuer liegen daher ab dem Veranlagungszeitraum 2001 nur hinsichtlich der nicht-anrechenbaren Gewerbesteuer überhaupt noch Kosten vor.

Verschärft hat sich diese Problematik außerdem noch durch das Gewerbesteuerreformgesetz vom 23. Dezember 2003[415], deren Änderungen zum 01.01.2004 in Kraft getreten sind. So wird der bis dahin uneingeschränkt mögliche Verlustabzug ab dem Erhebungszeitraum 2004 begrenzt. Während § 10a GewStG

---

[413] Allerdings sollte dies mit Gesetz vom 16.5.2003 (BGBl. I 660) ab dem Veranlagungszeitraum 2003 nach §§ 35 Abs. 1 S. 2,3 EStG nicht gelten, wenn die hebeberechtigte Gemeinde den Hebesatz 200 Prozent unterschreitet. Daran hat sich auch durch das Gewerbesteuerreformgesetz nichts geändert, da zwar die §§ 35 Abs. 1 S. 2,3 EStG aufgehoben wurden, jedoch zugleich in § 16 Abs. 4 S. 1 GewStG ein gesetzlicher Mindesthebesatz in Höhe von 200 Prozent nunmehr eingeführt wurde. Zwingende Folge daraus war außerdem die Aufhebung des § 8a GewStG.

[414] Die neben der Umsatzsteuer die Haupteinnahmequellen von Bund und Länder darstellen.

[415] BGBl. 2003 I, 2922 ff. Ursprünglich plante die Bundesregierung eine Weiterentwicklung der Gewerbesteuer zu einer Gemeindewirtschaftssteuer, die durch die Einbeziehung der freien Berufe in die Steuerpflicht sowie die Versagung ihres Abzugs als Betriebsausgabe und die Senkung der Gewerbesteuermesszahlen gekennzeichnet sein sollte. Mit Beschluss vom 17.10.2003 hat der Bundestag diesen Plänen ebenfalls zugestimmt, jedoch scheiterte dieses Vorhaben im Vermittlungsverfahren an dem Widerstand des unionsgeführten Bundesrates. Statt dessen kam es im Zuge des Steuervergünstigungsabbaugesetzes, des Steueränderungsgesetzes 2003, des Gesetzes zur Umsetzung der Protokollerklärung der Bundesregierung zur Vermittlungsempfehlung zum Steuervergünstigungsabbaugesetz, des Gesetzes zur Änderung des Gewerbesteuergesetzes und anderer Gesetze sowie durch das Haushaltsbegleitgesetz 2004 nur zu punktuellen Änderungen. Eine strukturelle Änderung hin zu einer Gemeindewirtschaftssteuer war damit jedoch nicht verbunden.

in der alten Fassung eine unbeschränkte Minderung des Gewerbeertrages im Erhebungszeitraum durch den vorgetragenen Verlust erlaubt, ist nach der ab dem 01.01.2004 geltenden Fassung nur noch ein Betrag von bis zu 1 Million Euro weiterhin vollumfänglich vortragsfähig. Sofern darüber hinaus sowohl ein positiver Gewerbeertrag als auch ein noch nicht verbrauchter Verlustvortrag verbleibt, kann der Verlust nur noch mit einem Anteil von 60 Prozent des 1 Million Euro übersteigenden Teils des Gewerbeertrags verrechnet werden. Die im Rahmend des Gesetzes zur Umsetzung der Protokollerklärung eingeführte Einschränkung des Verlustvortrags nach § 10d Abs. 2 EStG neue Fassung wird somit auch auf die Ermittlung der Gewerbesteuer nach § 10a S. 1 GewStG übertragen.

Bei all diesen Steuern handelt es sich allerdings lediglich um „mittelbare" Kosten, die nicht der Tat unmittelbar selbst anhaften. Fraglich ist, inwieweit solche „Folgesteuern" (wie sie etwa von *Drathjer* bezeichnet werden[416]) bei der Ermittlung des wirtschaftlichen Vorteils im Rahmen des § 17 Abs. 4 OWiG als solche den Vorteil schmälernde Aufwendungen angesehen werden können.

bb) Steuern als „mittelbare Kosten" und § 17 Abs. 4 OWiG

Es wurde bereits erwähnt, dass es sich bei den Ertragsteuern um mit der Tat bloß „mittelbar" verbundene Kosten handelt. Gerade weil diese Kosten nicht der Tat „unmittelbar" selbst anhaften, wird deren Abzugsfähigkeit bestritten.

(1) Problematik des „mittelbaren" Gewinns

Eine zumindest auf den ersten Blick ganz ähnliche Problematik besteht bei der Frage nach der Berücksichtigung des so genannten „mittelbaren" Gewinns. „Mittelbare" Gewinne sind solche Zuflüsse, die sich erst aus einer erneuten wirtschaftlichen Verwendung der aus der Straftat bzw. Ordnungswidrigkeit stammenden Vorteile ergeben, oder wie es *Göhler* formuliert, die erst durch einen „weiteren Kausalablauf"[417] zufließen. Dabei handelt es sich insbesondere um Gebrauchsvorteile, Vorteile aus einer etwaigen Kapitalnutzung wie z. B. Zinsen oder sonstige Surrogate und Nutzungen.

Streit besteht nun in der Frage, ob und wenn ja inwieweit solche „mittelbaren" Gewinne ebenfalls abgeschöpft werden können.

Steindorf[418] hält zwar eine solche – aus dem Zivilrecht stammende – Unterscheidung in „unmittelbare" und „mittelbare" Gewinne bereits im Ansatz für

---

416 *Drathjer*, Abschöpfung rechtswidrig erlangter Vorteile, S. 66.
417 *Göhler*, OWiG § 17 Rn 44.
418 *KK-Steindorf*, § 17 Rn. 124.

überflüssig, will aber dennoch nur den „unmittelbar" erlangten Vorteil sowie Nutzungen und Surrogate, soweit sie auch von § 73 Abs. 2 StGB abgeschöpft werden können, Berücksichtigung finden lassen.
Rotberg[419] lehnt eine Berücksichtigung „mittelbarer" Gewinne wegen einer sonst drohenden „unerwünschten Ausuferung" strikt ab. Auch *Göhler*[420], *Rebmann/Roth/Herrmann*[421], *Schroth*[422], *Sannwald*[423] und *Bender*[424] lehnen eine solche Berücksichtigung im Grundsatz ab. Allerdings wird eine „Hintertür" offen gelassen. Da die Geldbuße gem. § 17 Abs. 4 OWiG den durch die Vortat erlangten wirtschaftlichen Vorteil übersteigen soll, können „mittelbare" Gewinne nach deren Auffassung in gewissem Umfang doch Berücksichtigung finden. Im Grundsatz wird daher eine Berücksichtigung verneint, aber auf der „Rechtsfolgenseite" sollen evtl. besonders hohe „mittelbare" Gewinne doch noch ihren Niederschlag finden.

Der Hauptkritikpunkt gegen eine solche Berücksichtigung ist, wie *Rotberg*[425] es ausgedrückt hat, deren Uferlosigkeit. Auch Zweit- oder Drittfrüchte würden erfasst werden, was zu erheblichen Anwendungsschwierigkeiten führen würde.[426] *Eser*[427] weist zudem zutreffend daraufhin, dass die Folgegewinne mehr der geschäftlichen Fähigkeit des Täters als der begangenen Straftat oder Ordnungswidrigkeit zuzuschreiben sind.

Drathjer[428] und *Müther*[429], insbesondere basierend auf die Arbeiten von *Pohl-Sichtermann*[430], *Müller*[431] und *Brender*[432], weisen jedoch auf mögliche Wertungswidersprüche vor allem bei der Verbandsgeldbuße hin. § 30 Abs. 5 OWiG schließt die Anwendung der §§ 73 ff. StGB und des § 29a OWiG ausdrücklich aus, wenn gegen die juristische Person oder gegen die Personenvereinigung eine Geldbuße verhängt wurde. Es kann aber nicht angehen, dass bei

---

419 *Rotberg*, OWiG, § 17 Rn 13.
420 *Göhler*, OWiG § 17 Rn 44; unter Aufgabe der Auffassung in der 12. Auflage will *Göhler* jetzt auch Surrogate und Nutzungen soweit sie in den Anwendungsbereich des § 73 Abs. 2 StGB fallen würden, als einen den wirtschaftlichen Vorteil erhöhenden Gewinn berücksichtigen.
421 *Rebmann/Roth/Herrmann*, § 17 Rn 48.
422 *Schroth, Hans-Jürgen*, wistra 1986, 160.
423 *Sannwald*, GewArch 1986, 85.
424 *Bender*, ZfZ 1976, 141.
425 *Rotberg* aaO.
426 *Rotberg* aaO; *Güntert*, Gewinnabschöpfung S. 49.
427 *Eser*, Strafrechtliche Sanktionen gegen das Eigentum, S. 292.
428 *Drathjer*, Abschöpfung rechtswidrig erlangter Vorteile, S. 84 ff.
429 *Müther*, Vorteilsabschöpfung im Ordnungswidrigkeitenrecht, S. 54 ff., der allerdings wieder zwischen Gewinnen und Tatentgelten unterscheiden will, was aber, wie oben unter IV.2. bereits dargestellt, abzulehnen ist.
430 *Pohl-Sichtermann*, Geldbuße, S. 177 f.
431 *Müller*, Stellung der juristischen Person im Ordnungswidrigkeitenrecht, S. 87.
432 *Brender*, Neuregelung der Verbandstäterschaft im Ordnungswidrigkeitenrecht, S. 160 f.

Einzelpersonen insbesondere durch § 73 Abs. 2 StGB eine weitergehende Abschöpfung als bei Verbänden vorgenommen werden könnte, da für eine solche Ungleichbehandlung keine Gründe ersichtlich sind. Die Wertungen des § 73 Abs. 2 StGB sind daher auch auf § 17 Abs. 4 OWiG zu übertragen; soweit eine Abschöpfung danach in Betracht kommt, müssen solche „mittelbaren" Gewinne auch im Rahmen des § 17 Abs. 4 OWiG abgeschöpft werden, gerade bei Verbänden. Dabei sind diese Gewinne nicht auf der „Rechtsfolgenseite" mehr oder weniger als „gesteuerte Billigkeitsentscheidung" korrigierend einzubringen, sondern sie sind den „unmittelbaren" Vorteilen voll vergleichbar und diesen gleichzustellen. Auf diese Weise wird am ehesten Rechtsklarheit und -sicherheit geschaffen. Dagegen sind über § 73 Abs. 2 StGB hinausgehende „mittelbare" Gewinne nicht zu berücksichtigen; das würde nicht nur zu ausufernden Ergebnissen führen, sondern auch zu einer nicht zu rechtfertigenden Ungleichbehandlung.

(2) Darstellung des Streits bei § 73 StGB und § 29a OWiG

„Mittelbare" Gewinne können also nur zum Teil – soweit dies eben auch nach § 73 Abs. 2 StGB möglich wäre – im Rahmen des § 17 Abs. 4 OWiG abgeschöpft werden. Inwieweit sollen nun aber auch „Folgesteuern" wie etwa die Einkommen-, Gewerbe- und Körperschaftssteuer als „mittelbare" Kosten Berücksichtigung finden? Aus dem zu den „mittelbaren" Gewinnen Gesagtem liegt der Schluss nahe, auch hier die gleiche Lösung wie bei § 73 StGB bzw. § 29a OWiG heranzuziehen, so dass ein kurzer Blick auf die Situation dort von Interesse ist.

Bei § 73 StGB und § 29a OWiG gilt die „Bruttomethode"[433]. Daher scheint es nur konsequent, für „Folgesteuern" nichts anderes als auch für alle anderen Aufwendungen gelten zu lassen, sie also bereits deshalb nicht zu berücksichtigen.

Der 3. Strafsenat des Bundesgerichtshofs hat sich in seinem Urteil vom 13. Juni 2001[434] dieser Sichtweise angeschlossen. Er sah es als nur schwer mit dem Grundgedanken der §§ 73 ff. StGB vereinbar an, dass weder Einkaufsaufwendungen noch sonstige Unkosten Berücksichtigung finden sollen, andererseits aber die den Täter weit weniger schwer treffenden steuerlichen Nachteile zu berücksichtigen wären[435]. Und noch ein Argument führt der 3. Strafsenat an.[436]

---

[433] Zur Bestimmung des erlangten „Etwas" im Rahmen der „Bruttomethode" *Hohn*, wistra 2003, 321 ff.

[434] wistra 2001, 388 ff. Zuvor hatte bereits BGHSt 30, 314 ff. die Abzugsfähigkeit der Einkommensteuer noch zur damals geltenden „Nettomethode" bei § 73 StGB in Abkehr zur Rechtsprechung von BGHSt 30, 46 ff. (51) verneint.

[435] wistra 2001, 389.

Dem Gesetzgeber kam es mit dem Übergang von der „Netto-" auf die „Bruttomethode" gerade auf eine Vereinfachung und einer besseren praktischen Anwendbarkeit der Verfallsvorschriften an; würde man aber evtl. steuerliche Nachteile berücksichtigen, so würde dieses Vorhaben geradezu konterkariert werden, da eine solche Berücksichtigung weitaus aufwendiger und in aller Regel nur mit Hilfe steuerrechtlicher Sachverständiger zu bewerkstelligen sei. Eine unverhältnismäßige Belastung könne besser im Besteuerungsverfahren bewerkstelligt werden, ohne dass der Bundesgerichtshof aber in den Entscheidungsgründen hierzu noch genauer eingegangen wäre.

Eser[437] schließt sich dem im Prinzip an. Zwar will er eine Zweiteilung vornehmen und bei nicht-schuldhaften Anknüpfungstaten weiterhin die „Nettomethode" anwenden, allerdings nur „unmittelbar" der Tat anhaftende Aufwendungen, nicht aber bloß „mittelbare" Steuerbelastungen. In allen anderen Fällen solle dagegen streng die „Bruttomethode" anzuwenden sein, eigene Aufwendungen – egal welcher Art – also unberücksichtigt bleiben. Diese Zweiteilung will er damit begründen, dass es sich bei nicht-schuldhaften Anknüpfungstaten um einen „quasi-kondiktionellen" Ausgleichsanspruch handele, der keinen Strafcharakter aufweise, im anderen Fall dagegen der Strafcharakter eindeutig im Vordergrund stünde.
Wie oben unter IV.2. aber bereits dargelegt wurde, vermag eine solche Aufspaltung aber weder im Ergebnis noch in der Begründung zu überzeugen.

Odenthal[438] dagegen geht von einer zwingenden Berücksichtigung gerade der „mittelbaren" Steueransprüche als die das erlangte „Etwas" mindernde Aufwendungen aus. Er begründet dies insbesondere damit, dass der Wechsel von der „Netto- " hin zur „Bruttomethode" vom Gesetzgeber wegen einem ansonsten bestehenden Wertungswiderspruch zu dem Rechtsgedanken aus § 817 S. 2 BGB beschlossen wurde. Diese Norm aber gelte nicht für Steueransprüche, egal ob es sich hierbei um Verkehrs- oder Ertragssteuern handelt, denn beide würden dem erlangten „Etwas" als öffentliche Last unmittelbar anhaften[439]. Das Eine könne daher nicht ohne das Andere gesehen werden; als erlangtes „Etwas" ist daher von vorneherein nur das um die Steuerbelastung Geminderte anzusehen.

---

436 wistra 2001, 390.
437 *Sch-Sch-Eser*, § 73 Rn 17a.
438 *Odenthal*, wistra 2002, 248.
439 Ebenso *Bender*, ZfZ 1978, 268 und *Dörn*, wistra 1990, 182. *Bender* spricht in diesem Zusammenhang davon, dass Steueransprüche nicht eine Reaktion auf die Tat darstellen würden, sondern vielmehr „Objekt" der Rechtsverletzung selbst seien.

Das BayObLG[440], auf das auch der 5. Strafsenat des Bundesgerichtshofs in seiner Entscheidung vom 28. November 2000[441] Bezug nimmt, sowie insbesondere *Drathjer*[442] lehnen dagegen eine Berücksichtigung im Rahmen des Verfalls ab. Vielmehr schlagen sie stattdessen eine Berücksichtigung im Besteuerungsverfahren als Betriebsausgabe bzw. Werbungskosten gem. § 4 Abs. 5 Nr. 8 EStG vor, auf das auch das KStG und das GewStG Bezug nehmen.

Den beiden letztgenannten Ansichten ist eines gemeinsam: beide wollen eine Doppelinanspruchnahme vermeiden, nur hinsichtlich des Weges herrscht Streit. Die Auffassung des 3. Strafsenats, einer solch unverhältnismäßigen Beanspruchung mittels einer „Billigkeitsentscheidung" abzuhelfen[443], stellt keine verlässliche, vom Streben nach Rechtssicherheit geprägte Rechtsprechung dar und ist daher abzulehnen.

Dagegen greift dieser Einwand im Rahmen des § 29a OWiG nicht, da dort das Opportunitätsprinzip gilt. Um aber einen Gleichlauf der beiden Verfallsregelungen zu erreichen, sind auch hier zweckmäßiger Weise die gleichen Regelungen wie bei § 73 StGB anzuwenden.

(3) Lösungsmöglichkeiten für die Problematik der Steuern als „mittelbare" Kosten bei § 17 Abs. 4 OWiG

Auch bei § 17 Abs. 4 OWiG herrscht trotz des hier geltenden „Nettoprinzips" Unklarheit.

Das BayObLG hat in seinem Beschluss vom 29.05.1980[444] hinsichtlich der Einkommen- und Gewerbesteuer die Abzugsfähigkeit verneint. Zur Begründung führte das BayObLG an, dass diese Steuern nicht zu Vorteilserlangung aufgewendet werden würden, sondern vielmehr erst die Folge dieser Tat seien. Zudem müsse es genügen, dass der Vorteil einmal erlangt wurde, eine evtl.

---

440 Urteil vom 19. Juni 1997, NStZ-RR 1997, 339 f.

441 wistra 2001, 96 ff. (98).

442 *Drathjer*, Abschöpfung rechtswidrig erlangter Vorteile, S. 96 ff; dem schließt sich auch *Mitsch* in KK § 29a, Rn 46 an. Auch *LK-Schmidt* verweist in § 73 Rn 18 auf das Urteil des BayObLG. Auch *Güntert*, Gewinnabschöpfung als strafrechtliche Sanktion, S. 45 ff. folgt noch zur alten Rechtslage dieser Auffassung.

443 wistra 2001, 390.

444 DB 1980, 2081 f. *Göhler*, NStZ 1981, 55 hat sich dem angeschlossen. Ebenso *Tiedemann* in HWiStR, Art. Gewinnabschöpfung, S. 1 und BFH, BStBl II, 1984, 160 ff. (164). Auch *Sannwald*, GewArch 1986, 320 schloss sich dieser Auffassung – in Abkehr zu seiner in *GewArch* 1986, 86 geäußerten Meinung – an. Allerdings lehnt er nach wie vor eine Differenzierung nach „Zweckerreichungssteuer" und „Folgesteuer" im Gegensatz zum BayObLG ab. Die Tatsache, dass die Einkommensteuer keine Berücksichtigung finden soll, begründet er insbesondere mit der Rechtsprechungsänderung des BGH zu § 73 StGB, die er auf § 17 Abs. 4 OWiG übertragen will.

spätere Versteuerung müsse außer Betracht bleiben. Allerdings wollte das BayObLG unter Abwägung aller Umstände des Einzelfalles die Verhängung einer Geldbuße, die niedriger als der erlangte wirtschaftliche Vorteil ist, nicht grundsätzlich ausschließen.[445] Insbesondere, wenn der Vorteil bereits anderweitig teilweise oder gar vollständig abgeschöpft wurde, solle eine Ermäßigung der zu verhängenden Geldbuße im Rahmen einer pflichtgemäßen Ermessensentscheidung möglich sein. Damit aber kann Rechtssicherheit und eine gewisse Berechenbarkeit nicht zuverlässig erreicht werden.

Auch das Bundeskartellamt[446] lehnte hinsichtlich der Körperschaftssteuer eine Berücksichtigung als einen abzugsfähigen Kostenfaktor ebenfalls ab. Die Kausalität zwischen gezahlter Körperschaftssteuer und erzieltem wirtschaftlichen Vorteil sei nicht gegeben, da die Bemessungsgrundlage für die Steuer von der wirtschaftlichen Lage des Unternehmens und insbesondere von der Verwendung des Erlöses abhänge.[447] Diesen Einwand entbehrt aber nach dem Übergang zum Halbeinkünfteverfahren und mit dem damit verbundenen einheitlichen Körperschaftssteuersatz von 25 Prozent gem. § 23 KStG[448], egal wie der jeweilige Gewinn verwendet wird oder wie die wirtschaftliche Lage des Unternehmens aussieht, einer gesetzlichen Grundlage.[449]

Der Auffassung, wonach diese „Folgesteuern" keine abzugsfähigen Kosten darstellen, wurde aber von Anfang an erhebliche Kritik entgegengebracht. Insbesondere aber seit dem Bundesverfassungsgerichtsurteil vom 23.01.1990[450] sah sich eine Nichtberücksichtigung erheblicher verfassungsrechtlicher Bedenken ausgesetzt. Dieses Urteil geht dabei auf einen Vorlagebeschluss des VIII. Senats des Bundesfinanzhofs zurück. Dieser hatte dem Bundesverfassungsgericht § 4 Abs. 5 Nr. 8 EStG gem. Art. 100 Abs. 1 GG zur Überprüfung vorgelegt.[451]

§ 4 Abs. 5 Nr. 8 EStG beruht seinerseits auf dem Gesetz zur Änderung des EStG und KStG vom 25.07.1984,[452] in dem der Gesetzgeber als Reaktion auf zwei Entscheidungen des Großen Senats des Bundesfinanzhofs vom 21.11.1983[453] erstmals ein Abzugsverbot für Geldbußen, Ordnungsgelder etc. einführte. In diesen Entscheidungen kehrte der Bundesfinanzhof nämlich zu

445 DB 1980, 2082.
446 WuW 1972, 264.
447 Bundeskartellamt aaO.
448 Gesetz vom 23.10.2000, BGBl I 2000; S. 1433.
449 Zum zeitlichen Anwendungsbereich vgl. insbesondere §§ 34 ff. KStG und § 52 Abs. 4a EStG.
450 BVerfGE 81, 228 ff.
451 Vgl. Aussetzungsbeschluss vom 21.10.1986, BStBl II, 1987, 212.
452 BGBl I, 1984, 1006.
453 BStBl II 1984, 160 und 166.

der Rechtsprechung des Reichsfinanzhofs bis vor 1939 zurück, wonach Geldbußen und Geldstrafen für Verstöße gegen Ordnungswidrigkeiten im Gegensatz zu Geldstrafen wegen Straftaten als Betriebsausgaben abzugsfähig sind. Diese Unterscheidung hatte der Reichsfinanzhof 1939[454] aufgegeben, die auch der Bundesfinanzhof bis zu den oben genannten Entscheidungen übernommen hatte. Mit § 4 Abs. 5 Nr. 8 EStG wollte der Gesetzgeber diese Rechtsprechungsänderung wieder rückgängig machen und das Abzugsverbot auch auf eine Abschöpfung evtl. wirtschaftlicher Vorteile erstrecken.[455]

Gerade aber hinsichtlich dieser Nichtabzugsfähigkeit des über § 17 Abs. 4 OWiG abgeschöpften Betrages bestanden auf Seiten des Bundesfinanzhofs erhebliche Bedenken bzgl. der Verfassungsmäßigkeit von § 4 Abs. 5 Nr. 8 EStG. So sah der Bundesfinanzhof einerseits den Verhältnismäßigkeitsgrundsatz (Art. 20 Abs. 3 GG) verletzt, da Einkommen-, Gewerbe- oder Körperschaftssteuer bei der Bemessung der Geldbuße auch keine Berücksichtigung fänden und es so zu einer nicht zu billigenden Doppelabschöpfung kommen würde; einmal im Rahmen der Geldbuße und ein zweites Mal bei der Besteuerung. Außerdem werde auch gegen den Grundsatz der Gleichmäßigkeit der Besteuerung (Art. 3 Abs. 1 GG) verstoßen, da bei § 17 Abs. 4 OWiG ein Abzug als Betriebsausgabe oder als Werbungskosten im Gegensatz zu den §§ 73 ff. StGB und § 29a OWiG nach § 12 Nr. 4 EStG nicht möglich wäre.[456]

Dem ist das Bundesverfassungsgericht in der oben genannten Entscheidung allerdings nicht gefolgt. Das Bundesverfassungsgericht sah § 4 Abs. 5 Nr. 8 EStG insoweit als mit der Verfassung vereinbar an, als bei der Ermittlung des wirtschaftlichen Vorteils bei § 17 Abs. 4 OWiG durch (verfassungskonforme) Auslegung evtl. Steueransprüche Berücksichtigung finden können, notfalls per Schätzung. Die jeweiligen Fachgerichte hätten dafür zu sorgen, dass der erlangte Vorteil nicht mehrfach zu Lasten des Täters berücksichtigt werde.[457]

Dementsprechend sind Literatur[458] und Rechtsprechung[459] dazu übergegangen, auch „mittelbare" Steuern als abzugsfähige Kosten auf „Tatbestandsebene" und nicht lediglich auf „Rechtsfolgenseite" im Rahmen des § 17 Abs. 4 OWiG

---

454 Urteile vom 08.03.1939 und vom 28.03.1939, RStBl 1939, 507 und 628.

455 BT-Drucksache, 10/1989 S. 4 und BT-Drucksache 10/1314, S. 5. Die Geldbuße müsse einheitlich betrachtet werden und solle dazu dienen, unlauteres Gewinnstreben effektiv zu bekämpfen.

456 BFHE 192, 64 ff. (S. 71).

457 BVerfGE 81, 239 ff.

458 *Franzen/Gast/Joecks*, § 377 Rn 30; *KK-Steindorf*, § 17 Rn 129, 130; *Müther*, Vorteilsabschöpfung im Ordnungswidrigkeitenrecht, S. 64 ff.; *Rebmann/Roth/Herrmann*, § 17 Rn 52; im Gegensatz zu GewArch 1986, 320 noch *Sannwald*, GewArch 1986, 86; *Peltzer*, DB 1977, 1447.

459 BayObLG, NJW 1996, 2520; BayObLG, wistra 1995, 360 f.; BGH, wistra 1991, 268 ff.; KG Berlin, WuW/E OLG S. 4572 ff.; bereits früher: OLG Koblenz, wistra 1984, 38 f.

anzuerkennen.

Auf das Urteil des Bundesverfassungsgerichts hat der Gesetzgeber dann allerdings schnell mit dem Steueränderungsgesetz von 1992 reagiert und bei § 4 Abs. 5 Nr. 8 EStG einen Satz 4 angefügt. Danach besteht ein Abzugsverbot für Geldbußen nicht, „soweit der wirtschaftliche Vorteil, der durch den Gesetzesverstoß erlangt wurde, abgeschöpft worden ist, wenn die Steuern vom Einkommen und Ertrag, die auf den wirtschaftlichen Vorteil entfallen, nicht abgezogen worden sind".[460]

Voraussetzung dafür, dass kein Abzugsverbot im Rahmen der Besteuerung besteht, ist also, dass der durch den Gesetzesverstoß erlangte wirtschaftliche Vorteil tatsächlich abgeschöpft ist und zudem die darauf entfallende Steuer vom Einkommen oder Ertrag nicht abgezogen worden ist.[461]

Ein Teil der Literatur[462] und der Rechtsprechung[463] hat aus dieser Gesetzesänderung daher gefolgert, dass ein Abzug im Rahmen des § 17 Abs. 4 OWiG nicht mehr notwendig sei, da eine Berücksichtigung nun ja auf der Ebene der Besteuerung erfolgen könne. Damit aber könne eine Doppelbelastung ebenso gut vermieden werden. Zudem sieht *Drathjer*[464] darin erhebliche praktische Vorteile: so könne eine aufwendige Berechnung der jeweiligen Steuerlast unterbleiben, die oftmals im Zeitpunkt der Bußgeldentscheidung wenn überhaupt nur durch Schätzung annäherungsweise erfolgen könne. Insbesondere bei der Körperschaftssteuer lasse sich die genaue Steuerlast überhaupt nicht prognostizieren. Allerdings ist dieses Hemmnis seit dem Übergang zum Halbeinkünfteverfahren weggefallen, so dass zumindest bei der Körperschafts- und Gewerbesteuer mit ihren festen Steuersätzen die Berechnung der auf den wirtschaftlichen Vorteil entfallenden Steuerbelastung sehr einfach zu handhaben ist. Außerdem können evtl. auftretende praktische Schwierigkeiten nicht dazu führen,

---

460 Gem. § 8 KStG und § 7 GewStG findet diese Regelung auch auf die Körperschafts- und Gewerbesteuer Anwendung

461 *Herrmann/Heuer/Raupach-Hildesheim*, § 4 Rn 1731; *Lademann/Söffing-Meurer*, § 4 Rn 746; *Kirchhof/Söhn-Söhn*, § 4 Rn N 76; *Kirchhof-Crezelius*, § 4 Rn 203; *Meurer*, BB 1998, 1238; *Saller*, DStR 1996, 535. Dementsprechend hat etwa das FG Rheinland-Pfalz mit Urteil vom 15.07.2003 (Az. 2 K 2377/01) entschieden, dass von der EU-Kommission verhängte Geldbußen wegen Beteiligung an einem Kartell steuerlich nicht berücksichtigungsfähig sind, da diese im Gegensatz zu den nationalen Vorschriften keinen Abschöpfungsanteil enthalten.

462 *Göhler*, OWiG, § 17 Rn 39a; *Drathjer*, Abschöpfung rechtswidrig erlangter Vorteile, S. 66 ff.

463 BayObLG NStZ-RR 1997, 339 f., allerdings zu § 29a OWiG. Auch der BFH hat in seiner Entscheidung vom 09.06.1999, DStR 1999, 1518 ff. (1521) eine Berücksichtigung nur auf Ebene der Besteuerung ausdrücklich nicht ausgeschlossen, gleichzeitig aber Stellung bezogen, ob immer so zu verfahren ist.

464 *Drathjer* aaO.

gänzlich auf eine Berücksichtigung im Rahmen der Ermittlung des abzuschöpfenden wirtschaftlichen Vorteils zu verzichten[465], zudem solch praktische Schwierigkeiten nicht nur bei der Ermittlung evtl. Steuerbelastungen auftreten können.

Andererseits ließe sich auch allein auf den gesetzgeberischen Willen abstellen und eine Berücksichtigung dieser Aufwendungen erst auf der Besteuerungsebene vornehmen. Mit Einfügung des Satzes 4 bei § 4 Abs. 5 Nr. 8 EStG hat der Gesetzgeber im Besteuerungsverfahren nämlich eine Ausnahmeregelung geschaffen; dann spricht aber viel dafür, diese Ausnahmeregelung für die dafür vorgesehenen Fälle auch zu nutzen. Demnach soll also die Belastung durch Abschöpfung der erlangten wirtschaftlichen Vorteile auf der Ebene der Ermittlung der Besteuerung erfolgen. Evtl. Nachweisschwierigkeiten, die der Steuerpflichtige zu tragen hat[466], welchen Anteil an der Geldbuße nun die Vorteilsabschöpfung einnimmt, entschärft der Bundesfinanzhof äußerst großzügig dadurch, dass er auch Schätzungen hinsichtlich des Abschöpfungsanteils an der Geldbuße genügen lässt.[467]

Dem kann aber entgegen gehalten werden, dass der Gesetzgeber ausdrücklich den Abzug als Betriebsausgabe bzw. Werbungskosten von Abschöpfungsanteil nur zulässt, soweit eine Berücksichtigung vorher nicht erfolgt ist; dieser Wortwahl könnte man aber wiederum entnehmen, dass nur für die Fälle, in denen eine solche Berücksichtigung ausnahmsweise einmal unterblieben ist, aus verfassungsrechtlichen Gründen eine Berücksichtigung auf Ebene der Ermittlung der Besteuerung zu erfolgen hat. Außerdem ändert § 4 Abs. 5 Nr. 8 S. 4 EStG nichts daran, dass bei § 17 Abs. 4 OWiG nach wie vor das Kausalitätsprinzip gilt, die „Folgesteuern" gerade durch die jeweilige Straftat bzw. Ordnungswidrigkeit verursacht werden, so dass nach dem hier geltenden Saldierungsgrundsatz diese Steuern Kosten darstellen.[468]

Gegen eine solche Lösung könnte aber auch die sich sonst aus der Neuregelung zum Verlustrücktrag ergebende Problematik sprechen. In vielen Fällen wird es nämlich so sein, dass bis zur endgültigen Rechtskraft der bußgeldrechtlichen Entscheidung einige Jahre ins Land ziehen. Die durch Straftat oder Ordnungswidrigkeit erlangten Vermögensvorteile mussten aber bereits in dem Veranlagungszeitraum versteuert werden, in dem sie auch entstanden sind; Vorteilsabschöpfung und die Besteuerung des wirtschaftlichen Vorteils können daher in

465 *KK-Steindorf*, § 17 Rn 130; *Müther*, Vorteilsabschöpfung im Ordnungswidrigkeitenrecht, S. 64 f.; *Odenthal*, wistra 2002, 247; *Peltzer*, DB 1977, 1447.

466 *Kirchof/Söhn*, § 4 Rn N 77; *Herrmann/Heuer/Raupach-Hildesheim*, § 4 Rn 1731.

467 DStR 1999, 1521; strenger noch FG Baden-Württemberg, EFG 1994, 608.

468 *KK-Steindorf*, § 17 Rn 130; *Müther*, Vorteilsabschöpfung im Ordnungswidrigkeitenrecht, S. 65.

unterschiedliche Veranlagungszeiträume fallen.

Mit dem Steuerentlastungsgesetz 1999/2000/2002[469] hatte der Gesetzgeber in § 10d EStG den Verlustrücktrag beschränkt. Gem. §§ 8 Abs. 1, 4 KStG findet § 10d EStG dabei auch auf die Körperschaftssteuer Anwendung, § 10a GewStG hat den Verlustrücktrag gar vollständig ausgeschlossen. Mit dieser Neuregelung hatte der Gesetzgeber zugleich aber auch das aus dem Grundsatz der Besteuerung nach der individuellen Leistungsfähigkeit folgende objektive Nettoprinzip durchbrochen. Neben der daraus zwingend folgenden Berücksichtigung nicht nur der Einnahmen, sondern auch der Ausgaben, folgt nämlich nach richtiger Ansicht[470] daraus auch, dass ein periodenübergreifender Verlustabzug möglich sein muss. Das Bundesverfassungsgericht[471] folgt dieser Auffassung zumindest insoweit, als jedenfalls ein periodenübergreifender Verlustabzug für Einkünfte aus derselben Einkunftsquelle möglich sein muss.

So konnten gem. § 10d Abs. 1 EStG ab dem Veranlagungszeitraum 2001 nur noch maximal 511.500 Euro[472] im unmittelbar vorausgegangenem Veranlagungszeitraum berücksichtigt werden. Konnten auf diese Weise nicht alle Verluste berücksichtigt werden, so ermöglichte § 10d Abs. 2 EStG einen zeitlich unbeschränkten Verlustvortrag, der allerdings der Höhe nach beschränkt war. Zusätzlich erschwert wurde dieser intertemporale Verlustausgleich dadurch, dass die nicht ausgeglichenen Verluste zuerst bei der Einkunftsart abgezogen werden mussten, bei der sie auch entstanden waren; dies war vor allem in Hinblick auf die Regelungen der §§ 2 Abs. 3 S. 3 bis 8 EStG von entscheidender Bedeutung. Dadurch aber wurde die Steuerbelastung, die in der bußgeldrechtlichen Entscheidung noch keine Berücksichtigung gefunden hat, nicht immer vollständig kompensiert. Der Bundesgerichtshof hat in seinem Urteil vom 21.03.2002[473] diesen Umstand daher als so schwerwiegend angesehen, dass er eine pauschale Berücksichtigung nur auf steuerlicher Ebene aus genau diesem Grund als unzulänglich erachtet hat. Zwar kann dem entgegen gehalten werden, dass der Gesetzgeber mit Änderung des § 10d EStG gerade auch für solche Fälle nur eine teilweise steuerliche Berücksichtigungsmöglichkeit in Kauf nahm, zu einer Ungleichbehandlung bei bereits rechtskräftig festgesetzter und noch nicht festgesetzter Steuer kommt es aber allemal.

---

469 Gesetz vom 24.03.1999 (BGBl I, S. 402).

470 So insbesondere *Lang* in Tipke/Lang, § 9 Rn 62 und *Birk*, Rn 547; anders dagegen *Söffing*, Steuerberaterkongress Report 1977, 132, der darin nur eine Billigkeitsregelung erblickt.

471 BVerfGE 99, 88 ff.

472 In den Veranlagungszeiträumen 1999 und 2000 konnten noch 2 Millionen DM als Verlustrücktrag geltend gemacht werden, vgl. hierzu § 52 Abs. 25 EStG in der Fassung vom Steuerentlastungsgesetz 1999/2000/2002.

473 wistra 2002, 255 ff. (S. 258).

Ab dem 01.01.2004 hat der Gesetzgeber diese Regelungen nun erneut geändert.[474] §§ 2 Abs. 3 S. 3 bis 8 EStG wurden ersatzlos gestrichen. Auch § 10d EStG wurde neu konzipiert. Geblieben ist eine Beschränkung, doch fällt diese nun erheblich milder aus. Ein Verlustrücktrag gem. § 10d Abs. 1 EStG in der Fassung ab 01.01.2004 ist danach bis zu 511.500 Euro[475] unbeschränkt möglich. Nach Durchführung des Verlustrücktrags ist außerdem ein Verlustvortrag nach § 10d Abs. 2 EStG in der Fassung ab 01.01.2004 bis zu 1 Million Euro[476] unbeschränkt, darüber hinaus nur noch in Höhe von 60 Prozent möglich. Gem. §§ 8 Abs. 1, 4 KStG gilt diese Neuregelung auch für die Körperschaftssteuer. In § 10a GewStG wurde eine dem § 10d EStG vergleichbare Regelung neu geschaffen.[477]
Folge dieser Neuregelung ist jedoch, dass eine vollständige Kompensation der Steuerbelastung, die in der bußgeldrechtlichen Entscheidung noch keine Berücksichtigung gefunden hat, nach wie vor nicht gewährleistet wird.

Cramer[478] schlägt daher folgerichtig eine Unterscheidung danach vor, ob die Steuern bereits rechtskräftig festgesetzt wurden oder noch nicht. Im ersten Fall soll eine Berücksichtigung im Rahmen des § 17 Abs. 4 OWiG erfolgen, im anderen Fall erst im Besteuerungsverfahren. Dadurch kann die sich aus § 10d EStG ergebende Einschränkung des intertemporalen Verlustausgleichs und die damit verbundene Durchbrechung des objektiven Nettoprinzips[479] sowie die daraus folgende Ungerechtigkeit bei der Besteuerung wesentlich entschärft werden.

Diese „Zweiteilung" ist zudem besonders im Hinblick auf praktische Erwägungen von erheblichem Vorteil, ein Gesichtspunkt, der – entgegen *Steindorf*[480] – gerade aus dem Grund, dass beide Lösungswege zum selben Ergebnis führen, von entscheidender Bedeutung ist.

---

474 Vgl. hierzu bereits oben unter B. VI. 1. b) aa) am Ende und Fußnote 415.

475 Für zusammenveranlagte Ehegatten gem. §§ 26, 26b EStG gilt ein Höchstbetrag von 1.023.000 Euro.

476 Für zusammenveranlagte Ehegatten gem. §§ 26, 26b EStG erhöht sich auch hier der Höchstbetrag auf 2 Millionen Euro.

477 Siehe hierzu bereits oben unter B. VI. 1. b) aa) am Ende.

478 *Cramer*, wistra 1996, 248 ff. (249, 250). Dem folgt indirekt auch der BGH wistra 2002, 255 ff. zu § 73 StGB, wenn er im Leitsatz ausdrücklich festhält, dass nur im Falle einer zeitlich nachfolgenden Verfallsanordnung bei bereits bestandskräftigen Steuerfestsetzung eine Berücksichtigung der Steuer bei dieser Anordnung erforderlich ist. Ähnlich auch *Wegner*, Die Systematik der Zumessung unternehmensbezogener Geldbußen, S. 100 f.

479 *Crezelius*, Steuerrecht II, § 10 Rn 7.

480 *KK-Steindorf*, § 17 Rn 130.

Odenthal[481] meint dabei, dass eine solch unterschiedliche Behandlung unter sachlogischen Gesichtspunkten nicht zu rechtfertigen sei, da sie zudem von rein „zufälligen Eckdaten" abhänge, ob die Steuer nun schon bezahlt sei oder noch nicht. Da eine solche Entscheidung gerade aber nicht zu unterschiedlichen Ergebnissen führt, sondern in beiden Fällen sichergestellt wird, dass nur einmal in der gleichen Höhe eine Belastung erfolgt, ist eine solche Unterscheidung vor allem im Hinblick auf ihre praktische Bedeutung sehr wohl zu rechtfertigen.

Wurden die Steuern bereits rechtskräftig festgesetzt, steht auch der Steuersatz für die Einkommensteuer fest und kann demnach ohne größere Schwierigkeiten bei der Geldbuße Berücksichtigung finden; bei der Körperschafts- und Gewerbesteuer besteht wie oben bereits dargelegt sowieso keine Schwierigkeit. Zudem weist *Cramer* zutreffend daraufhin[482], dass anderenfalls im Vollstreckungsverfahren eine Rückerstattung entsprechend § 99 Abs. 2 OWiG zu erfolgen hätte; es käme also völlig unnötigerweise zu einer Verlagerung in das Vollstreckungsverfahren.

Selbst wenn man diesen Weg nicht einschlagen würde, müsste man bei einer rechtskräftigen Steuerfestsetzung die Korrekturvorschriften der Abgabenordnung heranziehen, um den Steuerbescheid nachträglich zu ändern; dies aber wäre noch einmal deutlich umständlicher. Kam es dagegen noch zu keiner rechtskräftigen Steuerfestsetzung, so ist es für die Behörde oder das Gericht, welches die Geldbuße verhängt, bedeutend einfacher, die steuerlichen Folgen unberücksichtigt zu lassen, dies in dem Bescheid kenntlich zu machen und so dem Finanzamt die genauere und zuverlässigere Beurteilung zu überlassen. Insbesondere bei der Gewerbesteuer würde es anderenfalls nach der bereits oben erwähnten Neuregelung zu erheblichen Schwierigkeiten kommen, da für die das Bußgeld verhängende Behörde oder Gericht noch in keiner Weise nachvollziehbar feststeht, inwieweit es zu einer Anrechnung gem. § 35 EStG kommt oder nicht. Nur wenn keine Ermäßigung der Einkommensteuer stattfindet, liegen ja tatsächlich Kosten vor. Ob dies allerdings zutrifft, kann nur ein in die Materie eingearbeiteter Sachverständiger richtig ermitteln, der zum Verfahren dann extra hinzugezogen werden müsste. Dann aber ist es viel sinnvoller, die Problematik gleich auf die steuerliche Ebene zu verschieben und Gerichte und Behörden zu entlasten.

Für diese Unterscheidung spricht schließlich auch das Urteil des Bundesfinanzhofs vom 09.06.1999[483], wonach Rückstellungen in der Steuerbilanz hin-

---

481 *Odenthal*, wistra 2002, 247; ähnlich auch *Müther*, Abschöpfung im Ordnungswidrigkeitenrecht, S. 65.
482 *Cramer*, wistra 1996, 249 f.
483 DStR 1999, 1521 ff.

sichtlich evtl. zu zahlender Geldbußen nur dann gebildet werden dürfen, wenn die Voraussetzungen des § 4 Abs. 5 Nr. 8 S. 4 EStG bereits am Bilanzstichtag objektiv vorlagen. Bestehen dagegen Unsicherheiten, so bleibt es beim grundsätzlichen Abzugsverbot. Zumindest für die Bildung von Rückstellungen ist es daher von entscheidender Bedeutung, ob und wann die Voraussetzungen des § 4 Abs. 4 Nr. 8 S. 4 EStG vorlagen. Diese Wertung muss dann aber auch insgesamt von Bedeutung sein.

Als *Ergebnis* ist daher festzuhalten, dass bei bereits rechtskräftig festgesetzten Steueransprüchen eine Berücksichtigung als abzugsfähige Kosten bei § 17 Abs. 4 OWiG zu erfolgen hat, wohingegen bei noch nicht rechtskräftig festgesetzten Steuern eine solche Berücksichtigung erst als abzugsfähige Betriebsausgaben bzw. Werbungskosten gem. § 4 Abs. 5 Nr. 8 EStG zu erfolgen hat.

(4) Einheitliche Lösung dieser Problematik bei § 73 StGB, § 29a OWiG und § 17 Abs. 4 OWiG?

Gerade diese praktischen Vorteile legen es nahe, das für § 17 Abs. 4 OWiG gefundene Ergebnis auch auf §§ 73 ff. StGB und § 29a OWiG zu übertragen.

Im Gegensatz zu § 17 Abs. 4 OWiG gilt bei § 73 StGB und § 29a OWiG allerdings nicht die „Netto-", sondern die „Bruttomethode", d.h. dass das aus einer rechtswidrigen Tat Erlangte vollständig und ohne Abzug etwaiger gewinnmindernder Aufwendungen dem Verfall unterliegt. Steuern, seien es nun „unmittelbare" oder „mittelbare" sind aber Kosten, die das erlangte „Etwas" schmälern. Bei § 17 Abs. 4 OWiG gilt die „Nettomethode", Aufwendungen finden demnach hier also Berücksichtigung.

Wegen dieser unterschiedlichen Berechungsmethoden, könnte man jedwede Ähnlichkeit zwischen diesen beiden Normgruppen hinsichtlich der Lösungsmöglichkeit der „Folgesteuerproblematik" bereits aus diesem Grund ablehnen. Zwar könnte man argumentieren, dass, wenn bereits bei den Vorschriften, denen die „Bruttomethode" zugrunde liegt, die Berücksichtigung von „Folgesteuern" diskutiert wird, dies umso mehr bei § 17 Abs. 4 OWiG gelten muss, wo immerhin die „Nettomethode" gilt. Wegen der unterschiedlichen Berechnungsmethode gilt dies aber gerade nicht auch umgekehrt.

Steindorf[484] lehnt einen solchen „Austausch" zwischen § 73 StGB und § 29a OWiG auf der einen Seite und § 17 Abs. 4 OWiG auf der anderen Seite wegen dieser schwerwiegenden strukturellen Unterschiede daher ab. Die unterschied-

---

[484] *KK-Steindorf*, § 17 Rn 130.

lichen Berechnungsmethoden würden es nicht erlauben, die zu den Verfallsvorschriften entwickelten Grundsätze auf § 17 Abs. 4 OWiG zu übertragen bzw. umgekehrt zu verfahren. Zur Begründung führt er das Bundesverfassungsgerichtsurteil noch zum alten § 4 Abs. 5 Nr. 8 EStG vom 23. Januar 1990[485] an, wonach im Gegensatz zu den Verfallvorschriften die Geldbuße gem. § 17 Abs. 4 OWiG nicht als Betriebsausgabe von der Einkommensteuer abgesetzt werden konnte. Seit der Einfügung des Satzes 4 in § 4 Abs. 5 Nr. 8 EStG durch das Steueränderungsgesetz von 1992[486] wird eine solche Unterscheidung aber nicht mehr vorgenommen.

Damit hat aber der Gesetzgeber zugleich auch zum Ausdruck gebracht, dass die §§ 73 StGB, 29a OWiG und 17 Abs. 4 OWiG bzgl. der Folgesteuern gleich zu behandeln sind. Die zugegeben deutlichen Unterschiede in der Berechnungsmethode vermögen aus diesem Grund dennoch eine Ungleichbehandlung zwischen §73 StGB und § 29a OWiG einerseits und § 17 Abs. 4 OWiG andererseits nicht mehr zu rechtfertigen.

Erstens bestehen deutliche praktische Vorteile und zweitens spricht *meiner Ansicht* nach auch theoretisch nichts dagegen, die für § 17 Abs. 4 OWiG gefundene Lösung auch auf § 73 StGB und § 29a OWiG zu übertragen und somit eine einheitliche Lösung dieser Problematik herbeizuführen. Auch der Bundesgerichtshof hat dies in seinem Urteil vom 21.03.2002[487] inzwischen wohl auch anerkannt, wenn er die anhand der Mehrerlösabschöpfung gem. § 17 Abs. 4 OWiG entwickelten Grundsätze auch auf die Verfallsregelungen übertragen will.[488]

---

485 BVerfGE 81, 228 ff.
486 BGBl. I S. 297.
487 wistra 2002, 255 ff. (S. 258 f.).
488 wistra 2002, 258. Auch *Rönnau*, Vorteilsabschöpfung in der Praxis, Rn 547 ff. schlägt ebenfalls diese Unterscheidung vor.

2. Nachzahlung verkürzter Steuern

a) Bestehen eines Steueranspruchs gegen den Verband

Ein Steueranspruch kann gegen den Verband zum einen dann bestehen, wenn dieser selbst Steuerschuldner (für die hinterzogenen Steuern) ist oder für fremde Steuern haftet.

aa) Haftungstatbestände

(1) Haftung des Verbandes als Vertretener gem. § 70 AO

Ein Verband haftet als Vertretener für die durch die Tat verkürzten Steuern und die zu Unrecht gewährten Steuervorteile, wenn die in den §§ 34 und 35 AO bezeichneten Personen bei Ausübung ihrer Obliegenheit eine Steuerhinterziehung oder eine leichtfertige Steuerverkürzung begehen oder an einer Steuerhinterziehung teilnehmen und hierdurch Steuerschuldner oder Haftende werden und der Verband selbst nicht Steuerschuldner ist.

Sinn und Zweck des § 70 AO besteht darin, dem Vertretenen nicht nur die Vorteile einer Vertretung durch Dritte zugute kommen zu lassen, sondern diesen auch für die aus steuerunehrlichem oder sonst pflichtwidrigem Verhalten resultierenden Nachteile verantwortlich zu machen.[489] Zugleich soll damit gewährleistet werden, dass dem Steuerfiskus keine Einnahmenausfälle entstehen, wenn von den in §§ 34, 35 AO genannten Personen die Steuern nicht eingefordert werden können.[490]

Allerdings ist der Vertretene in aller Regel zugleich auch Steuerschuldner, so dass es einer eigenen Haftungsvorschrift eigentlich nicht bedarf. Lediglich bei Zöllen, Verbrauchsteuern und der Einfuhrumsatzsteuer, für die die Zollvorschriften gem. § 31 Abs. 2 UStG sinngemäß Anwendung finden, besteht ein echtes Bedürfnis nach der Regelung des § 70 AO.[491]

Im Bereich der Abzugssteuern wird dagegen, wenn der Vertreter i. S. d. §§ 34, 35 AO die Einbehaltungs- und Abführungspflichten verletzt, eine Anwendung des § 70 AO zum Teil[492] mit dem Argument verneint, dass dort bereits eine unmittelbare Haftung nach den §§ 42d, 44 Abs. 5 S. 1, 50a Abs. 5 S. 5 EStG,

[489] *Bax*, Haftung nach allg. Abgabenrecht, S. 109; *Mösbauer*, Haftung für Steuerschuld, S. 80; *HHSp-Boeker*, § 70 Rn 5; *Tipke/Kruse-Kruse/Loose*, § 70 Rn 1.

[490] Daraus kann aber nicht eine automatische Vorrangigkeit des § 69 AO abgeleitet werden.

[491] *Klein-Rüsken*, § 70 Rn 1; *Tipke/Kruse-Kruse/Loose*, § 70 Rn 2.

[492] So etwa *Klein-Rüsken*, § 70 Rn 1; *Tipke/Kruse-Kruse/Loose*, § 70 Rn 2.

§ 55 UStDV[493] und § 7 Abs. 1 S. 2 VersStG bestehe, die insoweit lex specialis zu § 70 AO seien. Dem ist aber entgegen zu halten, dass dadurch der Regelung des § 191 Abs. 3 S. 2 AO nur unzureichend Rechnung getragen wird, welche die Festsetzungsverjährungsfrist von vier auf zehn Jahre bei Steuerhinterziehung und immerhin auf fünf Jahre bei leichtfertiger Steuerverkürzung ausdehnt.[494] Daher muss auch in diesen Fällen § 70 AO anwendbar sein.

Haftende i. S. d. § 70 AO sind dabei alle juristischen Personen, nichtrechtsfähige Personenvereinigungen und Vermögensmassen[495], für die gesetzliche Vertreter etc. i. S. d. §§ 34, 35 AO tätig werden. Diese haften für den hinterzogenen oder leichtfertig verkürzten Steuerbetrag und für die deshalb zu Unrecht gewährten Steuervorteile. Im Gegensatz zu §§ 69 und 72 AO spricht § 70 AO ausdrücklich von Steuern, worunter gem. § 3 Abs. 1 AO solche Geldleistungen zu verstehen sind, die nicht eine Gegenleistung für eine besondere Leistung darstellen und von einem öffentlich-rechtlichen Gemeinwesen zur Erzielung von Einnahmen allen auferlegt werden, bei denen der Tatbestand zutrifft, an den das Gesetz die Leistungspflicht knüpft, wobei die Erzielung von Einnahmen Nebenzweck sein kann. Ausweislich § 3 Abs. 1 S. 2 AO sind auch Zölle und Abschöpfungen Steuern i. S. d. AO. Von den Steuern zu unterscheiden sind die steuerlichen Nebenleistungen gem. § 3 Abs. 3 AO, also Verspätungszuschläge gem. § 152 AO, Zinsen gem. §§ 233 bis 237 AO, Säumniszuschläge gem. § 240 AO, Zwangsgelder gem. § 329 AO und Kosten gem. § 178, §§ 337 bis 345 AO. Für diese steuerlichen Nebenleistungen haftet der Verband daher ausweislich des ausdrücklichen Wortlauts des § 70 AO nicht.[496]

Die in §§ 34, 35 AO bezeichneten Personen müssen zudem eine Steuerhinterziehung gem. § 370 AO bzw. eine gewerbsmäßige gem. § 370a AO oder eine leichtfertige Steuerverkürzung gem. § 378 AO begangen haben, wohingegen eine Steuerhehlerei gem. § 374 AO nicht genügt.[497] Dagegen genügt (neben

493 § 55 UStDV wurde inzwischen durch das Steueränderungsgesetz 2001 vom 20.12.2001 mit Wirkung zum 01.01.2002 aufgehoben. Durch das Steuerverkürzungsbekämpfungsgesetz vom 19.12.2001 wurde aber § 25d UStG mit Wirkung ab dem 01.01.2002 neu eingefügt, der ebenfalls eine originäre Haftung anordnet.

494 So auch *HHSp-Boeker*, § 70 Rn 10; *Schwarz*, § 70 Rn 3; *Halaczinsky*, Haftung im Steuerrecht, S. 48; BMF BStBl. 1998 I, S. 685.

495 Siehe hierzu *Meyer, Ingeborg*, PStR 2003, 126 ff.

496 BFH BStBl. 1994, S. 559; *HHSp-Boeker*, § 70 Rn 18 aE; *Klein-Rüsken*, § 70 Rn 8; *Tipke/Kruse-Kruse/Loose*, § 70 Rn 5 aE. Dagegen will *Koch-Halaczinsky*, § 70 Rn 6 für Hinterziehungszinsen eine Ausnahme machen, diese also ebenfalls der Haftung nach § 70 AO unterwerfen. § 70 AO spricht aber eindeutig nicht von Ansprüchen aus dem Steuerschuldverhältnis, sondern nur von verkürzten Steuern. Zudem vermag die Annahme einer solchen Ausnahme entgegen des eindeutigen Wortlauts von § 70 und § 3 Abs. 3 AO nicht zu überzeugen.

497 Auch eine analoge Anwendung kommt mangels planwidriger Regelungslücke in diesem Fall nicht in Betracht. Daher reicht für eine Anwendung des § 70 AO auch eine nur

den Täterschaftsformen) für eine Haftung nach § 70 AO eine Teilnahme an §§ 370, 370a AO, eine bloß versuchte Steuerhinterziehung reicht dagegen nicht.[498]
Diese Täter müssen die Steuerhinterziehung oder leichtfertige Steuerverkürzung schließlich bei Ausübung ihrer Obliegenheit begangen haben, d. h. sie müssen aufgrund ihrer Stellung verpflichtet gewesen sein, steuerliche Pflichten des Vertretenen zu erfüllen.[499] Dies ist dann anzunehmen, wenn die Delikte in unmittelbarer Beziehung zu der Stellung des Täters stehen und ohne diese Stellung nicht so hätten begangen werden können. Nicht erforderlich ist aber weder, dass der Täter dabei im Rahmen seiner Befugnisse gehandelt hat[500], noch dass die Tat zum Vorteil des Vertretenen vorgenommen wurde[501].

Liegt nach all dem ein haftungsbegründender Tatbestand vor, so ist darüber hinaus der Haftungsausschluss gem. § 70 Abs. 2 AO zu beachten. Der Anwendungsbereich von § 70 Abs. 2 Satz 1, wonach eine Haftung des Vertretenen nicht eintritt, wenn die natürliche Person durch Taten seines gesetzlichen Vertreters keinen Vermögensvorteil erlangt hat, ist auf natürliche Personen begrenzt. Damit wird der Tatsache Rechnung getragen, dass diese ihre gesetzlichen Vertreter nicht aussuchen können. Daraus folgt zugleich aber, dass auf die Vereinigung von natürlichen Personen wie etwa die KG der Ausschlussgrund des § 70 Abs. 2 S. 1 AO nicht anzuwenden ist, da dort die Vertretung von den Mitgliedern zumindest mitbestimmt werden kann.[502]

Bedeutsamer für Verbände erweist sich dagegen § 70 Abs. 2 S. 2 AO, wonach eine Haftung des Vertretenen auch dann auszuscheiden hat, wenn die Täter sorgfältig ausgewählt und beaufsichtigt wurden; dies muss allerdings vom Verband dargelegt werden.[503]

---

wahlweise Feststellung von Steuerhinterziehung und Steuerhehlerei nicht aus. Ebenso wenig vermag eine Begünstigung gem. §257 StGB, § 369 Abs. 1 Nr. 4 AO eine Haftung zu begründen (*Tipke/Kruse-Kruse/Loose*, § 70 Rn 8; *HHSp-Boeker*, § 70 Rn 14).

498 Dies folgt bereits aus dem Wortlaut von § 70 AO, der verkürzte Steuern bzw. zu Unrecht gewährte Steuervorteile voraussetzt, um eine Haftung begründen zu können. Da der Personenkreis i. S. d. §§ 34, 35 AO zudem eine Steuerhinterziehung begehen müssen, muss der objektive wie subjektive Tatbestand erfüllt sein (*HHSp-Boeker*, § 70 Rn 15; *Tipke/Kruse-Kruse/Loose*, § 70 Rn 7).

499 *HHSp-Boeker*, § 70 Rn 16; *Tipke/Kruse-Kruse/Loose*, § 70 Rn 16; *Lausen*, wistra 1989, 338.

500 RFHE 25, 46; BFH BStBl. 1952, S. 18; *Tipke/Kruse-Kruse/Loose*, § 70 Rn 16 aE.

501 *HHSp-Boeker*, § 70 Rn 16; *Tipke/Kruse-Kruse/Loose*, § 70 Rn 7.

502 *Tipke/Kruse-Kruse/Loose*, § 70 Rn 20.

503 Näher hierzu *HHSp-Boeker, § 70 Rn 23 ff.*; *Tipke/Kruse-Kruse/Loose*, § 70 Rn 19 ff. jeweils mwN.

(2) Haftung des Verbandes bei Verletzung der Pflicht zur Kontenwahrheit, § 72 AO

Nach § 72 AO tritt bei einer vorsätzlichen oder grob fahrlässigen Zuwiderhandlung gegen die Vorschrift des § 154 Abs. 3 AO eine Haftung ein, soweit dadurch die Verwirklichung von Ansprüchen aus dem Steuerschuldverhältnis beeinträchtigt wird.

Anders als § 70 AO umfasst § 72 AO wie auch § 69 AO demnach alle Ansprüche aus dem Steuerschuldverhältnis gem. § 37 AO, wobei sich die Haftung der Höhe nach allerdings auf den Wert des Herausgegebenen beschränkt.[504]
Kommt demnach eine Haftung über § 72 AO i. V. m. § 154 Abs. 3 AO in Betracht, so muss zudem an die Möglichkeit einer Ordnungswidrigkeit gem. § 379 Abs. 2 Nr. 2 AO i. V. m. § 154 Abs. 1 AO gedacht werden. Dies wiederum kann zur Verhängung einer Verbandsgeldbuße gem. § 30 OWiG und damit zu einer Vorteilsabschöpfung gem. § 17 Abs. 4 OWiG führen. Zu einer Konkurrenzsituation von Haftung und Vorteilsabschöpfung kann es allerdings nur dann gelangen, wenn Haftung und Geldbuße die gleiche Person bzw. Verband trifft. Derjenige, der also entgegen der Anordnung des Finanzamtes Guthaben, Wertsachen und den Inhalt eines Schließfaches i. S. d. § 154 Abs. 3 AO herausgibt, muss also zugleich auch gem. § 154 Abs. 1 AO ein Konto für sich oder einen Dritten auf einen falschen oder erdichteten Namen errichtet oder Buchungen vorgenommen oder Wertsachen wie Geld, Wertpapiere und Kostbarkeiten in Verwahrung gegeben, verpfändet oder sich ein Schließfach geben lassen hat. Der Personenkreis des § 154 Abs. 1 und Abs. 3 AO muss also zumindest teilweise identisch sein, um der Gefahr einer doppelten Inanspruchnahme ausgesetzt zu sein.

Bevor darauf aber genauer eingegangen werden kann, muss zunächst geklärt werden, inwieweit Verbände als Haftungsschuldner überhaupt in Betracht kommen. Teilweise[505] werden nämlich nur natürliche Personen als taugliche Haftungsschuldner i. S. d. § 72 AO angesehen. Begründet wird dies insbesondere damit, dass juristische Personen selbst nicht schuldhaft handeln können und sich vielmehr ihrer Organe, Vorstände oder Geschäftsführer bedienen müssen. Diese wiederum können zwar schuldhaft handeln, doch sei eine Zurechnung im Wege eines Durchgriffs auf die Vertretenen mangels geeigneter Zurechnungsvorschrift nicht möglich. Während die Reichsabgabenordnung nämlich in § 111 noch eine solche Vorschrift vorsah, fehle eine entsprechende

---

504 *HHSp-Boeker*, § 72 Rn 15; *Tipke/Kruse-Kruse/Loose*, § 72 Rn 7; *Mösbauer*, INF 1990, 10.

505 So FG Köln, EFG 1985, 270, allerdings aufgehoben durch BFH BStBl. II 1990, 263 ff.; *Kühn/Hoffmann*, § 72 Rn 3; *Tipke/Kruse-Kruse/Loose*, § 72 Rn 2; *Fichtelmann*, Haftung für Steuerschulden, S. 24.

Regelung in der AO 1977; auch eine dem § 30 OWiG vergleichbare Regelung sei nicht vorhanden. Überhaupt bestehe ein allgemeines „Zurechnungsprinzip" für fremdes Verschulden nicht, die Verantwortlichkeit für fremdes Handeln müsse vielmehr im Einzelfall bestimmt sein.[506]

Interessant ist zudem ein kurzer vergleichender Blick auf die Regelung des § 70 AO: dort wird explizit die Haftung auch des Vertretenen angeordnet, so dass auch hieraus gefolgert werden könnte, dass jedenfalls § 71 AO für juristische Personen etc. keine Haftung anzuordnen vermag, sondern nur für natürliche. Da sowohl § 71 AO als auch § 72 AO zudem ein vorsätzliches oder zumindest (grob) fahrlässiges Verhalten sowie einen Verstoß gegen steuerliche Pflichten voraussetzen, könnte es aufgrund dieser Ähnlichkeit des § 72 AO mit § 71 AO daher auf den ersten Blick angebracht erscheinen, beide Fälle auch vom betroffenen Personenkreis her ähnlich zu behandeln.

Dennoch vermag diese Ansicht nicht zu überzeugen.[507] So führt der Bundesfinanzhof[508] zutreffend an, dass eine solche Auslegung den praktischen Anwendungsbereich dieser Norm gegen Null tendieren lassen würde. Nach dem Bundesfinanzhof[509] tritt nämlich gerade bei juristischen Personen (insbesondere bei Banken), bei denen eine Vielzahl von Menschen beschäftigt sind, des Öfteren der Fall auf, dass der bei der Herausgabe des Geldes etc. i. S. d. § 154 Abs. 3 AO verfügende Angestellte nicht mit demjenigen Bankmitarbeiter identisch ist, der (vorsätzlich oder fahrlässig) bei der Eröffnung des Kontos mitgewirkt und von diesem Verhalten keine Kenntnis erlangt hat, so dass demnach auch eine Haftung auszuscheiden habe. Erst recht müsste eine Haftung dann scheitern, wenn die Herausgabe im automatisierten Verfahren erfolgt, ohne dass (schuldhaft) ausreichende Sicherungsvorkehrungen durch die Bankmitarbeiter getroffen wurden.

Eine Auslegung aber, die einer Norm nahezu jegliche praktische Anwendungsmöglichkeit versagt, vermag kaum dem gesetzgeberischen Willen zu entsprechen. Zudem käme es anderenfalls auch zu einer nicht zu rechtfertigenden Ungleichbehandlung von Banken, die von juristischen Personen getragen sind und solchen, hinter denen eine natürliche Person steht.[510] Wenn nun der Bundesfinanzhof § 173 Abs. 1 Nr. 2 AO vergleichend heranzieht, bei dem ebenfalls das Verschulden Dritter zugerechnet wird, ohne dass dies der Wortlaut

---

506 So ausdrücklich *Tipke/Kruse-Kruse/Loose*, § 72 Rn 2 aE.

507 So auch die ganz überwiegende Meinung. Vgl. nur: BFH BStBl. II, 1990, 263 ff.; *HHSp-Boeker*, § 72 Rn 14; *Klein-Rüsken*, § 72 Rn 2; *Schwarz*, § 72 Rn 3; *Goutier*, Haftung im Steuerrecht, S. 54; *Halaczinsky*, Haftung im Steuerrecht, Rn 165 f.; *Nacke*, Haftung für Steuerschulden, Rn 352; *Mösbauer*, Haftung für Steuerschuld, S. 122; *ders.*, INF 1990, 8.

508 BStBl. II 1990, 267.

509 BFH aaO.

510 BFH aaO.

eindeutig zu erkennen gibt, so ist das allerdings nur bedingt richtig.[511] § 72 AO stellt nämlich weniger eine Verschuldenszurechnungsnorm dar, sondern knüpft vielmehr an den von § 154 Abs. 3 AO bestimmten Personenkreis an; entscheidend muss daher sein, wem alles die Pflicht aus § 154 Abs. 3 AO obliegt. Diese Pflicht muss aber natürliche wie juristische Personen gleichermaßen treffen; letztere erfüllen ihre Pflicht dabei lediglich durch ihre Organe, Geschäftsführer etc.
Daher muss auch der Einwand[512], es fehle an einer dem § 30 OWiG vergleichbaren Vorschrift, fehlgehen, da es sich hierbei nicht um eine straf- oder geldbußähnliche Sanktion handelt, sondern lediglich der Steueranspruch des Staates aus einer Pflichtverletzung heraus gesichert werden soll. Dieser fundamentale Unterschied verbietet aber die Heranziehung des Rechtsgedankens aus § 30 OWiG: einer solch ausdrücklichen Vorschrift bedarf es zwar bei Geldbußen, nicht aber bei der Haftung aufgrund von Steueransprüchen. Daher unterliegen auch juristische Personen der Haftung des § 72 AO.

Tritt nun ein solcher Haftungsfall ein, so ist dann zudem an eine Ordnungswidrigkeit (der Mitarbeiter) gem. § 379 Abs. 2 Nr. 2 AO zu denken, aufgrund der es zur Festsetzung einer Geldbuße gem. §§ 9, 130, 30 OWiG[513] gegen den jeweiligen Verband selbst kommen kann.

Dieser sähe sich nun aber einer doppelten Inanspruchnahme ausgesetzt: einmal aufgrund der Haftung gem. § 72 AO, und zum anderen aufgrund von §§ 154 Abs. 1, 379 Abs. 2 Nr. 2 AO, 9, 130, 30 OWiG. Damit gelangt man wieder zu der bereits eingangs skizzierten entscheidenden Frage, inwieweit die Bank auch dem Anwendungsbereich von § 154 Abs. 1 AO unterfällt.

Teilweise[514] wird § 154 Abs. 1 AO auch auf Banken angewendet. Soweit dabei mit dem Wortlaut dieser Vorschrift argumentiert wird[515], wonach die Vorschrift so zu lesen sei, dass sich das Hilfsverb „lassen" lediglich auf das Verb „vornehmen" und nicht auch auf das Verb „errichten" bezieht, kann dem nicht gefolgt werden.[516] Der Wortlaut von § 154 Abs. 1 AO spricht demnach dafür,

511 Ablehnend auch *Tipke/Kruse-Kruse/Loose*, § 72 Rn 2 aE.

512 So etwa *Tipke/Kruse-Kruse/Loose*, § 72 Rn 2.

513 Zu dieser „Trias" bereits ausführlich oben im 2. Kapitel unter B.II.

514 *Klein-Borckmeyer*, § 154 Rn 3; *Franzen/Gast/Joecks-de Haan*, § 379 Rn 41; *Blumers/Glöggerle*, Handbuch des Verteidigers, S. 468; *Carl/Klos*, wistra 1990, 41 ff.; *dies.*, DStZ 1995, 299 ff.; *Müller*, DStZ 1997, 667 f.

515 So *Franz/Gast/Joecks-de Haan*, § 379 Rn 41.

516 Kritisch auch *Klein-Brockmeyer*, § 154 Rn 3. Auch *Carl/Klos*, DStZ 1995, 300 gestehen durchaus ein, dass diese Auslegung eher fern liegend sei, sich das Hilfsverb „lassen" vielmehr auf beide Verben beziehen muss. Dies überzeugt vor allem schon bereits deshalb, da es wenig einsichtig erscheint, warum sich die Verbotsnorm lediglich hinsichtlich dem Eröffnen einen Kontos auch auf die Bank beziehen soll, anderes aber etwa bei der Eröffnung eines Schließfaches zu gelten hat.

lediglich den Kunden nicht aber auch die Bank als Normadressat zu betrachten. Auch eine historische Auslegung[517] kann hier entgegen *Carl/Klos*[518] nicht weiterhelfen: hierbei tritt nämlich ebenfalls nur die sich in den Absätzen 1 und 2 des § 154 AO widerspiegelnde Aufteilung von den Verstößen des Kunden (Absatz 1) und den Kontrollpflichten (des Absatzes 2) durch die kontoführende Bank hervor. Wenn nun aufgrund der systematischen Stellung zu § 154 Abs. 2 AO gefolgert wird[519], auch Abs. 1 müsse den Kontoführer mit umfassen, so geht dieser Schluss angesichts der unterschiedlichen Pflichtenkreise, die sich ohne weiteres auch an unterschiedliche Personenkreise wenden können, fehl. Aus der Tatsache, dass § 379 Abs. 2 Nr. 2 AO eine Ordnungswidrigkeit bei einer Pflichtverletzung zur Kontenwahrheit nach § 154 Abs. 1 AO vorsieht, lässt sich für sich betrachtet ebenfalls keine Aussage über den Normadressatenbereich von § 154 Abs. 1 AO ableiten.[520] Vielmehr kann aus § 379 AO, bereits die Steuergefährdungen als Ordnungswidrigkeit zu ahnden, gefolgert werden, dass eine solche Steuergefährdung nur unmittelbar selbst von dem Kunden verwirklicht werden kann. Denn Aufschluss zu geben über die wirtschaftlichen Verhältnisse des Bankkunden ist allein dessen Aufgabe; § 154 AO trägt dem insofern Rechnung, als dieser lediglich dazu dienen soll, die steuerlichen Verhältnisse des Kontoinhabers transparent zu machen.[521]

Lehnt man demnach eine Anwendung des § 154 Abs. 1 AO auch auf Banken als Kontoführer ab[522], so müsste an sich auch § 379 Abs. 2 Nr. 2 AO entfallen, so dass daher auch eine doppelte Inanspruchnahme wegen einer Haftung aus § 72 AO gegenüber dem Verband nicht drohen würde.

517 § 154 AO geht auf die Vorschrift des § 163 RAO zurück. In der Begründung des Regierungsentwurfes zur Neuregelung hieß es (BR-Drucksache, 23/71, S. 123): „Sie verbietet die Errichtung von Konten sowie die Wertsachenverwahrung, die Wertsachenverpfändung und die Verschaffung eines Schließfaches unter unrichtigem Namen (Absatz 1) und gebietet den Kontenführern usw., sich Gewissheit über die Person des Verfügungsberechtigten zu verschaffen (Absatz 2).“

518 *Carl/Klos*, wistra 1990, 45; *dies*., DStZ 1995, 301.

519 *Carl/Klos* jeweils aaO.

520 So aber *Klein-Brockmeyer*, § 154 Rn 3, wonach auch eine leichtfertige Verletzung der Kontenwahrheit im Rahmen des § 379 Abs. 2 AO genügt, leichtfertig aber nicht der Kunde selbst sondern lediglich der Kontenführer handeln könne. *Tipke/Kruse-Brandis*, § 154 Rn 2 weist aber zu Recht darauf hin, dass sich leichtfertig auch auf einen Verstoß gegen § 138 Abs. 2 AO bezieht, dort aber nur der Steuerpflichtige selbst einer Pflicht nachzukommen hat.

521 BGH WM 1994, 2272; *Hamacher*, DB 1987, 1324; *ders*. DB 1995, 2286.

522 So auch *HHSp-Trzaskalik*, § 154 Rn 31; *HHSp-Rüping*, § 379 Rn 73; *Kohlmann*, § 379 Rn 49; *Tipke/Kruse-Brandis*, § 154 Rn 2; *Schwarz*, § 154 Rn 13; *Löwe-Krahl*, Steuerstrafrechtliche Risiken typischer Banktätigkeiten, S. 30 f.; *Mösbauer*, INF 1990, 9; *ders*. NStZ 1990, 476; *Ransiek*, wistra 1997, 43.

Allerdings muss in diesem Zusammenhang auch an § 14 Abs. 1 S. 1 OWiG gedacht werden[523], welcher gem. § 377 Abs. 2 AO auch auf Steuerordnungswidrigkeiten Anwendung findet. Im Gegensatz zum Strafrecht gilt im Ordnungswidrigkeitenrecht das Einheitstäterprinzip[524]. Beteiligen sich danach mehrere an einer Ordnungswidrigkeit, so handelt jeder von ihnen ordnungswidrig. Eine solche Beteiligung ist dann anzunehmen, wenn eine Art „kollusives" Zusammenwirken von Bankangestellten und Kunden vorliegt, dem Bankangestellten die Unrichtigkeit der vom Kunden genannten Daten also bekannt war oder sich deren Unrichtigkeit hätte aufdrängen müssen. Dass es sich bei der Pflichtverletzung nach § 154 Abs. 1 AO zudem um ein besonderes persönliches Merkmal handelt, welche die Ahndung begründet, ist wegen § 14 Abs. 1 S. 2 OWiG, der die Anwendung von S. 1 dieser Vorschrift auch für diesen Fall anordnet, unschädlich.

Gem. §§ 154 Abs. 1, 379 Abs. 2 Nr. 2, 377 Abs. 2 AO, 14, 9, 130, 30 OWiG kann daher auch gegen die Bank selbst über § 14 OWiG eine Geldbuße verhängt werden, so dass es auf diese Weise doch zu einer doppelten Inanspruchnahme des Verbandes kommen kann.

Gem. § 154 Abs. 2 AO obliegt der Bank bei Führung eines Kontos, bei Verwahrung von Wertsachen oder wenn sie ein Pfand nimmt oder ein Schließfach überlässt, die Pflicht, sich zuvor Gewissheit über die Person und Anschrift des Verfügungsberechtigten zu verschaffen und die entsprechenden Angaben in geeigneter Form, bei Konten auf dem Konto selbst, festzuhalten. Zudem muss sichergestellt werden, dass jederzeit Auskunft darüber abgegeben werden kann, über welche Konten oder Schließfächer eine Person verfügungsberechtigt ist. Verstoßen die Bankangestellten hiergegen vorsätzlich oder zumindest leichtfertig, so ist an eine Ordnungswidrigkeit gem. § 379 Abs. 1 S. 1 Nr. 2 AO zu denken, welche wiederum zu einer Geldbuße gegen die Bank selbst gem. §§ 9, 130, 30 OWiG führen kann, da sich § 379 Abs. 1 S. 1 Nr. 2 AO nicht nur an den Steuerpflichtigen selbst wendet, sondern an alle, die von Gesetzes wegen aufzeichnungspflichtig sind.[525] Eine solche Aufzeichnungspflicht folgt aus § 154 Abs. 2 AO.[526] Lässt sich aus den Bankunterlagen nicht mehr zweifelsfrei ermitteln, wem ein Konto zuzuordnen ist, so ist dies auch objektiv geeignet, Steuern zu verkürzen, wobei bereits eine abstrakte Verkürzungsgefahr genügt.[527]

---

523 *HHSp-Trzaskalik*, § 154 Rn 31; *HHSp-Rüping*, § 379 Rn 74; *Löwe-Krahl*, Steuerstrafrechtliche Risiken typischer Banktätigkeiten, S. 31 f.

524 Vgl. nur *Bockelmann/Volk*, S. 174; *Jeschek/Weigend*, AT S. 645 ff.; *Göhler*, OWiG, § 14 Rn 1.

525 *Klein-Wisser*, § 379 Rn 2.

526 AEAO Nr. 10 zu § 154 vom 15.07.1998; *HHSp-Rüping*, § 379 Rn 74; *Tipke/Kruse-Brandis*, § 154 Rn 16.

527 *Kohlmann*, § 379 Rn 38; *Klein-Wisser*, § 379 Rn 4.

Daher droht auch aus diesem Grund bei einer Haftung gem. § 72 AO eine doppelte Inanspruchnahme des Verbandes.

Schließlich muss bei einem Verstoß gegen § 154 Abs. 2 AO zudem immer an eine Beihilfe zur Steuerhinterziehung durch die Bankmitarbeiter gedacht werden, was zum einen eine Haftung nach § 70 AO begründen kann und zum anderen die Verhängung einer Geldbuße gem. §§ 370, 370a AO, 27 StGB, 9, 130, 30 OWiG, wiederum gegen den Verband selbst, ermöglicht. Auch bei einem Mitwirken der Bankangestellten an einer Verletzung des § 154 Abs. 1 AO durch den Kunden ist an eine Beihilfe zur Steuerhinterziehung zu denken. Dies betrifft insbesondere so genannte „Auslandsüberweisungsfälle".

Entscheidend ist daher, inwieweit in solchen Handlungen der Bankmitarbeiter zugleich eine Beihilfe zur Steuerhinterziehung erblickt werden kann.[528]

Ein Verstoß etwa bei einer Kontoeröffnung spielt sich dabei zwar noch im bloßen Vorbereitungsstadium[529] ab, doch genügt für eine Beihilfe eine Hilfeleistung bereits zu diesem Zeitpunkt[530], sofern es später zu einer tatbestandsmäßigen und rechtswidrigen Haupttat kommt (wobei auch ein bloßer Eintritt in das Versuchsstadium ausreicht).

Bei einer gewerbsmäßigen Steuerhinterziehung gem. § 370a AO kommt außerdem § 30 Abs. 2 AO für die Bankmitarbeiter in Betracht, sofern diese als Mittäter angesehen werden könnten[531]. Durch eine solche Mitwirkung gelingt es den Banken, ihre Kunden enger an sich zu binden, wodurch nicht nur ein Gebührenvorteil, sondern zugleich auch ein nicht zu unterschätzender Vertrauensvorteil entsteht, dem durchaus auch ein messbarer wirtschaftlicher Wert zukommt, da zufriedene Kunden nicht nur zusätzliche Leistungen eher bereit sind anzunehmen, sondern auch die Bank weiterempfehlen. Schließlich gelangt die Bank auf diese Weise an zusätzliches Kapital, was wiederum eine eigene Kreditaufnahme verbilligt. Dennoch ist ein solcher Tatbeitrag noch nicht ausreichend, um eine mittäterschaftliche Stellung begründen zu können, da das Bestreben des Kunden, Steuern zu „sparen", pro rata betrachtet den wirtschaftlichen Vorteil der Bank nicht nur weit überwiegt, sondern zusätzlich auch noch absolut im Vordergrund steht. Daher ist eine Strafbarkeit der Bankmitarbeiter nach § 30 Abs. 2 StGB i. V. m. § 370a AO abzulehnen.[532]

---

528 *Pelz*, WM 2003, 1661 ff.

529 *Schwarz*, § 154 Rn 10.

530 BGHSt 14, 123; 16, 12; 28, 348; StV 83, 138; NJW 1985, 1035; *LK-Roxin*, § 27 Rn 31; *Tröndle-Fischer*, § 27 Rn 2; *Wessels/Beulke*, Rn 583.

531 BGH NStZ 1982, 244; NStZ 1993, 138; NStZ-RR 2002, 74; *Tröndle-Fischer*, § 30 Rn 12.

532 Ebenso *Löwe-Krahl*, Steuerhinterziehung bei Bankgeschäften, S. 22 f., der in einem solchen Fall keinen gemeinsamen Tatentschluss annehmen will.

Es bleibt allerdings eine Strafbarkeit der Bankangestellten bei einem Verstoß gegen § 154 Abs. 2 AO wegen Beihilfe zu einer Steuerhinterziehung übrig[533], für die gegen den Verband eine Geldbuße gem. §§ 9, 130, 30 OWiG verhängt werden kann.

Ob Gleiches auch bei Auslandstransfers zu gelten hat, ist äußerst umstritten[534]. Hierunter sind solche Konstellationen zu verstehen, bei denen Bankmitarbeiter an anonymisierten Übertragungsvorgängen ins Ausland mitwirken. Der Bundesgerichtshof hat in seinem Urteil vom 01.08.2000[535] eine solche Strafbarkeit der Bankmitarbeiter bejaht. Erhebliche Bedeutung kommt dabei einer Beihilfehandlung durch sog. „neutrale Alltagshandlungen"[536] zu, wobei der Bundesgerichtshof die Abgrenzung hierbei auf subjektiver Tatbestandsebene vornehmen will.[537] Jedenfalls in solchen Fällen, in denen der Bankmitarbeiter von den illegalen Absichten der Kunden wusste[538], ist eine strafbare Beihilfehandlung bei anonymisierten Auslandstransfers anzunehmen.[539] *Hamacher*[540] lehnt dieses Ergebnis allerdings als einen Verstoß gegen das europäische Gemeinschaftsrecht ab. Unter Berufung auf das EuGH-Urteil vom 23.02.1995[541] er-

---

533 So auch *Löwe-Krahl*, Steuerhinterziehung bei Bankgeschäften, S. 79 ff. Daneben kommt u. U. auch eine Begünstigung gem. § 257 StGB, § 369 Abs. 1 Nr. 4 AO in Betracht, doch scheidet hierbei eine Haftung aus (vgl. dazu auch oben Fußnote 497).

534 Vgl. hierzu nur *Löwe-Krahl*, Steuerstrafrechtliche Risiken typischer Banktätigkeiten, S. 10 ff.; *ders.*, Verantwortung von Bankangestellten, S. 19 ff.; *ders.*, Steuerhinterziehung bei Bankgeschäften, S. 23 ff.; *ders.*, wistra 1995, 201 ff.; *Franz/Gast/Joecks-Joecks*, § 370 Rn 251 ff.; *ders.*, Beilage Nr. 1 WM 1998, 11 ff.; *Carl/Klos* DStZ 1991, 24 ff.; *Leisner*, BB 1994, 1941; *ders.* BB 1995, 525; *Trazaskalik*, DB 1994, 550; *Streck/Mack*, BB 1995, 2137 ff.; *Ransiek*, wistra 1997, 41 ff.; *Behr*, wistra 1999, 245 ff.; *Streck*, WM 1999, 719 ff.; *Burhoff*, PStR 2000, 154 ff.; *Herzer/Vogt*, StraFo 2000, 39 ff.; *Samson/Schillhorn*, wistra 2001, 1 ff.

535 wistra 2000, 340 ff. mit Anmerkung *Jäger*, wistra 2000, 344 ff.

536 Vgl. hierzu umfassend *Wohlleben*, Beihilfe durch äußerlich neutrale Handlungen.

537 Kritisch hierzu *Franz/Gast/Joecks-Joecks*, § 370 Rn 251 aE; ablehnend *Samson/Schillhorn*, wistra 2001, 10; zustimmend dagegen *Jäger*, wistra 2000, 346.

538 Weiß der Bankmitarbeiter dagegen nicht genau über die illegalen Absichten der Kunden Bescheid, so genügt es nach der Entscheidung des Bundesgerichtshofs vom 1. August 2000 (wistra 2000, 340 ff.) nicht, wenn lediglich die Möglichkeit eines strafbaren Handelns erkannt wird. Vielmehr muss auch noch hinzukommen, dass das von dem Bankmitarbeiter erkannte Risiko strafbaren Handelns des von ihm unterstützten Kunden derart hoch ist, dass er sich die „Förderung eines erkennbar tatgeneigten Täters angelegen sein" (wistra 2000, 342 unter Rekurs auf BGH wistra 1999, 459) lässt. Wann diese Voraussetzungen vorliegen, ist dabei eine Frage des Einzelfalles, bei der sich eine generalisierende Betrachtungsweise von vornherein verbietet (ausführlich zu der ganzen Problematik *Kohlmann*, § 370 Rn 17.8).

539 Erst recht muss dies bei einer Verletzung der Pflicht aus § 154 Abs. 2 AO gelten (so auch *Franz/Gast/Joecks-Joecks*, § 370 Rn 251a).

540 *Hamacher*, DB 1995, 2287 ff.

541 EuGH Slg. 1995, S. I-361. Darin hatte der EuGH über eine spanische Regelung zu entscheiden, wonach die Ausfuhr von Bargeld ab einer bestimmten Höhe von einer Anmeldung bei der zuständigen Verwaltungsstelle und ab Erreichen einer weiteren höheren

blickt er in einer solchen Bestrafung eines Verhaltens nicht nur ein bedingtes, sondern ein unbedingtes Verbot, welches insbesondere den freien Kapital- und Zahlungsverkehr gem. Art. 56 EGV gemeinschaftsrechtswidrig einschränken würde. Dem kann allerdings so nicht zugestimmt werden. Zwar ist auch auf den Kapital- und Zahlungsverkehr die zur Warenverkehrsfreiheit entwickelte Dassonville-Formel[542] grundsätzlich anzuwenden. Danach stellt jede Maßnahme eines Mitgliedstaates, die direkt oder indirekt, tatsächlich oder im weiteren Sinne den freien Handel unter den Mitgliedstaaten beeinträchtigen könnte, einen Verstoß gegen die Grundfreiheiten dar.[543] Nach der Cassis de Dijon Entscheidung des EuGH[544] sind allerdings solche Beschränkungen gerechtfertigt, welche aus zwingenden Erfordernissen des Gemeinwohls erforderlich sind und nicht diskriminierend wirken. Ein solcher Belang des Gemeinwohls ist dabei auch die Sicherung und die damit verbundene effektive Kontrolle des staatlichen Steueraufkommens. Dafür ist aber eine gewisse Transparenz – und nichts anderes soll durch § 154 AO und die damit verbundenen Ordnungswidrigkeiten- und Strafbarkeitsregelungen gewährleistet werden – des innergemeinschaftlichen Kapitalverkehrs unabdingbar. Ein Verstoß gegen Gemeinschaftsrecht kann daher nicht angenommen werden.

In Fällen der Beihilfe zur Steuerhinterziehung durch die Bankangestellten kann es daher zu einer Haftung der Bank gem. § 70 AO kommen, zudem droht eine Geldbuße gem. §§ 9, 130, 30 OWiG.

Zusammenfassend ist daher festzustellen, dass bei einer Haftung nach § 72 AO eine doppelte Inanspruchnahme des Verbandes durch Verhängung einer Geldbuße gem. § 30 OWiG droht. Gleiches gilt bei einer sich aus §§ 370, 370a AO, 27 StGB ergebende Haftung gem. § 70 AO.

(3) Sonstige Haftungsmöglichkeiten

Begehen die Mitarbeiter eines Verbandes eine Steuerhinterziehung oder eine Steuerhehlerei bzw. nehmen an einer solchen teil, so haften diese selbst gem. § 71 AO. Auch ist eine Haftung nach § 69 AO, etwa bei Begehung einer Steuer-

Schwelle gar von deren Genehmigung abhängig gemacht wurde. Wurde dagegen verstoßen, so konnte dies strafrechtlich geahndet werden. Diese Konstellation ist aber mit der des § 154 AO nicht vergleichbar: danach ist weder eine Anmeldung noch eine Genehmigung notwendig, vielmehr soll der Vorgang lediglich transparent gestaltet werden, um evtl. bestehende Steueransprüche realisieren zu können.

542 EuGH vom 11.07.1974 Rs. 8/74, RIW 1975, S. 284.

543 Der Anwendungsbereich der Dassonville-Formel wurde durch die sog. „Keck-Formel" eingeschränkt, wonach diese nur auf produktbezogene Regelungen, nicht aber auf Vertriebsmodalitäten Anwendung findet, da Vertriebsmodalität für alle Mitgliedstaaten gleichermaßen gelten und somit nicht geeignet sind, den innergemeinschaftlichen Handel zu beeinträchtigen.

544 EuGH Rs. 120/78, Slg. 1979, S. 649

ordnungswidrigkeit, möglich. Eine solche Haftung kommt aber nur bei den in den §§ 34, 35 AO bezeichneten Personen in Betracht. Begeht daher ein „einfacher“ Mitarbeiter eine Steuerordnungswidrigkeit, so haftet dieser dafür gem. § 69 AO nicht. Allerdings haften in solchen Fällen vielfach die in den §§ 34, 35 AO bezeichneten Personen. Zwar findet eine Zurechnung fremden Verschuldens nicht statt[545], doch kommt eine Haftung insofern in Betracht, als der Vertreter die ihm obliegenden steuerlichen Pflichten auf die Mitarbeiter übertragen hat, diese jedoch nicht sorgfältig ausgewählt und ihre Tätigkeit nicht regelmäßig überwacht hat[546]. Eine solch sorgfältige Auswahl und die Überwachung gehören nämlich ebenfalls zu den dem Vertreter etc. obliegenden steuerlichen Pflichten. Verletzt der Vertreter etc. diese Pflicht vorsätzlich oder grob fahrlässig, so kann dies zu einer Haftung gem. § 69 AO führen.

In den meisten dieser Fälle wird es aber dennoch nicht zu einer Inanspruchnahme des betroffenen Mitarbeiters bzw. der betroffenen Person i. S. d. §§ 34, 35 AO kommen, da der Verband in aller Regel diese Haftungsschuld „übernimmt“. Man kann sogar daran denken, dass der Verband im Innenverhältnis dazu verpflichtet ist, die betroffene Person i. S. d. §§ 34, 35 AO schadlos zu halten. Eine solche Verpflichtung zur Übernahme von diesen Haftungsansprüchen könnte sich dabei aus einem arbeitsrechtlichen Freistellungsanspruch gem. den Grundsätzen zum innerbetrieblichen Schadensausgleichs nach § 670 BGB analog ergeben. Eine solche Fürsorgepflicht des Dienstherrn gegenüber dessen Bediensteten ist dabei rechtlich durchaus vorstellbar und nicht so ohne weiteres von der Hand zu weisen.[547]

§ 670 BGB ermöglicht es dabei dem Führer eines Geschäfts zunächst einmal, für alle Aufwendungen, die dieser zum Zwecke des Auftrags gemacht hat und die dieser den Umständen nach auch für erforderlich halten durfte, vom Geschäftsherrn Ersatz zu verlangen. Nun sind Aufwendungen allerdings freiwillige Vermögensopfer, wovon bei Haftungsansprüchen nicht mehr die Rede sein kann. Da bei einer Geschäftsführung für einen anderen allerdings nicht nur immer freiwillige, sondern eben auch „unfreiwillige“ Vermögensopfer in Form eines eingetretenen Schadens erbracht werden, billigt man gerade auch im Arbeitsrecht gem. § 670 BGB analog auch ein Anspruch auf Ersatz all derjenigen Schäden zu, die bei Erbringung der Arbeitsleistung entstehen.[548] Voraussetzung ist allerdings, dass der Schaden nicht dem Lebensbereich des Arbeitnehmers entspringt, sondern aus dem Betätigungsfeld für den Arbeitgeber fließt

---

[545] BFH BStBl. 1995, 278; BFH/NV 1996, 2; *Klein-Rüsken*, § 69 Rn 99.

[546] BFH/NV 1988, 220; BFH/NV 1989, 757; BFH/NV 1991, 209; FG München, EFG 2001, 1254; *HHSp-Boeker*, § 69 Rn 42; *HHSp-Boeker*, § 34 Rn 55; *Tipke/Kruse-Kruse/Loose*, § 69 Rn 27.

[547] *Hassemer*, JuS 1991, 694; *Kapp*, NJW 1992, 2799 f.

[548] BAG NJW 1989, 316; BAG NJW 1995, 2372.

und der Arbeitnehmer diesen nicht selbst tragen muss, etwa weil er hierfür eine extra Vergütung erhält.

Problematisch hieran ist allerdings, dass die Mitarbeiter hierbei vorsätzlich bzw. grob fahrlässig gehandelt haben müssen, um eine Haftung zu begründen. In solchen Fällen kann sich der Mitarbeiter grundsätzlich nicht auf eine zumindest anteilige Freistellung durch den Arbeitgeber berufen. Etwas anderes kann sich ausnahmsweise im Falle grober Fahrlässigkeit nur dann ergeben, wenn der Arbeitnehmer sich einem besonders hohen Schadensrisiko ausgesetzt sieht und kein entsprechend hohes Entgelt als Äquivalent dem gegenüber steht[549]. Zwar kann von einem besonders hohen Schadensrisiko nicht ausgegangen werden, doch ist fraglich, ob dem nicht der Fall gleichstehen muss, wenn der Verband von seinen Mitarbeitern (insbesondere bei den Bankenfällen) ein pflichtwidriges Verhalten geradezu abverlangt. Dies ist jedoch abzulehnen. Ein rechtswidriges Begehren seitens des Arbeitgebers darf der Arbeitnehmer zurückweisen, er ist sogar gehalten, sich rechtstreu zu verhalten. Nur ganz ausnahmsweise (etwa bei sonst drohendem Jobverlust) kann sich aus § 242 BGB etwas anderes ergeben. Bei Organen, Vertretern etc. des Verbandes ist dies aber in jedem Fall abzulehnen, da diese unmittelbar selbst die Geschicke des Verbandes leiten. In aller Regel besteht daher keine rechtliche Verpflichtung zur Haftungsübernahme. Gestützt wird dieses Ergebnis auch dadurch, dass in diesen Fällen ein Auseinanderfallen von zugeflossenem wirtschaftlichen Vermögen (beim Verband) und Tragung der Nachteile (durch den in §§ 34, 35 AO aufgeführten Personenkreis) hier gerade nicht eintritt, da es in aller Regel zu einer Verhängung einer Geldbuße gegen den Verband gem. § 30 OWiG und somit zu einer Abschöpfung des erlangten Vorteils beim Verband kommen wird. Schließlich wird in aller Regel der Verband deutlich solventer sein, so dass eine Haftungsinanspruchnahme vornehmlich diesen treffen wird. Nur ganz ausnahmsweise kann hiervon im Rahmen einer Billigkeitsentscheidung gem. § 242 BGB abgewichen werden.

Besteht demnach grundsätzlich zwar keine Pflicht zur Übernahme dieser Ansprüche, so wird der Verband die gegen den Mitarbeiter bestehenden Haftungsansprüche oder Geldauflagen bzw. Geldstrafen in aller Regel aber dennoch freiwillig übernehmen.[550] Dann aber droht auch hier eine doppelte Inanspruchnahme des Verbandes, so dass auch in diesen Fällen die Frage virulent wird, wie die aus der Haftung des Mitarbeiters resultierenden Aufwendungen des Verbandes bei der zu verhängenden Geldbuße Berücksichtigung zu finden haben. Zur Berücksichtigungsfähigkeit von einer solch freiwilligen Übernahme fremder Haftungsschulden etc. im Rahmen des § 30 OWiG später unter b.bb. mehr. Zu

---

549 So etwa BAG NZA 1990, 97; BAG NJW 1999, 966; anders aber BAG NJW 1998, 1810 in einem Fall „gröbster" Fahrlässigkeit

550 Zu den Beweggründen hierfür und den daraus möglichen strafrechtlichen Konsequenzen vgl. näher unten im 4. Kapitel.

den daneben möglichen strafrechtlichen Konsequenzen insbesondere bei Übernahme von aus den begangenen Steuerstraftaten und Steuerordnungswidrigkeiten resultierenden Geldauflagen und Geldstrafen genauer im 4. Kapitel.

bb) Übrige Voraussetzungen für den Erlass eines Haftungsbescheides, § 191 AO

§ 191 AO regelt neben § 192 AO die Inanspruchnahme des Haftenden. Danach bedarf es in den Fällen einer gesetzlichen Haftung eines Verwaltungsaktes, eines sog. Haftungsbescheides. Da die Haftung zur Steuerschuld akzessorisch ist[551], kann ein Haftungsanspruch nur dann entstehen, wenn und soweit auch eine Steuerschuld entstanden ist. Voraussetzung hierfür ist allerdings nicht, dass zuvor bereits die Steuerschuld durch Steuerbescheid festgesetzt wurde.[552] Kein Haftungsbescheid kann allerdings im Falle der §§ 191 Abs. 5 S. 1 Nr. 1, 2 ergehen, wenn also eine Festsetzungs- oder Zahlungsverjährung bereits eingetreten ist oder die Steuer dem Steuerschuldner gem. § 163 AO bzw. § 227 AO erlassen wurde. Im Falle einer Haftung aus einer begangenen Steuerhinterziehung oder Steuerhehlerei gilt diese Einschränkung jedoch gem. § 191 Abs. 5 S. 2 AO nicht. Fraglich ist, ob diese Haftungsbeschränkung auch dann gilt, wenn lediglich eine Teilnahme an der Steuerhinterziehung oder an der Steuerhehlerei vorliegt. Der Wortlaut der Vorschrift ist insoweit allerdings eindeutig, als er die Teilnahme im Gegensatz zu den §§ 71, 169 Abs. 2 S. 2 AO gerade nicht erwähnt. Im Umkehrschluss daraus ist daher zu folgern, dass § 191 Abs. 5 S. 2 AO die Teilnahme nicht erfasst.[553]

Der Behörde steht hinsichtlich des Erlasses eines Haftungsbescheids nicht nur ein Entschließungs-, sondern auch ein Auswahlermessen zu. Hierbei gelten die allgemeinen Grundsätze des § 5 AO, so dass sich Entschließungs- wie Auswahlermessen als fehlerhaft erweisen, wenn Gesichtspunkte tatsächlicher oder rechtlicher Art dabei außer Acht gelassen wurden, die nach Sinn und Zweck der Ermessenvorschrift zu berücksichtigen gewesen wären.[554]
Hinsichtlich des Entschließungsermessens ist dabei besonders die Durchsetzbarkeit der Erstschuld gegen den Steuerschuldner von Bedeutung.[555] Auch im Rahmen des Auswahlermessens muss die vorrangige Heranziehung des Steuerschuldners von Bedeutung sein.[556] Insbesondere allerdings bei einem Verstoß gegen § 154 AO bzw. bei einer Unterstützung im Rahmen eines anonymisierten Kapitaltransfers ins Ausland durch die Bank können die Steuerschuldner

551 Vgl. hierzu ausführlich *Nacke*, Haftung, Rn 464 ff.; *Halaczinsky*, Haftung, Rn 513 ff.
552 BFH BStBl. II 1973, 573; *Halaczinsky*, Haftung, Rn 515.
553 I. Erg. ebenso: *Klein-Rüsken*, § 191 Rn 113.
554 BFH/NV 1989, 274.
555 BFH BStBl. II 1989, 647; BFH/NV 1991, 283.
556 BFH BStBl. II 1985, 660; FG Köln, EFG 1984, 506; Hessisches FG, EFG 1989, 482; *Tipke/Kruse-Kruse*, § 191 Rn 44.

oftmals nicht mehr ermittelt werden; insofern verbleibt es dann bei einer Inanspruchnahme des Haftungsschuldners.

Gibt es mehrere Haftungsschuldner, so haften diese der Finanzbehörde dabei gem. § 44 AO als Gesamtschuldner; die Finanzbehörde muss im Rahmen ihres Auswahlermessens entscheiden, welchen Haftungsschuldner sie in Anspruch nehmen will.[557] Ein zulässiges Kriterium ist dabei die bessere Befriedigungsmöglichkeit, was insbesondere im Verhältnis von der Haftung des Mitarbeiters zum Verband von Bedeutung ist.

cc) Die Bedeutung des § 219 AO

Eine weitergehende Einschränkung der Inanspruchnahme des Haftungsschuldners regelt § 219 AO. Danach darf dieser nur dann auf Zahlung in Anspruch genommen werden, soweit die Vollstreckung in das bewegliche Vermögen des Steuerschuldners ohne Erfolg geblieben oder anzunehmen ist, dass die Vollstreckung aussichtslos sein würde. Diese Regelung geht dabei auf die Rechtsprechung zu § 118 RAO zurück.[558]

Die Zahlungsaufforderung gem. § 219 S. 1 AO stellt dabei einen (zu § 191 AO) selbständigen Verwaltungsakt dar, gegen den wiederum mittels eines Einspruchs vorgegangen werden kann. Die Bedeutung des § 219 S. 1 AO ist dabei darin zu sehen, dass zwar in vielen Fällen ein durchaus berechtigtes Interesse der Finanzverwaltung an einer „Verbreiterung" der Anspruchsgrundlage auf mehrere Personen zur Sicherung des Steueranspruchs besteht, es jedoch nicht jedem Fall geboten erscheint, neben dem Steuerschuldner noch andere Personen in Anspruch zu nehmen.

Eine Einschränkung zu diesem Grundsatz enthält § 219 S. 2 AO. Einer Vollstreckung in das bewegliche Vermögen des Steuerschuldners bzw. eine absehbare Erfolglosigkeit einer solchen Vollstreckung bedarf es nicht, wenn die Haftung auf § 6 Abs. 1, 3 und 5, § 8 Abs. 3, § 40a Abs. 1 oder auf § 41 Abs. 2, 5 und 8 des Zollgesetzes beruht oder darauf, dass der Haftungsschuldner eine Steuerhinterziehung oder eine Steuerhehlerei begangen hat oder gesetzlich verpflichtet war, Steuern einzubehalten und abzuführen oder zu Lasten eines anderen zu entrichten. § 219 S. 2 AO ist dabei synchron zu § 191 Abs. 5 S. 2 AO zu lesen, so dass auch hier eine bloße Teilnahme an einer Steuerhinterziehung oder einer Steuerhehlerei nicht genügt; insofern ist der Wortlaut des

---

557 BFH BStBl. II 1990, 363; 1990, 1008; *HHSp-Boeker*, § 191 Rn 65; *Tipke/Kruse-Kruse*, § 191 Rn 43; *Klein-Rüsken*, § 191 Rn 60; *Harder*, DB 1988, 2022.

558 *Tipke/Kruse-Kruse*, § 219 Rn 1. Der BFH hat daraus zum Teil schlechthin auf die Subsidiarität der Haftung geschlossen (BFH BStBl. II 1968, 376; 1973, 573; BFH/NV 1995, 950).

§ 219 S. 2 AO eindeutig.[559]

Von Bedeutung ist § 219 AO insbesondere auch bei einer evtl. Berücksichtigung von Steueransprüchen bei der Verbandsgeldbuße; hierzu Genaueres unten unter b.bb.

b) Art und Weise der Berücksichtigung eines Steueranspruchs

aa) Vergleichende Darstellung der Problematik bei den Verfallsvorschriften

Bevor auf die Art und Weise der Berücksichtigung eines Steueranspruchs bei § 17 Abs. 4 OWiG eingegangen wird, soll zum Vergleich zunächst das Verhältnis von Steueranspruch und den Verfallsregelungen der §§ 73 ff. StGB und des § 29a OWiG dargestellt werden.

(1) Steueranspruch und die Verfallsvorschriften der §§ 73 ff. StGB

§ 73 Abs. 1 Satz 1 StGB eröffnet dem Gericht die Möglichkeit, den Verfall des für oder aus der rechtswidrigen Tat Erlangten anzuordnen. Im Steuerstrafverfahren wird dabei der zuständigen Finanzbehörde gem. § 401 AO das Recht eingeräumt, einen Antrag auf selbständige Anordnung des Verfalls zu stellen. Dabei besteht hinsichtlich der genauen Funktion des § 401 AO Streit. Während *Hellmann*[560] von § 401 AO lediglich eine klarstellende Wirkung ausgehen sieht, soll nach Ansicht von *Joecks*[561] und *Gast-de Haan*[562] diese Vorschrift zur Beschleunigung des Verfahrens und der Entlastung der Staatsanwaltschaft dienen. Da die Finanzbehörde nicht nur auf die reine Sachverhaltserforschung beschränkt ist, sondern auch rechtliche Verfügungen bis zum Ende des Ermittlungsverfahrens treffen kann (wie etwa auch die Einstellung des Verfahrens mangels hinreichendem Tatverdacht gem. § 170 Abs. 2 StPO), ist § 401 AO nur die konsequente Folge aus der Zuständigkeit der Finanzbehörde für das gesamte Ermittlungsverfahren.[563] Insofern hat § 401 AO klarstellenden Charakter. Allerdings besteht zwischen den Einstellungsregelungen der StPO einerseits und den Verfall- und Einziehungsvorschriften sowie der Anordnung einer Geldbuße andererseits doch ein erheblicher Unterschied: erstere sind zwangsläufig auch Bestandteil des Ermittlungsverfahrens, letztere hingegen nicht, so sinnvoll dies auch sein möge. Daher dient § 401 AO jedenfalls auch einer Beschleunigung des Verfahrens und

---

559 Ebenso *Tipke/Kruse-Kruse*, § 219 Rn 5a; *Klein-Rüsken*, § 219 Rn 8; aA dagegen *Müller*, DStZ 1998, 449.

560 *HHSp-Hellmann*, § 401 Rn 5.

561 *Franz/Gast/Joecks-Joecks*, § 401 Rn 2.

562 *Klein-Gast-de Haan*, AO, § 401 Rn 1, der diesem Streit in Anbetracht des nur geringen Anwendungsbereichs von § 401 AO nur sehr geringe Bedeutung beimisst.

563 Vgl. dazu *Hellmann* in *HHSp* § 401 Rn 5; aA dagegen *App*, wistra 1990, 261.

mittelbar zudem einer Entlastung der Staatsanwaltschaft.

§ 73 StGB wie § 401 AO gemeinsam aber ist, dass im Rahmen der Verfallsanordnung § 73 Abs. 1 Satz 2 StGB Berücksichtigung finden muss.
Danach kann das Gericht einen Verfall nicht anordnen, wenn dem Verletzten aus der Tat ein Anspruch erwachsen ist, dessen Erfüllung dem Täter oder Teilnehmer den Wert des aus der Tat erlangten entziehen würde. Diese Regelung folgt dabei aus dem Wesen des Verfalls. Etwaige Ausgleichsansprüche des aus der Tat Verletzten sollen durch den Verfall weder beeinträchtigt noch verhindert werden; Individualansprüche haben daher Vorrang vor etwaigen Abschöpfungen des rechtswidrig erlangten zu Gunsten der Staatskasse.[564]

Hier gilt es dabei zunächst zu klären, ob auch der Fiskus als Steuergläubiger überhaupt „Verletzter" im Sinne des § 73 Abs. 1 S. 2 StGB sein kann.

Teile der Literatur[565] erkennen den Staat in seiner Rechtsstellung als Steuergläubiger nicht als Verletzten im Sinne des § 73 Abs. 1 S. 2 StGB an. Zweck der Vorschrift sei vielmehr, den Strafrichter nicht über komplizierte zivilrechtliche Ansprüche entscheiden zu lassen. § 73 Abs. 1 S. 2 StGB sei - wie aus der Gesetzesbegründung gefolgert werden könne - auf zivilrechtliche Ansprüche Privater begrenzt. Zudem sei dem Staat der Anspruch nicht „aus der Tat" erwachsen, vielmehr entstehe der Anspruch gemäß § 38 AO mit Verwirklichung des Besteuerungstatbestandes. Eventuelle Härtefälle, die sich durch Nachzahlung der verkürzten Steuer ergeben könnten, ließen sich problemlos mit der Härteklausel des § 73c Abs. 1 S. 2 StGB lösen.[566] Ganz ähnlich argumentiert *Joecks*[567], wenn er den Streit dahingestellt lässt, da in jedem Fall nach Entrichtung der hinterzogenen Steuern das Gericht von der Anordnung des Verfalls gemäß § 73c Abs. 1 S. 2 StGB abzusehen hat. *Güntert*, der die Probleme ebenfalls sieht, verneint daher zwar auch die direkte Anwendung von § 73 Abs. 1 S. 2 StGB, bevorzugt jedoch statt dessen eine analoge Anwendung dieser Vorschrift.[568]

---

564 Vgl. dazu statt aller auch *LK-Schmidt*, § 73 Rn 34. Zum Spannungsverhältnis von Verfall und den Rechten Dritter *Kiethe/Hohmann*, NStZ 2003, 505 ff. und *Satzger*, wistra 2003, 401 ff.

565 So insbesondere *Bender*, ZfZ 1976, 141; *ders.*, ZfZ 1978, 268; *Brenner*, DRiZ 1977, 204; *ders.*, StBp 1978, 89; *Herold*, ZfZ 1975, 303; *Horn* in SKStGB, § 73 Rn 17; *Pfaff*, DStZ 1979, 363; *ders.* StBp 1980, 115.

566 So ausdrücklich *Bender*, ZfZ 1978, 269; *Horn* in SKStGB, § 73 Rn 17.

567 *Franzen/Gast/Joecks-Joecks*, § 401 Rn 4.

568 *Güntert*, Gewinnabschöpfung, S. 76.

Die ganz herrschende Meinung sowohl im Schrifttum[569] als auch die Rechtsprechung[570] betrachten den Steuerfiskus dagegen als „Verletzten" im Sinne des § 73 Abs. 1 S. 2 StGB. Die Beschränkung auf zivilrechtliche Ersatzansprüche Privater findet im Wortlaut keine Stütze. Vielmehr erfordert es gerade der Grundgedanke des § 73 Abs. 1 StGB zwischen Ansprüchen Privater und solchen des Staates keinen Unterschied zu machen. In beiden Fällen sollen die durch die rechtswidrige Tat erlangten Vorteile nicht zu deren Lasten für verfallen erklärt werden. Zwischen Steuerfiskus und Justizfiskus besteht nämlich keine Identität, wie gerade die Konstellation verdeutlicht, wenn der betroffene Steuerfiskus etwa eine Gemeinde ist, da sich in diesem Fall das Land auf Kosten der Gemeinde bereichern würde. Zum anderen besteht trotz § 73c Abs. 1 S. 2 StGB die Gefahr einer doppelten Inanspruchnahme, da es sich hierbei um eine bloße Ermessensvorschrift handelt.[571]

Schwerwiegender ist der Einwand, dass die Steueransprüche des Staates nicht „aus der Tat erwachsen" sind, sondern bereits vorher entstanden waren. In der Tat ordnet § 38 AO die Entstehung der Ansprüche aus dem Steuerschuldverhältnis mit Verwirklichung des gesetzlich bestimmten Tatbestandes, im Einkommensteuerrecht etwa gem. § 36 EStG mit Ablauf des Veranlagungszeitraums, an. Demnach erscheint es tatsächlich nur schwer vorstellbar, dass der Anspruch „aus der Tat erwachsen" sein könnte. Auch der Bundesgerichtshof hat diese Problematik in seinem Urteil vom 28.11.2000[572] gesehen und auch versucht, sie zu lösen. Dabei hat er zugleich zum ersten Mal in der Frage, ob auch der Staat Verletzter i. S. d. § 73 Abs. 1 S. 2 StGB sein kann, eindeutig Stellung bezogen.[573] Der Bundesgerichtshof unterscheidet drei Gruppen von Ansprüchen[574]: in die erste Gruppe fallen all diejenigen Ansprüche, die erst aufgrund des der Straftat zugrunde liegenden Geschehens entstehen, insbesondere Schadensersatz- und Herausgabeansprüche; in die zweite Gruppe fallen alle Ansprüche, die bereits vor der Straftat bestanden haben, die aber Gegenstand der Straftat sind; in die dritte Gruppe fallen schließlich alle sonstigen Ansprüche eines Dritten, die dem Täter oder Teilnehmer bei Erfüllung den Wert des aus der Tat Erlangten entziehen würden, ohne dass dabei ein enger Zusammenhang zwischen der Straftat und dem Anspruch besteht. Nach Auffassung des Bundesgerichtshofs fallen nur die ersten beiden Gruppen in den Anwendungsbereich von

---

569 *Dörn*, wistra 1990, 182; *Sch-Sch-Eser*, § 73 Rn 26; *HHSp-Hellmann*, § 401 Rn 29; *NK-Herzog*, § 73 Rn 18; *Käbisch*, wistra 1984, 14; *Klos*, wistra 1987, 123; *Lackner/Kühl*, § 73 Rn 6; *Meurer*, NStZ 1991, 438; *Rönnau/Hohn*, JR 2002, 301; *LK-Schmidt*, § 73 Rn 36; *Tröndle/Fischer*, § 73 Rn 13; *Wassmann*, ZfZ 2001, 352; *Werner*, PStR 2002, 10.

570 LG Aachen, NJW 1978, 385, 386; LG Berlin, wistra 1990, 157; jetzt auch BGH, wistra 2001, 97, 98.

571 Ähnlich *Gast-de Haan* in Klein, AO, § 370 Rn 115.

572 wistra 2001, 96 ff.

573 In BGHSt 45, 235, 248 hat er dies noch offen gelassen.

574 wistra 2001, 96, 98.

§ 73 Abs. 1 S. 2 StGB, nicht jedoch auch die dritte Gruppe. Erstaunlich ist dabei, dass der Bundesgerichtshof auf die in Literatur[575] wie Rechtsprechung[576] geäußerte Meinung, wonach der Steueranspruch nach § 38 AO nur „abstrakt" entstehe, es aber des Weiteren einer Konkretisierung durch das jeweilige Steueranmelde- bzw. Steuerfestsetzungsverfahren bedürfe, damit der Steueranspruch wirklich entsteht, überhaupt nicht eingeht. Nach dieser Auffassung steht ein sich aus einer Steuerstraftat ergebenden Nachzahlungsanspruch nämlich einem originär aus der Tat entstandenen Anspruch gleich, da es erst dann überhaupt zur Durchsetzung des unverkürzten Steueranspruchs kommen kann. Der Bundesgerichtshof ignoriert wie gesagt diese Auffassung und ordnet den der Entscheidung zugrunde liegenden Steueranspruch in die zweite Gruppe ein, wonach der Anspruch auch bereits vor einer Straftat bestehen kann, sofern dieser Anspruch nur Gegenstand der Straftat ist. Der Bundesgerichtshof argumentiert dabei zunächst mit dem Wortlaut von § 73 Abs. 1 S. 2 StGB, da dieser nicht erkennen lasse, dass nur solche Ansprüche umfasst sein sollen, deren Entstehung (unmittelbar) an die Verwirklichung eines Straftatbestandes selbst anknüpfen. Bei diesem (zweifelhaften) Wortlautargument belässt es der Bundesgerichtshof nicht: er argumentiert zudem mit der Funktion von § 73 Abs. 1 S. 2 StGB. Dieser soll gerade den Individualansprüchen des aus einer Straftat Verletzten Vorrang vor einer Abschöpfung des unrechtmäßig Erlangten zugunsten des Justizfiskus einräumen. Würde man aber ein unmittelbares Anknüpfen an die Verwirklichung eines Straftatbestandes voraussetzen, so käme man bei vielen Vermögensdelikten, wie z. B. beim Betrug zu einer Nichtanwendung von § 73 Abs. 1 S. 2 StGB, so dass ein Verfall auf Kosten der Individualansprüche möglich wäre. Der Anwendungsbereich von § 73 Abs. 1 S. 2 StGB würde demnach auf wenige Straftatbestände wie etwa den Diebstahl gem. § 242 StGB zusammenschrumpfen; § 73 Abs. 1 S. 2 StGB wäre nahezu wertlos.

Mit dieser Argumentation verdeckt der Bundesgerichtshof allerdings nur schwer, dass er § 73 Abs. 1 S. 2 StGB, wie *Rönnau* und *Hohn* in ihrer Anmerkung[577] zu diesem Urteil richtig bemerken, in Wirklichkeit analog anwendet und sich damit der bereits von *Güntert*[578] geäußerten Meinung sehr weit annähert. Der Wortlaut dieser Vorschrift ist – entgegen dem Bundesgerichtshof – nämlich eindeutig. Dabei hätte es dieser „leisen Analogie" meines Erachtens nicht einmal bedurft.

Richtigerweise muss bei Ansprüchen aus einem Steuerschuldverhältnis nämlich im Rahmen des § 73 Abs. 1 S. 2 StGB zwischen Ansprüchen gegen den Steuerschuldner selbst und solchen gegenüber einem Haftungsschuldner differenziert

575 So insbesondere *HHSp-Hellmann*, § 401 Rn 29.
576 LG Berlin, wistra 1990, 157, 158.
577 *Rönnau/Hohn*, JR 2002, 301.
578 *Güntert*, Gewinnabschöpfung, S. 76.

werden. Bei beiden Ansprüchen handelt es sich zwar gem. § 37 AO um solche aus einem Steuerschuldverhältnis, doch entstehen beide nicht etwa unmittelbar mit dem jeweiligen Steuerschuldverhältnis, sondern vielmehr handelt es sich hierbei nur um die erste Voraussetzung, an die weitere, ganz unterschiedliche Tatbestandsmerkmale anknüpfen müssen, um einen solchen Anspruch begründen zu können.

Lediglich bei Steueransprüchen gegen den Steuerschuldner selbst kann die oben genannte Kritik, wonach dieser bereits durch § 38 AO entstanden ist, meines Erachtens überhaupt nur ansetzen. Dem muss aber zu Recht mit den bereits oben erwähnten Stimmen aus Literatur und Rechtsprechung entgegen gehalten werden, dass § 38 AO den Steueranspruch nur abstrakt, nicht jedoch in seiner konkreten Gestalt entstehen lässt. Erst nach dem Steueranmelde- und Steuerfestsetzungsverfahren wird der Anspruch überhaupt erst genau bezifferbar, anderenfalls kommt lediglich eine Schätzung gem. § 162 AO in Betracht. Dass es sich hierbei um etwas Wesentliches handelt wird daran deutlich, dass die Finanzbehörden zum einen bei späterer Kenntnis von tatsächlich höheren Steuern innerhalb der Festsetzungsverjährungsfrist den Schätzungsbescheid gem. § 173 Abs. 1 S. 1 Nr. 1 AO ändern können und sie zum anderen bei einem Schätzungsbescheid ausdrücklich darauf hinweisen, dass die Hinnahme eines zu niedrigen Schätzungsbescheides erneut eine Steuerhinterziehung darstellen kann. Allein daran wird ersichtlich, wie wichtig eine Konkretisierung durch Steueranmelde- und Steuerfestsetzungsverfahren ist. Zudem überzeugt das immer wieder[579] angeführte Argument nicht, wonach gem. § 370 AO ein (bereits bestehender) Anspruch lediglich „verkürzt“ werde, während § 73 StGB von „erwachsen“ spricht. Dieses reine Wortlautargument wird nämlich weder der Funktion noch der Bedeutung des § 73 Abs. 1 S. 2 StGB gerecht.

Daher greift bei bestehenden Steueransprüchen gegen den Steuerschuldner selbst § 73 Abs. 1 S. 2 StGB ein, mit der Folge, dass ein Verfall danach nicht angeordnet werden darf.

Der vom Bundesgerichtshof zu entscheidende Fall betraf diese Konstellation allerdings nicht, vielmehr musste er sich mit einem Haftungsanspruch auseinander setzen, welcher sich dadurch ergab, dass der Angeklagte unverzollte und unversteuerte Zigaretten im Inland weiterveräußerte und sich somit einer Steuerhehlerei gem. § 374 Abs. 1, Var. 1 AO strafbar machte, mit der Folge, dass gem. § 71 AO für die entstandenen Steuerausfälle eine Haftung des Angeklagten entstand. Diesen Haftungsanspruch ordnete der Bundesgerichtshof nun in die zweite von ihm gebildete Gruppe ein, obwohl er ihn - wie *Rönnau/Hohn*[580] zutreffend hinweisen - der Sache nach eigentlich wie einen Schadensersatzanspruch behandelt

[579] Siehe nur *Bender*, ZfZ 1978, 269.
[580] *Rönnau/Hohn*, JR 2002, 300 Fn 24.

hat. *Rönnau/Hohn*[581] unter Berufung auf *Rüsken*[582] weisen außerdem darauf hin, dass dem Steuerfiskus gegen den Haftungsschuldner kein neuer Anspruch erwächst, sondern dieser Haftungsanspruch lediglich neben dem bereits existierenden Steueranspruch gegen den Steuerschuldner entsteht.[583] Zutreffend ist daran, dass der Haftungsanspruch an das Bestehen eines Steueranspruchs gegen den Steuerschuldner akzessorisch gebunden ist. Der Sache nach handelt es sich bei einem Haftungsanspruch allerdings um einen Schadensersatzanspruch, der dem Staat gegen den Haftungsschuldner erwächst, um den durch die Steuerstraftat dem Fiskus verursachten Vermögensschaden wieder auszugleichen.[584] Mit Verwirklichung des die Haftung auslösenden Tatbestandes entsteht dabei überhaupt erst ein Haftungsanspruch in der Form eines Schadensersatzanspruches gegen den Haftungsschuldner in seiner konkreten Person. Dieser Anspruch erwächst daher unmittelbar „aus der Tat". Demnach fällt der Steuerfiskus als Haftungsgläubiger im Grundsatz ebenfalls unmittelbar in den Anwendungsbereich des § 73 Abs. 1 S. 2 StGB.

Bender[585] sieht in dieser Konstellation allerdings schon überhaupt kein mögliches Konfliktpotential, da eine Konkurrenz von Verfall- und Haftungsansprüchen in den allermeisten Fällen per se ausgeschlossen sei, weil Adressat des Verfalls nur der Steuerschuldner selbst, nicht aber der Haftungsschuldner sein könne. Dieser Annahme liegt augenscheinlich das (unausgesprochene) Postulat zu Grunde, dem Mittäter oder Teilnehmer an einer Steuerstraftat könnten keine verfallsrelevanten Vorteile entstehen. Dass dem nicht so ist, belegt bereits der Fall des Bundesgerichtshofs, so dass bei einer Haftung wegen Steuerhehlerei dieser Einwand nicht greift. Zudem können dem Mittäter oder Teilnehmer einer Steuerstraftat andere Vorteile aus der Tat erwachsen, etwa eine höhere Kreditwürdigkeit mit der Folge, leichter billigere Kredite zu erhalten, sowie Zinsen und Gebühren für die Verwaltung des Geldes oder Entgelte für die erfolgte Mithilfe, die ebenfalls Gegenstand einer Verfallsanordnung sein können. Zwischen diesen Vorteilen und den aus der Haftung folgenden Steueransprüchen besteht dabei durchaus ein gewisser innerer Zusammenhang. Eine Identität mit den hinterzogenen Steuern ist allerdings nicht vorhanden. Vielmehr handelt es sich hierbei um Kosten, die bei Inanspruchnahme durch den Steuerfiskus vom Mittäter bzw. Teilnehmer an einer Steuerstraftat zu erbringen sind. Die Gefahr einer doppelten Zahlungspflicht des Haftungsschuldners besteht in diesem Fall daher nicht. Demnach besteht insoweit auch kein Grund, auf diese Konstellation § 73 Abs. 1 S. 2 StGB anzuwenden. Mit dem Wechsel vom Netto- auf das Brutto-

581 *Rönnau/Hohn*, JR 2002, 300.
582 *Klein-Rüsken*, § 71 Rn 1.
583 Eine Sonderstellung nimmt hierbei die Haftung nach § 70 AO ein. Vgl. hierzu bereits oben unter a.aa.(1).
584 BFH BStBl. 95, 198; 95, 230; *Tipke/Kruse-Kruse/Loose*, § 71 Rn 1; *HHSp-Boeker*, § 69 Rn 7; *Ludwig*, PStR 1998, 216.
585 *Bender*, ZfZ 1978, 269.

prinzip sind diese haftungsbedingten Ausgaben nicht einmal mehr vorteilsmindernd zu berücksichtigen. Auf den ersten Blick erscheint sich hier eine Schlechterstellung des Haftungsschuldners gegenüber dem Steuerschuldner beim Verfall zu ergeben. Bei genauerem Hinsehen entpuppt sich diese Annahme allerdings als Trugschluss: der Steuerschuldner hat nämlich ebenfalls die Steuern nach zu entrichten; für darüber hinausgehende Vorteile besteht auch hier keine Gefahr einer doppelten Inanspruchnahme, so dass dafür auch ein Verfall gem. § 73 Abs. 1 S. 1 StGB angeordnet werden kann. Auch dem Steuerfiskus entstehen dadurch keinerlei wirtschaftlichen Nachteile.

Eine besondere Problemkonstellation kann sich schließlich noch aus einer Haftung gem. § 70 AO i. V. m. §§ 34, 35 AO[586] ergeben. Der Fall einer Vertretung einer natürlichen Person, die nicht zugleich Steuerschuldner ist, aber die steuerlichen Vorteile erhält, ist nur in wenigen Konstellationen denkbar. Einer umso größeren Bedeutung kommt dafür der Haftung juristischer Personen, nichtrechtsfähiger Personenvereinigungen und Vermögensmassen zu. Diese Vereinigungen haften als Haftungsschuldner für die entstandenen Steuerausfälle gem. § 70 AO i. V. m. §§ 34, 35 AO, sofern sie nicht selbst Steuerschuldner sind und zugleich besteht die Möglichkeit, gegen sie gem. § 73 Abs. 3 StGB den Verfall evtl. erlangter Vermögensvorteile anzuordnen. Voraussetzung ist aber, dass eine von §§ 34, 35 AO bezeichnete Person eine Steuerhinterziehung gem. §§ 370, 370a AO bzw. eine leichtfertige Steuerverkürzung gem. § 378 AO als Täter begangen hat oder an einer Steuerinterziehung durch Anstiftung oder Beihilfe teilgenommen hat. Wegen der Einheitstäterschaft im Ordnungswidrigkeitenrecht gem. § 14 OWiG genügt dabei auch eine Teilnahme an § 378 AO. Aufgrund des eindeutigen Wortlauts des § 70 Abs. 1 AO reicht dagegen die Begehung anderer Steuerstraftaten oder –ordnungswidrigkeiten wie etwa die Steuerhehlerei gem. § 374 AO nicht aus, um eine Haftung gem. § 70 AO zu begründen.[587] Eine Konfliktsituation wegen einer begangenen Steuerhehlerei besteht daher bei dem von § 70 AO i. V. m. §§ 34, 35 AO umfassten Personenkreis im Gegensatz zu Privatpersonen nicht.

Im Gegensatz zu den Haftungsnormen etwa der §§ 69 und 71 AO kommt § 70 AO außerdem keine Schadensersatzfunktion zu. Hier liegt der Gedanke zugrunde, dass dem Vertretenen nicht nur die Vorteile zugute kommen sollen, sondern dieser auch die Nachteile des Tuns Dritter tragen soll, wenn er sich dieser Personen bedient.[588] § 70 AO weist somit Ähnlichkeiten mit § 278 BGB auf, so dass auch hier von einer Art „Zurechnungsnorm" gesprochen werden kann. Zwingende Voraussetzung, neben dem Bestehen eines Steueranspruchs, ist daher, dass jemand aus dem Personenkreis der §§ 34, 35 AO eine von § 70 AO

586 Zu diesen Haftungsnormen vgl. bereits ausführlich oben unter a.aa.

587 *HHSp-Boeker*, § 70 Rn 14; näher dazu bereits oben unter a.aa.

588 Dazu bereits oben unter a.aa. (auch: *Tipke/Kruse-Kruse/Loose*, § 70 Rn 1).

umfasste rechtswidrige Tat begangen hat; damit resultiert aber auch ein evtl. Ersatzanspruch gegen den Verband „aus“ der Tat.

Zu beachten ist ferner, dass zwischen dem gem. § 70 AO i. V. m. §§ 34, 35 AO und dem nach § 73 Abs. 3 StGB betroffenen Personenkreis allerdings keine absolute Deckungsgleichheit besteht, da § 73 Abs. 3 StGB voraussetzt, dass die Personenvereinigung Träger eines Vermögens sein kann, dass vom Privatvermögen der einzelnen Gesellschafter oder Mitglieder unterscheidbar sein muss.[589] Soweit allerdings Deckungsgleichheit besteht, sieht sich die Vereinigung der Gefahr einer doppelten Inanspruchnahme ausgesetzt. Bei natürliche Personen (seltener) wie auch Vereinigungen, die sowohl in den Anwendungsbereich von § 70 AO i. V. m. §§ 34, 35 AO und § 73 Abs. 3 StGB fallen, besteht daher ein Konkurrenzverhältnis von Steueranspruch in Form eines Haftungsanspruchs und Verfallsanordnung. § 73 Abs. 1 S. 2 StGB muss daher auch in dieser Konstellation gelten. Ein Konfliktpotential besteht zudem auch bei § 72 AO.

Zusammenfassend ist daher festzustellen, dass auch der Staat als Steuerfiskus „Verletzter“ im Sinne des § 73 Abs. 1 S. 2 StGB sein kann.
Ein Konkurrenzverhältnis zwischen Verfall und Steueranspruch kann sich dabei allerdings nur bei Ansprüchen gegen den Steuerschuldner selbst und bei Haftungsansprüchen, die aus § 71 AO i. V. m. § 374 AO oder aus §§ 370, 370a, 378 AO i. V. m. § 70 AO i. V. m. §§ 34, 35 AO oder aus § 72 AO folgen, ergeben. In diesen Fällen greift dann zugunsten des Steuerfiskus § 73 Abs. 1 S. 2 StGB ein. Bei allen anderen Haftungsansprüchen besteht bereits von vorneherein kein Konkurrenzverhältnis, so dass sich in diesen Fällen eine Anwendung von § 73 Abs. 1 S. 2 StGB erübrigt.
Für eine Anwendbarkeit des § 73 Abs. 1 S. 2 StGB ist dabei unerheblich, ob der Anspruch auch tatsächlich geltend gemacht wird. Das von *Eser* vorgebrachte Argument, wonach ein Ausschluss gem. § 73 Abs. 1 S. 2 StGB nicht zu erfolgen hat, wenn der Verletzte „nicht oder praktisch nicht bestimmbar“[590] ist trägt im Rahmen von Steuerdelikten nicht, da hier der Verletzte immer bekannt ist. Voraussetzung ist lediglich, dass der Anspruch rechtlich noch durchsetzbar ist.[591] Bei Steueransprüchen ist hierbei vor allem die Festsetzungsverjährungsfrist gem. § 169 AO entscheidend. Danach tritt bei Steuerhinterziehungen zehn Jahre, und bei leichtfertigen Steuerverkürzungen fünf Jahre nach Beginn der Festsetzungsfrist gem. § 170 AO (unter Beachtung einer evtl. Ablaufhemmung gem.

[589] *LK-Schmidt*, § 73 Rn 51. Dieser will allerdings wie Güntert, Gewinnabschöpfung, S. 53, die Gesellschaft bürgerlichen Rechts von dem Anwendungsbereich des § 73 Abs. 3 StGB ausnehmen. Diese Auffassung muss aber nach dem Urteil des BGH NJW 2001, 1056 ff. vom 29.01.2001 aufgegeben werden, da auch die Gesellschaft bürgerlichen Rechts Trägerin eines Vermögens sein kann. Daher fällt nunmehr auch die Gesellschaft bürgerlichen Rechts in den Anwendungsbereich des § 73 Abs. 3 StGB.

[590] *Sch-Sch-Eser*, § 73 Rn 26.

[591] BGH, wistra 1984, 177; *LK-Schmidt*, § 73 Rn 41.

§ 171 AO) Festsetzungsverjährung ein.
Nach Ablauf dieser Frist ist daher ein Verfall wieder uneingeschränkt möglich, da kein rechtlich durchsetzbarer Anspruch gem. § 73 Abs. 1 S. 2 StGB mehr besteht.

Eine Besonderheit besteht zudem im Rahmen des erweiterten Verfalls gem. § 73d StGB. Während der Gesetzgeber im Rahmen des erweiterten Verfalls § 73 Abs. 1 S. 2 StGB nicht anwenden lassen will[592], steht die Literatur[593] dieser Auffassung eher skeptisch gegenüber. Insbesondere durch die erfolgte Ausdehnung des Anwendungsbereichs des erweiterten Verfalls auf eine Vielzahl von Delikten der Organisierten Kriminalität kann es nunmehr durchaus zur Konkurrenz zwischen dem staatlichen Verfallsanspruch und den Ansprüchen der Verletzten kommen; diese sind aber – mangels gesetzlicher Regelung – mit *Schmidt*[594] am besten durch eine Heranziehung der Härteregelung des § 73c StGB zu lösen.
Allerdings kommt dem erweiterten Verfall gem. § 73d StGB im Steuerstrafrecht nur eine untergeordnete Rolle zu. § 73d StGB gelangt nämlich nur dann zur Anwendung, wenn eine ausdrückliche Verweisung vorhanden ist. Eine solche besteht aber lediglich im Rahmen einer Steuerwertzeichenfälschung gem. § 148 Abs. 1 StGB i. V. m. § 150 Abs. 1 StGB, sofern der Täter als Mitglied einer Bande gehandelt hat, die sich zur fortgesetzten Begehung solcher Taten verbunden hat.

Auch der durch das Gesetz vom 19.12.2001[595] neu eingefügte § 370a AO über gewerbsmäßige oder bandenmäßige Steuerhinterziehung verfügt über keine derartige Verweisung; die allgemeine Verweisung in § 401 AO genügt dabei nicht.
Die Anwendung des erweiterten Verfalls kommt daher lediglich bei einer Fälschung von Tabaksteuerbanderolen in Betracht.[596] Kommt es dabei ausnahmsweise zu einem Konkurrenzverhältnis von Verfallsregelungen und Ansprüchen des Steuerfiskus, so gelangt mangels Regelungslücke nicht etwa § 73 Abs. 1 S. 2 StGB analog zur Anwendung, sondern es muss auf die Härteregelung des § 73c StGB zurückgegriffen werden, mit der Folge, dass dem Anspruch des Steuerfiskus Vorrang vor dem Verfall zukommt.

Kann zwar wegen § 73 Abs. 1 S. 2 StGB kein Verfall angeordnet werden, so muss darüber hinaus aber an eine Sicherstellung für Verfall, Einziehung und Gewinnabschöpfung gem. § 111b StPO gedacht werden.
Gem. § 111b Abs. 5 StPO kommt eine solche Sicherstellung nämlich auch dann

[592] BT-Drucksache 11/6623 S. 14, da nach Ansicht der Regierung Schadensersatzansprüche des Verletzten im Zusammenhang mit dem Erweiterten Verfall nicht relevant werden könnten. Ablehnend auch der BGH in BGHSt 41, 284.
[593] *Lackner/Kühl*, § 73d Rn 3; *LK-Schmidt*, § 73d Rn 7; *HHSp-Hellmann*, § 401 Rn 31.
[594] *LK-Schmidt*, §73d Rn 7.
[595] BGBl I, 2001, 3922.
[596] *HHSp-Hellmann*, § 401 Rn 30.

in Betracht, wenn ein Verfall nur deshalb nicht angeordnet werden kann, weil die Voraussetzungen des § 73 Abs. 1 S. 2 StGB vorliegen.
Ziel dieser Regelung ist zum einen, den Strafverfolgungsbehörden im Ermittlungsverfahren die schwierige Prüfung zu ersparen, ob im konkreten Fall § 73 Abs. 1 S. 2 StGB überhaupt zur Anwendung gelangt.[597] Zum anderen kann dadurch eine Sicherstellung auch lediglich zur Sicherung möglicher Ansprüche der Verletzten als sog. „Zurückgewinnungshilfe“[598] erfolgen.

Schwierigkeiten bereitet bei Steuerdelikten allerdings das Auffinden tauglicher Gegenstände, um eine solche „Zurückgewinnungshilfe“ anordnen zu können. Eintritt der Steuerverkürzung und Ermittlungsverfahren liegen nämlich meist mehrere Jahre auseinander; die durch Steuerverkürzung ersparten Aufwendungen sind daher meist mit anderen, völlig legal erworbenen Geldbeträgen vermischt oder wurden durch Surrogate wie Grundstücke, Schmuck, Kunstgegenstände etc. ersetzt, so dass eine genaue Zuordnung der vorgefundenen Vermögensgegenstände zu der begangenen Tat in aller Regel ausscheidet.[599]
Für solche (bei Steuerdelikten die Regel darstellende) Fälle kann über § 111b Abs. 2 StPO ein dinglicher Arrest gem. § 111d StPO angeordnet werden. Ein solcher ist dabei wie auch bei § 111b StPO trotz § 73 Abs. 1 S. 2 StGB möglich[600], da es keinen Unterschied machen kann, ob der ursprüngliche Gegenstand noch vorhanden ist, oder ob nur noch Wertersatz möglich ist.
Dieser dingliche Arrest muss dabei grundsätzlich gem. § 111e Abs. 1 S. 1 StPO vom zuständigen Strafrichter angeordnet werden. Besteht allerdings Gefahr im Verzug, so kann diesen auch die Staatsanwaltschaft selbst gem. § 111e Abs. 1 S. 1 StPO anordnen. Bei Steuerdelikten kommt diese Befugnis im Ermittlungsverfahren gem. § 399 Abs. 1 AO der zuständigen Finanzbehörde zu.

Die Finanzverwaltung verfügt aber zudem noch über die Möglichkeit, gem. §§ 324 ff. AO einen Steuerarrest anzuordnen. Zwischen den §§ 111b ff. StPO und § 324 ff. AO besteht daher ein Konkurrenzverhältnis.
Klos[601] und *Käbisch*[602] wollen dies mit einem Vorrang der Anordnung des Steuerarrests gem. §§ 324 ff. AO beantworten, so dass sich ein Vorgehen der Steuerfahndung im Verfallswege komplett erübrigen würde. Dies sei nämlich der von der Abgabenordnung vorgesehene und adäquate Weg, mit dem der Fiskus sei-

---

597 *Meyer-Goßner*, StPO, § 111b Rn 5.
598 *SKStPO-Rudolphi*, § 111b Rn 9.
599 So zutreffend *Gast-de Haan* in Klein, AO, § 399, Rn 46; *Dörn*, wistra 1990, 182; *Käbisch*, wistra 1987, 12; *Klos*, wistra 1987, 123. *Werner*, PStR 2002, 11 weist darauf hin, dass in der Praxis § 111b StPO daher nur in den seltensten Fällen zur Anwendung gelangt. Zu solch möglichen Fällen vgl. *Klos*, wistra 1987, 124.
600 *Meyer-Goßner*, StPO, § 11d Rn 4; LG Berlin, NStZ 1991, 437; *Dörn*, wistra 1987, 182; *Achenbach*, Blau-FS, S. 17.
601 *Klos*, wistra 1987, 124.
602 *Käbisch*, wistra 1987, 14.

nen Steueranspruch sichern könne. Zudem bestehe im Vergleich zur „Zurückgewinnungshilfe" eine ganz andere Interessenlage, da der Steuerfiskus seinen „originären Steueranspruch erstmals"[603] durchsetzen und nicht die durch eine Straftat verlustig gewordenen Vermögenswerte wieder zurückholen wolle.

Dies vermag jedoch nicht zu überzeugen. Zum einen sieht die Abgabenordnung mit § 399 AO einen genau so „adäquaten" Weg wie mit den §§ 324 ff. AO vor. Es ist nicht recht einsichtlich, inwieweit die Abgabenordnung zwischen den §§ 324 ff. AO und § 399 AO ein Rangverhältnis zugunsten der Anordnung des Steuerarrestes treffen wollte.
Der zusätzlich von *Käbisch*[604] vorgebrachte Einwand geht zudem ersichtlich davon aus, den Steuerfiskus nicht als Verletzten im Sinne des § 73 Abs. 1 S. 2 StGB anzusehen, eine Auffassung, die bereits widerlegt wurde.
Ähnlich argumentieren *Achenbach*[605] und *Rudolphi*[606], in dem sie in den meisten Fällen ein Sicherstellungsbedürfnis verneinen wollen, wenn der Steuerfiskus als Verletzter selbst mit den §§ 324 ff. AO über eine ausreichende Schutzmöglichkeit verfügt.[607]

Meines Erachtens sind dagegen die §§ 111b ff. StPO und §§ 324 ff. AO nebeneinander anwendbar.
Zwar verfügt die Finanzbehörde im Steuerarrest über ein Mittel, um in Eilsituationen rechtzeitig handeln zu können. Das von *Dörn*[608] vorgebrachte Argument, wonach wegen Zuständigkeitsstreitigkeiten von Veranlagungs- und Vollstreckungsstelle eine Arrestanordnung nur relativ selten erfolgt und deshalb ein Rückgriff auf die §§ 111b ff. StPO möglich sein muss, vermag dabei nicht zu überzeugen, da solche Mängel aus der Sphäre des Steuerfiskus selbst stammen und diesen nicht auch noch begünstigen dürfen.
Allerdings würde eine solche Arrestanordnung vielfach dennoch zu spät kommen, etwa wenn wegen undurchsichtiger Verhältnisse ein Steuerpflichtiger noch nicht feststeht oder noch Unklarheit über das Vorliegen der Voraussetzungen einer möglichen Haftung herrscht.[609] Zudem besteht – wie *Meurer*[610] zutreffend hinweist – grundsätzlich die Möglichkeit, dass neben dem Steuerfiskus noch andere Verletzte vorhanden sind, die ihrerseits erneut und völlig unabhängig voneinander eine Pfändung begehren. Schließlich kann der Finanzbehörde „in der

603 So ausdrücklich *Käbisch*, wistra 1987, 14.
604 *Käbisch* aaO.
605 *AK-Achenbach*, § 111d Rn 23 a. E.
606 *SKStPO-Rudolphi*, § 111b Rn 9a.
607 *Jäger*, PStR 2001, 7 will die §§ 111b ff. StPO nur dann anwenden, wenn die Finanzbehörde nicht ebenso schnell und effektiv eine vorläufige Sicherung der Steueransprüche erreichen kann.
608 *Dörn*, wistra 1990, 182.
609 *Schmid/Winter*, NStZ 2002, 12.
610 *Meurer*, NStZ 1991, 439.

Hitze des Gefechts" nicht in jedem Fall zugemutet werden, sofort einen Arrest gem. §§ 324 ff. AO anzuordnen; es mag durchaus Fälle geben, wo ein Abwarten und ein späteres „Zuschlagen" nach § 399 Abs. 1 AO i. V. m. den §§ 111b ff. StPO sinnvoller sein kann. Diese Entscheidung muss jedenfalls im Ermessen der Behörde verbleiben.
Die §§ 111b ff. StPO und die §§ 324 ff. StPO stehen daher gleichwertig nebeneinander und können wahlweise – aber nur alternativ[611] – von der Finanzbehörde angeordnet werden.

(2) Steueranspruch und Verfall nach § 29a OWiG

Während die frühere Fassung des § 29a Abs. 1 OWiG noch den Begriff „Vermögensvorteil" anstelle des Begriffs „etwas" verwendete, so dass evtl. Ersatzansprüche bereits diesen „Vermögensvorteil" gemindert haben, besteht diese Möglichkeit nach der Umstellung vom „Netto-" auf das „Bruttoprinzip" durch Art. 5 AWGStGBÄndG[612] nicht mehr[613]. Anders als der Verfall nach den §§ 73 ff. StGB gibt es bei § 29a OWiG trotz Einführung des „Bruttoprinzips" keine dem § 73 Abs. 1 S. 2 StGB vergleichbare Regelung. Der Gesetzgeber hat dies damit zu begründen versucht, dass anders als im Strafrecht im Ordnungswidrigkeitenrecht nur relativ selten individuell Verletzte vorhanden seien, da hier der Schutz von Rechtsgütern und Vermögensinteressen Einzelner nicht im Vordergrund steht.[614]

Anders als bei den §§ 73 ff. StGB (wo nur die Härteregelung des § 73c StGB existiert) gilt für den Verfall nach § 29a OWiG allerdings auch das Opportunitätsprinzip, so dass die Anordnung des Verfalls im pflichtgemäßen Ermessen steht. Gleiches gilt dabei für § 29a Abs. 2 OWiG, der die Anordnung des Verfalls auch gegen juristische Personen und Personenvereinigungen ermöglicht.[615]

Zudem ist § 99 Abs. 2 s. 1 OWiG zu beachten. Danach unterbleibt trotz rechtskräftiger Anordnung des Verfalls die Vollstreckung durch die Vollstreckungsbehörde, wenn der Betroffene eine rechtskräftige Entscheidung vorlegen kann,

---

611 *Werner*, PStR 2002, 13 will dabei neben den §§ 111b ff. StPO auch noch eine Arrestanordnung gem. § 324 AO gestatten. Dem ist zu widersprechen. Die Finanzbehörde hat sich zu entscheiden: entweder sie geht nach den §§ 324 ff. AO vor, dann besteht aber in aller Regel kein Bedürfnis mehr, um auch noch die §§ 111b ff. StPO anzuordnen, oder sie schlägt den umgekehrten Weg ein, bei dem dann allerdings ebenso kein Bedürfnis mehr für die Anordnung der §§ 324 ff. AO besteht.

612 BGBl 1992 I, 1302.

613 Die von *Göhler*, OWiG 12. Auflage, § 29a Rn 4b geäußerte Meinung, wonach auch bei der Bemessung des erlangten „Etwas" Ersatzansprüche Dritter zu berücksichtigen sind, ist mit dem gesetzgeberischen Willen und auch mit dem Wortlaut nicht zu vereinbaren. In der 13. Auflage aaO wird dieser Auffassung daher auch zu Recht nicht mehr gefolgt.

614 BT-Drucksache 10/318, S. 36 und 43.

615 *Göhler*, OWiG, § 29a Rn 7; *Dörn*, StBp 1991, 89.

in der gegen ihn wegen der mit Geldbuße bedrohten Handlung ein dem Verletzten erwachsener Anspruch festgestellt wurde. Wurde dagegen der für verfallen erklärte Geldbetrag bereits gezahlt bzw. beigetrieben und wird die Zahlung auf Grund des rechtskräftigen Titels an den Verletzten nachgewiesen, so hat die Vollstreckungsbehörde gem. § 99 Abs. 2 S. 2 OWiG die Rückerstattung an den Betroffenen oder an den Verfallsbeteiligten anzuordnen. Nahezu die gleiche Regelung findet sich dabei auch in § 9 Abs. 2 WiStG 1954 bzgl. der Rückerstattung der nach § 8 Abs. 1 WiStG angeordneten Abführung des Mehrerlöses, welche dem Gesetzgeber auch als Vorbild für § 99 Abs. 2 OWiG gedient hat[616].

Ersatzansprüche Dritter müssen danach auch bei § 29a OWiG Berücksichtigung finden, wenn auch im Vergleich zu § 73 Abs. 1 S. 2 StGB deutlich eingeschränkter, da es einer rechtskräftigen Entscheidung über deren Bestehen bedarf. Fraglich ist darüber hinaus aber, ob solche Ersatzansprüche sich bereits bei der Anordnung des Verfalls gem. § 29a OWiG im Rahmen des Ermessens oder sich erst bei der Vollstreckung auswirken. Selbst wenn diese Ersatzansprüche aber bereits im Rahmen des Ermessens zu berücksichtigen wären, so müssen doch auch hier die gleichen Anforderungen wie bei § 99 Abs. 2 OWiG gelten, d. h. die Ansprüche Dritter müssen bereits bei der Entscheidung über die Anordnung des Verfalls rechtskräftig feststehen. § 99 Abs. 2 OWiG ist nämlich nicht nur der Gedanke einer frühest möglichen Berücksichtigung dieser Ansprüche zu entnehmen[617], sondern er regelt auch, welche Anforderungen an diese Ansprüche zu stellen sind.

Stehen daher Ersatzansprüche Dritter bereits bei der Entscheidung über die Anordnung eines Verfalls rechtskräftig fest, so ist dies auch bereits im Rahmen der Ermessensentscheidung zu berücksichtigen[618]. Um eine doppelte Inanspruchnahme zu vermeiden und die Realisierbarkeit der Ansprüche möglichst nicht zu beeinträchtigen, ist demnach das Ermessen auf Null reduziert[619], eine Anordnung des Verfalls gem. § 29a OWiG kann insoweit nicht ergehen.
Wenn deshalb aber gefolgert wird, dass der Anwendungsbereich von § 99 Abs. 2 OWiG dadurch in der Praxis nur noch gering sein werde[620], so kann dem nicht gefolgt werden. Oftmals wird es nämlich so sein, dass zum Zeitpunkt der Anordnung des Verfalls der Ersatzanspruch noch gar nicht rechtskräftig festgestellt wurde. Außerdem darf es – wie das BayObLG[621] richtig festgestellt hat – durch eine deshalb evtl. noch zu erfolgende Beweisaufnahme nicht zu einer erheblichen Ausweitung der Dauer des Bußgeldverfahrens kommen. Hierfür besteht

616 *KK-Boujong*, § 99 Rn 7aE.
617 So *KK-Mitsch*, § 29a Rn 46.
618 *KK-Mitsch*, § 29a Rn 46; *KK-Boujoung*, § 99 Rn 7; *Drathjer*, Gewinnabschöpfung, S. 102.
619 So zutreffend ausdrücklich *Drathjer*, Gewinnabschöpfung, S. 102.
620 *KK-Boujong*, § 99 Rn 7; *Göhler*, OWiG, § 99 Rn 4.
621 Beschluss vom 27.04.2000; NStZ 2000, 537f.

nämlich aufgrund der Möglichkeit des § 99 Abs. 2 OWiG, diese Ansprüche auch noch im Vollstreckungsverfahren zu berücksichtigen, überhaupt keine Notwendigkeit.

Zusammenfassend ist daher festzustellen, dass Ersatzansprüche Dritter im Rahmen des Ermessens des § 29a OWiG nur dann zu berücksichtigen sind, wenn sie bereits im Zeitpunkt der Entscheidung über die Anordnung des Verfalls rechtskräftig festgestellt oder bereits gezahlt wurden und dadurch auch die Prozessdauer nicht über Gebühr in die Länge gezogen wird. In allen anderen Fällen muss dagegen eine Berücksichtigung im Vollstreckungsverfahren gem. § 99 Abs. 2 OWiG erfolgen[622].

Fraglich ist allerdings, inwieweit das auch für Nachzahlungsansprüche des Steuerfiskus wegen verkürzter Steuern gilt.
Gem. § 29a Abs. 1 OWiG ist dabei erforderlich, dass der Täter das erlangte „Etwas" „für eine mit Geldbuße bedrohte Handlung oder aus ihr" erlangt hat. Im Gegensatz zu § 73 StGB bestimmt § 29a Abs. 1 2. Halbsatz OWiG dabei, dass der Verfall hinsichtlich eines Geldbetrages, der in der Höhe dem Wert des Erlangten entspricht, angeordnet wird.

Im Rahmen der §§ 29a, 99 Abs. 2 OWiG ist immer wieder davon die Rede, dass es sich bei diesen Ersatzansprüchen Dritter um zivilrechtliche Ansprüche handeln müsse, da eine rechtskräftige Entscheidung über deren Bestehen nur durch ein Zivilgericht erfolgen könne.[623] Weder § 29a OWiG noch § 99 Abs. 2 OWiG bieten dafür aber auch nur den geringsten Anhaltspunkt; vielmehr sind zivilrechtliche und öffentlich-rechtliche Ansprüche gleichermaßen zu berücksichtigen.

Fraglich ist dann aber, ob es dann aber zur rechtskräftigen Feststellung entsprechend zu den zivilrechtlichen Ansprüchen auch bei Steueransprüchen eine Entscheidung der Finanzgerichte bedarf. Da aber auch ein Steuerbescheid die gleiche Wirkung entfalten kann, sofern er in Bestandskraft erwachsen ist, muss es daher genügen, wenn die Steuernachzahlungsansprüche durch Bescheid rechtskräftig festgestellt wurden.

Verfall und Ersatzanspruch müssen allerdings auch bei §§ 29a, 99 Abs. 2 OWiG „deckungsgleich"[624] sein, d. h. das für verfallen erklärte „Etwas" muss mit dem

---

622 So wohl auch *Göhler*, OWiG, § 29a Rn 4b und § 99 Rn 4.
623 So *Göhler*, OWiG, § 99 Rn 5 und *KK-Boujong*, § 99 Rn 8. Da ein Zivilgericht aber (mit Ausnahme von Staatshaftungsansprüchen) nur über zivilrechtliche Ansprüche entscheiden kann, würden demnach auch nur solche in Betracht kommen.
624 *KK-Boujong*, § 99 Rn 9; *Rebmann/Roth/Herrmann*, § 99 Rn 8a; *Göhler*, OWiG, § 99 Rn 3.

Schadensersatzanspruch des Dritten übereinstimmen. Daher gilt auch hier das Gleiche wie bei § 73 StGB: nur in den bereits dort dargelegten Fällen kann es überhaupt zu Konflikten von Steuernachzahlungsansprüchen und der Anordnung des Verfalls gem. § 29a OWiG kommen. In allen anderen Fällen besteht keine „Deckungsgleichheit“ und somit auch keine Gefahr einer doppelten Inanspruchnahme.

bb) Steueranspruch bei § 17 Abs. 4 OWiG

Auch im Rahmen von § 17 Abs. 4 OWiG treffen Steueranspruch und Gewinnabschöpfung und damit Verbandsgeldbuße aufeinander. Bereits oben unter IV. wurde kurz auf allgemeine Gesichtspunkte bei der Bestimmung des wirtschaftlichen Vorteils im Rahmen von § 17 Abs. 4 OWiG eingegangen. Danach gilt bei § 17 Abs. 4 OWiG im Gegensatz zu § 73 StGB und § 29a OWiG das sog. „Nettoprinzip“, eigene Aufwendungen des Täters sind also bei der Abschöpfung grundsätzlich zu berücksichtigen.

Besondere Bedeutung kommt dabei auch hier der Frage zu, inwieweit Ersatzansprüche Dritter den wirtschaftlichen Vorteil zu schmälern vermögen und daher insoweit auch Berücksichtigung zu finden haben. Da auch bei § 17 Abs. 4 OWiG nichts anderes als bei § 73 StGB und §§ 29a, 99 Abs. 2 OWiG gelten kann, muss daher auch hier der Steuerfiskus jedenfalls in diesem Sinne „Dritter“ sein. Für eine Unterscheidung nach zivilrechtlichen und öffentlich-rechtlichen Ansprüchen besteht nämlich auch hier keinerlei sachliche Rechtfertigung.

Unmittelbar daran anknüpfend stellt sich jedoch die Frage, ob es bei der Berücksichtigung von Steuernachzahlungsansprüchen im Rahmen des § 17 Abs. 4 OWiG nicht einige Besonderheiten zu beachten gibt, die eine von § 73 StGB und §§ 29a, 99 Abs. 2 OWiG abweichende Behandlung geboten erscheinen lassen.
Es fällt auf, dass § 17 Abs. 4 OWiG ebenso wenig wie § 29a OWiG eine der dem § 73 Abs. 1 S. 2 StGB vergleichbare Regelung kennt. Zudem fehlt eine Regelung wie die des § 99 Abs. 2 OWiG. Eine gesetzliche Regelung über das Konkurrenzverhältnis von Ersatzansprüchen Dritter und der staatlich angeordneten Abschöpfung des betreffenden wirtschaftlichen Vorteils existiert demnach hier nicht. Dementsprechend unklar und umstritten ist es, ob und wie eine Berücksichtigung zu erfolgen hat. Im Rahmen einer Verbandsgeldbuße sieht *Müller* [625] allerdings für zivilrechtliche Ersatzansprüche nur ein sehr geringes Konfliktpotential, da in der Regel eine Vielzahl von Verletzten vorhanden sein werden, wobei der einzelne Geschädigte individuell nicht festgestellt werden könne bzw. dieser überhaupt nichts von seinen Ansprüchen wisse. Mag dies auch im

[625] *Müller* , Stellung der juristischen Person, S. 86; *Drathjer*, Abschöpfung rechtswidrig erlangter Vorteile, Fn 404 stimmt dem ebenfalls zu.

Lebensmittel-, Umwelt- oder Kartellrecht[626] gelten, so gilt dies jedenfalls nicht bei einer Nachentrichtung verkürzter Steuern, da hier der Geschädigte in jedem Fall bekannt ist und auch von seinen Ansprüchen weiß.

An sich läge es eigentlich nahe, die Ersatzansprüche Dritter aufgrund des geltenden „Nettoprinzips" wie (vorteilsmindernde) Aufwendungen zu behandeln und insofern eine Vorteilsabschöpfung auszuschließen. Problematisch hieran ist allerdings, dass diese Ansprüche ja erst nachträglich entstehen bzw. geltend gemacht werden und diese Konstellation daher mehr dem nachträglichen (Teil-) Wegfall des durch die rechtswidrige Tat erlangten wirtschaftlichen Vorteils entspricht. Fraglich ist daher, ob auch ein nachträglicher (Teil-) Wegfall den erlangten wirtschaftlichen Vorteil zu schmälern vermag, mit der Folge eines Ausschlusses der Vorteilsabschöpfung.

Teilweise[627] wird eine Berücksichtigung derartiger Ansprüche als vorteilsmindernde Aufwendungen abgelehnt und stattdessen ein Ausgleich im Rahmen des durch den Begriff „soll" eröffneten Rechtsfolgenermessen bei § 17 Abs. 4 OWiG gesucht. Diese Auffassung beruft sich dabei auf die von der Rechtsprechung[628] vertretene Ansicht noch zum alten § 27b StGB[629], der wie § 17 Abs. 4 OWiG die Gewinnabschöpfung als integratives Element der Geldstrafe vorsah und wonach der aus der Tat gezogene Gewinn auch dann noch bei der Bemessung der Strafe Berücksichtigung finden konnte, wenn dieser im Zeitpunkt des Urteilsausspruchs nicht mehr vorhanden war. Der Wortlaut des § 27b StGB a. F. stimmte wiederum weitgehend mit dem des alten § 27c StGB überein, welcher als Vorlage für § 17 Abs. 4 OWiG gedient hatte.

Diese Auffassung vermag allerdings nicht zu überzeugen. Relevanter Zeitpunkt für die Bemessung des wirtschaftlichen Zeitpunkts kann nur der Moment der Entscheidung sein.[630] Es gibt nämlich keinen sachlichen Grund für eine Ungleichbehandlung von Aufwendungen vor Erhalt des wirtschaftlichen Vorteils, die zu berücksichtigen wären, und allen nachfolgenden Aufwendungen, welche

---

626 *Müller*, Stellung der juristischen Person, S. 86.

627 *Rotberg*, § 17 Rn 13 f.; *Tiedemann* in HWiStR, Art. Gewinnabschöpfung, S. 5; *Bender*, ZfZ 1974, 140; *ders.*, ZfZ 1976, 141; *Demuth/Schneider*, BB 1970, 652.

628 BGHSt 23, 24; BGH MDR 1953, 146; BGH MDR 1957, 140; BGH MDR 1969, 855 f.; OLG Celle, MDR 1954, 54 f.

629 Dieser hatte folgende Fassung: (1) Die Geldstrafe soll das Entgelt, das der Täter für die Tat empfangen, und den Gewinn, den er aus der Tat gezogen hat, übersteigen. (2) Reicht das gesetzliche Höchstmaß hierzu nicht aus, so darf es überschritten werden.

630 *KK-Steindorf*, § 17 Rn 121, 125, 131; *Rebmann/Roth/Herrmann*, § 17 Rn 51; ebenso jetzt *Göhler*, OWiG § 17 Rn 39; *Lemke, OWiG*, § 17 Rn 34; *Drathjer*, Abschöpfung rechtswidrig erlangter Vorteile, S. 78 mwN; *Müller*, Stellung der juristischen Person, S. 84 ff.; *Müther*, Vorteilsabschöpfung, S. 69 f.; *Brenner*, ZfZ 1986, 295; *Peltzer*, DB 1977, 1447; BayObLG, wistra 1995, 360 mit Anmerkung *Cramer*, wistra 1996, 248. Bereit so schon zum alten § 13 Abs. 4 OWiG *Pohl-Sichtermann*, Geldbuße, S. 176 f.

zwar vom wirtschaftlichen Vorteil bezahlt werden, dennoch aber keine Vorteilsminderung darstellen sollen.

Zudem wurden die §§ 27b, c StGB durch die Verfallsvorschriften ersetzt und gem. § 73 Abs. 1 S. 2 StGB eine Berücksichtigung von Ersatzansprüchen Dritter ausdrücklich geregelt.[631] Auch das von *Göhler*[632] früher angeführte, inzwischen aber aufgegebene Argument, wonach bei Beachtlichkeit des späteren Wegfalls des wirtschaftlichen Vorteils der Täter nahezu ohne gesteigertes Risiko handeln könne, da er nicht viel mehr als dessen Herausgabe riskiere, hat *Peltzer*[633] zutreffend damit widerlegt, dass es nicht der Sinn von § 17 Abs. 4 OWiG ist, dem Betroffenen ein höheres Bußgeld aufzuerlegen, sondern nur sicherzustellen, dass dem Betroffenen keine wirtschaftlichen Vorteile aus der Tat mehr verbleiben. Daraus folgt auch, dass eine Überschreitung des gesetzlichen Bußgeldrahmens gem. § 17 Abs. 4 OWiG nur für den Fall gerechtfertigt ist, wenn bei dem Betroffenen auch tatsächlich noch ein wirtschaftlicher Vorteil vorhanden ist.[634]

Demnach wären Ersatzansprüche Dritter – und damit auch Steuernachzahlungsansprüche – als vorteilsmindernde Aufwendungen an sich zu berücksichtigen.

Dieses Ergebnis muss *meines Erachtens* aber mit dem bereits geschilderten Zweck des § 17 Abs. 4 OWiG, den Betroffenen nicht doppelt zu belasten, in Einklang zu bringen sein. Eine doppelte Belastung wäre nämlich bereits schon dann ausgeschlossen, wenn die Ersatzansprüche oder die (erhöhte) Verbandsgeldbuße als Betriebsausgabe bzw. Werbungskosten im Rahmen der Steuerermittlung so zur Geltung gebracht werden könnte, dass dadurch eine doppelte Inanspruchnahme zur Gänze vermieden würde.
Auf Nachzahlungsansprüche wegen verkürzter Steuern bezogen gilt dies aber lediglich für eine Haftung für fremde Steuerschulden; eigene Steuerschulden scheiden dagegen von vorne herein aus.

Fraglich ist daher, ob solche Haftungsansprüche überhaupt als Betriebsausgabe bzw. als Werbungskosten berücksichtigungsfähig sind.

Eine Unterscheidung danach, ob sich die Haftung aus vertraglichen Vereinbarungen oder aus einer gesetzlichen (öffentlich-rechtlichen) Anordnung ergibt, ist

---

631 *KK-Cramer*, § 30 Rn 135; *Müller*, Stellung der juristischen Person, S. 84; *Peltzer*, DB 1977, 1446. *Pohl-Sichtermann*, Verbandsgeldbuße, S. 174 f. führt zudem an, dass ein Ahnlehung von § 13 Abs. 4 OWiG a. F. an § 27c StGB a. F. darunter leide, dass § 13 Abs. 4 OWiG (so wie jetzt auch § 17 Abs. 4 OWiG) im Gegensatz zu § 27c StGB a. F. nicht zwischen erhaltenem Entgelt und gezogenem Gewinn unterscheide.

632 *Göhler*, OWiG, 4. Aufl., § 17 Rn 4a.

633 *Peltzer*, DB 1977, 1447.

634 *Drathjer*, Abschöpfung rechtswidrig erlangter Vorteile, S. 79; *Müller*, Stellung der juristischen Person, S. 85 f.

dabei nicht vorzunehmen. Vielmehr kommt es entscheidend darauf an, ob die Pflichtverletzung, welche die Haftung ausgelöst hat, im Rahmen der Ausübung zur Einkünfteerzielung stattfand.[635] Für angestellte Geschäftsführer, die nicht auch gleichzeitig Gesellschafter sind, wird dies bejaht, da die Pflichtverletzung des Geschäftsführers, welche zum Steuerausfall geführt hat, zwangsläufig durch das Arbeitsverhältnis veranlasst wurde; insofern handelt es sich dann um nachträgliche Werbungskosten gem. § 9 Abs. 1 S. 1 EStG.[636]

Handelt es sich dagegen um einen Gesellschafter-Geschäftsführer, so wird eine Ansetzung als nachträgliche Werbungskosten mit dem Argument verneint, dass in diesem Fall die Zahlung nicht in erster Linie zur Förderung der beruflichen Interesse (als Geschäftsführer) getätigt wurde, sondern trotz formeller Haftungsinanspruchnahme de facto dessen Stellung als Gesellschafter berührt ist[637] Diese Unterscheidung ist aber in meinen Augen äußerst zweifelhaft, da eine Haftung als Gesellschafter in diesen Fällen gerade nicht vorliegt, so dass als alleiniger Bezugspunkt nur die Stellung als Gesellschafter übrig bleibt. Insofern kann man auch nicht von einer bloßen „formellen Haftungsinanspruchnahme"[638] sprechen, da dies eine bloße Leerformel darstellt.

Für die von § 30 OWiG umfassten Personenvereinigungen und juristischen Personen stellt sich diese Abgrenzungsschwierigkeiten dagegen nicht. Diese verfügen anders als Privatpersonen über keinen Privatbereich, so dass Steuernachzahlungen aufgrund einer Haftungsinanspruchnahme immer betrieblich veranlasst sein müssen.[639]
(Steuerliche) Haftungsansprüche von Verbänden i. S. d. § 30 OWiG sind daher immer als Betriebsausgaben anzusehen, mit der Folge, dass diese auch die Steuerlast zu verringern vermögen.

Fraglich ist allerdings, ob dadurch eine doppelte Inanspruchnahme vollumfänglich ausgeschlossen werden kann.

Möglich ist das nur dann, wenn der in § 30 OWiG aufgeführte Verband die ihm dadurch entstandenen Betriebsausgaben überhaupt gewinnmindernd ansetzen kann, diesem also überhaupt ein steuerbarer Gewinn entstanden bzw. ein Verlustausgleich gem. § 8 Abs. 4 KStG und § 10d EStG möglich ist. Letzteres ist allerdings neuerdings nur noch sehr eingeschränkt möglich. Der Haftungsanspruch reduziert dann zwar die Steuerlast, jedoch nur anteilig mit dem jeweili-

---

635 So auch *Rauch*, Nachträgliche Werbungskosten, S. 90.

636 *Rauch*, Nachträgliche Werbungskosten, S. 91; *Richter*, FR 1988, 350 f.; BFH, BStBl. II 1961, 20; FG Niedersachsen, EFG 1993, 713; FG Köln, EFG 1993, 509 f.

637 So FG Münster, EFG 1996, 742 und EFG 2000, 481 ff.; Rdvfg. Düsseldorf vom 29.10.92, DStR 1992, 1725 f.

638 So das FG Münster, EFG 2000, 481.

639 So auch *Richter*, FR 1988, 350.

gen Steuersatz, bei Verbänden, die der Körperschaftssteuer unterfallen, beträgt dieser momentan 26,5 Prozent. Nur in dieser Höhe kommt es tatsächlich zu einer Steuerminderung, welche aber nicht ausreicht, um eine doppelte Inanspruchnahme vollumfänglich zu vermeiden.

Daher bedarf es einer Berücksichtigung der Steuernachzahlungsansprüche bei der Bestimmung des wirtschaftlichen Vorteils gem. § 17 Abs. 4 OWiG. Steueransprüche sind daher wie auch sonstige Ersatzansprüche bei § 17 Abs. 4 OWiG zu berücksichtigen. Unklar[640] ist dabei allerdings, welche Anforderungen an die Ersatzansprüche gestellt werden müssen, um eine vorteilsmindernde Wirkung herbeiführen zu können.

Rebmann/Roth/Herrmann[641] vertreten die Auffassung, nur solche Ersatzansprüche als vorteilsmindernd anzuerkennen, wenn diese zum Zeitpunkt der Bußgeldentscheidung vom Betroffenen bereits erstattet wurden. Damit könne das Gericht klar erkennen, wie hoch das Bußgeld zu bemessen sei. Durch diese zugegeben sehr einfache und klare Regelung wird allerdings eine doppelte Abschöpfung in vielen Fällen gerade nicht vermieden werden können.[642] Zudem bietet der Wortlaut des § 17 Abs. 4 OWiG für eine derartig restriktive Auslegung keine Anhaltspunkte. Schließlich erscheint es als zu hart, lediglich auf den Erfüllungszeitpunkt abzustellen, ohne Rücksicht darauf, ob eine Erfüllung etwa aufgrund eines rechtskräftigen Urteils oder Bescheides als sehr wahrscheinlich und unmittelbar bevorstehend betrachtet werden muss.

Teilweise wird daher eine entsprechende Heranziehung des § 99 Abs. 2 OWiG bzw. des § 9 Abs. 2 WiStG 1954 für angebracht gehalten.[643] Ersatzansprüche Dritter sollen demnach nicht nur dann vorteilsmindernd berücksichtigt werden, wenn bereits im Zeitpunkt der Bußgeldanordnung Erfüllung eingetreten ist, sondern auch schon dann, wenn diese rechtskräftig festgesetzt wurden. Dabei soll es aber im Gegensatz zu § 99 Abs. 2 OWiG, § 9 Abs. 2 WiStG 1954 keiner gerichtlichen Feststellung bedürfen, vielmehr soll auch ein außergerichtlicher Nachweis, dass die bestehenden Ausgleichsansprüche erfüllt werden, genügen.[644] Damit soll sichergestellt werden, dass nicht in jedem Fall ein rechtskräftiges Urteil abgewartet werden muss, ehe erfüllt wird, was nicht nur zu einer erheblichen Mehrbelastung der Gerichte führen würde, sondern auch den Interes-

---

640 So ausdrücklich *Wegner*, NJW 2001, 1982.

641 *Rebmann/Roth/Herrmann*, § 17 Rn 51.

642 So auch *Korte*, Juristische Person, S. 131 f.

643 *KK-Steindorf*, § 17 Rn 137; *Göhler*, OWiG, § 17 Rn 39; *Drathjer*, Abschöpfung rechtswidrig erlangter Vorteile, S. 79 ff.; *Müther*, Vorteilsabschöpfung, S. 70; *Bohnert*, Grundriss, S. 37; *Wegner*, wistra 2000, 364. Unklar *Müller*, Stellung der juristischen Person, S. 87, der zwar auf den Rechtsgedanken des § 73 Abs. 1 S. 2 StGB zurückgreifen will, andererseits aber verlangt, dass Erfüllung bereits erfolgt ist bzw. diese bevorsteht.

644 So *Drathjer*, Abschöpfung rechtswidrig erlangter Vorteile, S. 81.

sen des Gläubigers an einer möglichst schnellen Zahlung nicht gerecht wird.[645] Auch an die noch nachzuentrichtenden Steueransprüche sollen die gleichen Anforderungen gestellt werden, d. h. die Zahlung muss bereits erfolgt sein oder zumindest ein bestandskräftiger Steuerbescheid bzw. eine rechtskräftige Gerichtsentscheidung hierüber existieren.[646]

In dieser Lösung sieht *Müther*[647] eine konsequente Weiterführung des Gedankens der ungerechtfertigten Bereicherung, da nur bei einer noch vorhandenen rechtswidrigen Bereicherung eine Abschöpfung angebracht sei. Außerdem werde so dem Sinn und Zweck von § 17 Abs. 4 OWiG, einerseits einen Verbleib der rechtswidrig erlangten wirtschaftlichen Vorteile beim Täter zu verhindern, andererseits diesen aber auch nicht doppelt abzuschöpfen, am besten Rechnung getragen.

Gegen eine Heranziehung des Rechtsgedankens aus § 99 Abs. 2 OWiG und § 9 Abs. 2 WiStG 1954 spricht allerdings, dass es bei § 17 Abs. 4 OWiG an einer solchen Regelung gerade fehlt. Daher wird vertreten, den Rechtsgedanken des § 73 Abs. 1 S. 2 StGB auch im Rahmen von § 17 Abs. 4 OWiG fruchtbar zu machen, Ansprüche Dritter also bereits dann vorteilsmindernd zu berücksichtigen, wenn diese rechtlich existieren, ohne darauf zu achten, ob diese überhaupt geltend gemacht werden.[648] Als eine Art Grundnorm aller vorteilsabschöpfender Normen reiche der Rechtsgedanke der Verfallsvorschriften der §§ 73 ff. StGB und insbesondere auch der des § 73 Abs. 1 S. 2 StGB nämlich weit über das Strafrecht hinaus[649] und sei daher auch bei § 17 Abs. 4 OWiG anzuwenden. Dafür spreche auch die Tatsache, dass die Regelungen zum Verfall sozusagen „Pate bei der Geburt des § 17 Abs. 4 OWiG gestanden haben“.[650] Weitergehende Einschränkungen bedürften demnach einer ausdrücklichen Anordnung, so wie dies etwa bei § 8 WiStG 1954, durch § 9 Abs. 2 WiStG 1954 und für § 29a OWiG durch § 99 Abs. 2 OWiG geschehen ist. Die Tatsache, dass eine solche Einschränkung für § 17 Abs. 4 OWiG fehlt, würde demnach also weniger für ein Versehen des Gesetzgebers sprechen, sondern vielmehr, dass es sich hierbei um ein „beredtes Schweigen“ handelt.

---

645 *Korte*, Juristische Person, S. 131; *Drathjer*, Abschöpfung rechtswidrig erlangter Vorteile, S. 81.

646 so ausdrücklich *KK-Steindorf*, § 17 Rn 137; *Drathjer*, Abschöpfung rechtswidrig erlangter Vorteile, S. 83; *Müller*, Stellung der juristischen Person, S. 87.

647 *Müther*, Vorteilsabschöpfung, S. 70.

648 *Franz/Gast/Joecks-Joecks*, Steuerstrafrecht, § 377 Rn 30 unter Berufung auf BGH wistra 1984, 177; *Peltzer*, DB 1977, 1446 f.; ebenso wohl auch *HHSp-Hellmann*, § 401, Rn 35, der insoweit auf die Ausführung in Rn 28 zum Verfall gem. § 73 ff. StGB verweist.

649 So *Peltzer*, DB 1977, 446.

650 Vgl. hierzu oben unter I.

Peltzer[651] weist zudem darauf hin, dass derjenige, der sich mit einem Ersatzanspruch konfrontiert sähe, alles tun müsse, damit die rechtswidrige Tat als Straftat und nicht als Ordnungswidrigkeit eingestuft wird, um eine unbeschränkte vorteilsmindernde Berücksichtigungsfähigkeit zu erreichen. Dieser Einwand greift allerdings für die Verbandsgeldbuße nicht, da § 30 OWiG sowohl Ordnungswidrigkeiten als auch Straftaten des vertretungsberechtigten Organs etc. umfasst. Allerdings hat § 30 OWiG gerade i. V. m. § 17 Abs. 4 OWiG eine „Lückenfüllerfunktion" für die (immer noch) fehlende Verbandsstrafe. Demnach erschiene es angebracht, die für natürliche Personen geltenden Regelung der §§ 73 ff. StGB weitestgehend auch auf Verbände anzuwenden. Schließlich kommt zwar § 30 OWiG i. V. m. § 17 Abs. 4 OWiG gem. § 30 Abs. 5 OWiG Vorrang vor den Verfallsvorschriften zu, doch kommt es dennoch in der Praxis immer wieder zu einem Vorgehen nach den §§ 73 ff. StGB. Dann könnte es aber zu dem misslichen Ergebnis kommen, dass die beim Verfall berücksichtigen Ersatzansprüche Dritter bei einer späteren Geldbuße nach §§ 30, 17 Abs. 4 OWiG womöglich wieder „herausgerechnet" werden müssten, da diese zwar rechtlich bestehen, nicht aber den höheren Ansprüchen der Vorteilsabschöpfungsregelung genügen.

Demnach würde also bereits ein abstrakt-rechtliches Bestehen der Ersatzansprüche Dritter genügen, ohne dass eine tatsächliche Realisierung bevorstehen müsste. Auf Nachzahlungsansprüche des Steuerfiskus übertragen hieße das, dass eine vorteilsmindernde Berücksichtigung auch dann zu erfolgen hätte, wenn der Steueranspruch durch Verwirklichung des Steuertatbestandes lediglich abstraktrechtlich entstanden und noch durchsetzbar ist, ohne dass es eines bestandskräftigen Steuerbescheids oder eines rechtskräftigen Urteils der Finanzgerichtsbarkeit bedürfe.

Dem wird aber entgegen gehalten, dass dadurch der Anwendungsbereich des § 17 Abs. 4 OWiG zu weitgehend eingeschränkt werde, wodurch auch die Praktikabilität der Vorschrift erheblich leiden würde.[652] Die „Totengräbervorschrift"[653] für den Verfall des § 73 Abs. 1 S. 2 StGB würde, überspitzt formuliert, die Vorteilsabschöpfung ebenfalls zum Tode verurteilen. Zudem überzeugt der Vergleich des § 17 Abs. 4 OWiG mit den Verfallsvorschriften der §§ 73 ff. StGB nicht. Im Laufe der Zeit haben sich beide Vorschriften nämlich erheblich auseinander entwickelt, was sich nicht zuletzt daran zeigt, dass bei § 17 Abs. 4 OWiG im Gegensatz zu den Verfallsvorschriften statt dem dort eingeführten „Bruttoprinzip" hier nach wie vor das „Nettoprinzip" gilt. Insofern lässt sich § 73 Abs. 1 S. 2 StGB daher auch kein allgemeiner Rechtsgrundsatz in der Hinsicht entnehmen, dass es lediglich auf das rechtliche Bestehen eines Ersatzan-

651 *Peltzer*, DB 1977, S. 1446.
652 Drathjer, Abschöpfung rechtswidrig erlangter Vorteile, S. 80.
653 So *Jäger*, PStR 2001, 6.

spruchs ankommen müsse, um diesen vorteilsmindernd berücksichtigen zu können. Schließlich spricht die Tatsache, dass der Gesetzgeber nach wie vor eine Einführung der Verbandsstrafe nicht für erforderlich hält, dafür, dass auch nicht im „vorausseilenden Gehorsam" Regelungen aneinander angeglichen werden, die so nicht angleichbar sind.

Alle bisher vorgestellten Lösungsvorschläge sind daher mit praktischen und / oder dogmatischen Schwächen belastet. Aus der Tatsache, dass eine Regelung wie die des § 73 Abs. 1 S. 2 StGB, § 99 Abs. 2 OWiG oder § 9 Abs. 2 WiStG 1954 bei der Vorteilsabschöpfung fehlt, lässt sich meines Erachtens daher nur die Schlussfolgerung ableiten, nicht auf Analogien zu bauen, sondern die Lösung aus dieser Vorschrift selbst abzuleiten.

Dies kann *meines Erachtens* durch eine Anwendung des § 17 Abs. 3 S. 2 OWiG geschehen. Demnach ist als Grundlage für die Zumessung der Geldbuße nicht nur die Bedeutung der Ordnungswidrigkeit und der Vorwurf, der den Täter trifft, heranzuziehen, sondern es müssen auch die wirtschaftlichen Verhältnisse Berücksichtigung finden. Diese gelten zwar ausdrücklich nur im Rahmen des § 17 Abs. 3 OWiG, doch ermöglicht § 17 Abs. 4 OWiG nur eine Überschreitung des Bußgeldrahmens nach den §§ 17 Abs. 1 bis 3 OWiG, so dass § 17 Abs. 3 S. 2 OWiG auch für die Bemessung der Geldbuße nach § 17 Abs. 4 OWiG gilt.[654] Hieran ändert sich auch für die Verbandsgeldbuße nichts, da § 30 Abs. 3 OWiG auf § 17 Abs. 4 OWiG und somit mittelbar auch auf § 17 Abs. 3 OWiG Bezug nimmt.

Dies wird allerdings insofern eingeschränkt, als die Erfordernisse des § 17 Abs. 3 S. 2 OWiG zurück zu treten haben, wenn die wirtschaftlichen Verhältnisse im Wesentlichen oder gar ausschließlich auf der Verletzung einer Bußgeldvorschrift beruhen.[655] Dieser Einwand vermag jedoch nichts daran zu ändern, dass § 17 Abs. 3 S. 2 OWiG auch in solchen Fällen geeignete Anforderungskriterien zur Beurteilung, ob eine Aufwendung vorteilsmindernd anzuerkennen ist, in der Hinsicht etabliert, ob unter wirtschaftlichen Gesichtspunkten eine Realisierbarkeit des Anspruchs droht.

Peltzer[656] lehnt dagegen eine Heranziehung des § 17 Abs. 3 S. 2 OWiG gänzlich ab, wohl nicht zuletzt aus der Befürchtung heraus, dass diese „schwammige" Sollvorschrift nicht gerade zur Rechtssicherheit beizutragen vermag.

---

654 *Rebmann/Roth/Herrmann*, § 17 Rn 55; *KK-Steindorf*, § 17 Rn 119; *Lemke*, OWiG, § 17 Rn 29; OLG Karlsruhe, NJW 1974, 1883; NJW 1975, 793 m. Anm. *Keller*, JR 1976, 121; OLG Frankfurt, MDR 1974, 859.

655 *Rebmann/Roth/Herrmann*, § 17 Rn 55 aE; *KK-Steindorf*, § 17 Rn 119.

656 *Peltzer*, DB 1977, 1446.

Bei der Verbandsgeldbuße greifen diese Bedenken jedoch nicht. Die Verbände i. S. d. § 30 OWiG sind nämlich allesamt buchführungspflichtig bzw. werden (freiwillig) Bücher führen. Daher lassen sich die wirtschaftlichen Verhältnisse auch ohne weiteres gut anhand der Bilanz bestimmen. Diese Bilanzierungs- und Buchführungsvorschriften sind daher als Richtschnur heranzuziehen, um die Anforderungen an die Ersatzansprüche Dritter und damit auch die Nachzahlungsansprüche des Steuerfiskus zu konkretisieren. Die wirtschaftlichen Verhältnisse des Verbandes bestimmen sich daher danach, was nach den Grundsätzen ordnungsgemäßer Buchführung in die Bilanz des Verbandes als Rückstellungen für ungewisse Verbindlichkeiten eingestellt werden müssten. Danach kann eine solche Rückstellung gebildet werden, wenn die Verbindlichkeit besteht oder das zukünftige Entstehen wahrscheinlich ist, die wirtschaftliche Verursachung vor dem Bilanzstichtag liegt und der Schuldner mit der Inanspruchnahme ernsthaft rechnen muss.[657] Für Ersatzansprüche Dritter und Steuernachzahlungsansprüche des Fiskus müssen sinngemäß daher die gleichen Kriterien gelten, um eine vorteilsmindernde Aufwendung darzustellen; ein bloß abstraktes Bestehen genügt dagegen jedenfalls nicht.

Entscheidend muss daher sein, dass der Anspruch alle Anforderungen erfüllt, um als Rückstellung in die Bilanz eingestellt werden zu können, so dass eine Realisierung der Ansprüche wahrscheinlich ist.[658] Entscheidend ist dabei jedoch nicht, ob es tatsächlich zu einer Berücksichtigung in der Bilanz kam oder nicht, sondern eine Beurteilung hat ausschließlich anhand dieser objektiven Kriterien zu erfolgen. Von Bedeutung ist dabei gerade auch bei der Haftung, inwieweit die Möglichkeit von Regressansprüchen etwa des Haftenden gegen den Steuerschuldner besteht. Kann erwartet werden, dass es zu diesen Regressansprüchen kommt, so sind diese gegenzurechnen, mit der Folge, dass nur ein geringerer Wert als vorteilsmindernder Posten anzusetzen ist. Insbesondere kann erwartet werden, dass die Möglichkeiten eines solchen Regressanspruchs vollumfänglich ausgeschöpft werden.

Dies ist zugleich auch der Unterschied zur Vorteilsabschöpfung bei natürlichen Personen. Da diese oftmals nicht buchführungspflichtig sind, kann eine vorteilsmindernde Berücksichtigung nur insoweit erfolgen, als die Nachzahlungsansprüche rechtskräftig feststehen oder ein Nachweis für die außergerichtliche Erfüllung bzw. für eine unmittelbar bevorstehende Erfüllung erbracht werden kann.

---

[657] *Tipke/Lang*, § 9 Rn 348; BFH BStBl. 1993, 891 f. BFH BStBl. 1999, 18 f.; BFH/NV 2001, 519; BFH BStBl. 2001, 758.

[658] Ähnlich auch *KK-Steindorf*, § 17 Rn 131, der Forderungen Dritter im Hinblick auf ihre Realisierbarkeit berücksichtigen will.

Da mit der Nachzahlung von Steueransprüchen nach Einleitung eines Verbandsgeldbußverfahrens in jedem Fall so lange zu rechnen ist, wie diese noch durchsetzbar sind, sind Nachzahlungsansprüche des Steuerfiskus daher unabhängig von ihrer bestands- oder rechtskräftigen Festsetzung vorteilsmindernd i. S. d. § 17 Abs. 4 OWiG zu berücksichtigen.

Von besonderer Bedeutung ist dabei bei Haftungsansprüchen zudem § 219 AO. Das bloße Bestehen eines Haftungsbescheides gem. § 191 AO reicht nämlich zur Berücksichtigung als vorteilsmindernde Aufwendung noch nicht aus, vielmehr müssen gerade auch die bereits oben unter a.cc. dargestellten Voraussetzungen nach § 219 AO erfüllt sein, damit eine vorteilsmindernde Berücksichtigung erfolgen kann. Dies trifft immer dann zu, wenn die Vollstreckung in das bewegliche Vermögen des Steuerschuldners ohne Erfolg geblieben ist bzw. dies keinen Erfolg versprechen würde, etwa wenn bei anonymisierten Auslandstransfers der Steuerschuldner unbekannt ist. Auch im Falle des § 219 S. 2 AO reicht das bloße Bestehen eines Haftungsbescheides gem. § 191 AO nicht aus, da in solchen Fällen ebenfalls nicht immer mit einer Inanspruchnahme gerechnet werden muss. Erst mit Erlass des Zahlungsbescheides bzw. wenn ein solcher nachweislich bevorsteht, kommt eine vorteilsmindernde Berücksichtigung in Betracht. Dies ist dabei immer dann anzunehmen, wenn aufgrund praktischer Erfahrungswerte eine Inanspruchnahme des Haftungsschuldners als wahrscheinlich anzunehmen ist (so v. a., wenn sich in den Bankenfällen der wahre Steuerschuldner nicht mehr ermitteln lässt).

Fraglich ist darüber hinaus, ob dies auch dann gilt, wenn lediglich ein Entgelt, jedoch keine Steuerersparnis, erlangt wurde. Bisher wurde nämlich immer die Konstellation behandelt, wenn durch die Steuerverkürzung zugleich auch eine Ersparnis an Aufwendungen als entsprechender wirtschaftlicher Vorteil erlangt wurde.

Die jetzt noch zu behandelnde Konstellation betrifft dagegen jene Fälle, in denen etwa jemand aus dem Personenkreis des § 30 Abs. 1 OWiG Beihilfe zur Steuerhinterziehung geleistet hat und dadurch bei dem jeweiligen Verband zwar keine eigene Steuerersparnis, wohl aber ein sonstiges Entgelt, Rendite, verbesserte Marktposition etc. erlangt wurde. Kommt es in so einem Fall zu einer Inhaftungsnahme des Verbandes und wird zugleich gegen diesen eine Geldbuße gem. §§ 30, 17 Abs. 4 OWiG verhängt, so stellt sich die Frage, inwieweit auch diese Haftungsaufwendungen vorteilsmindernd bei Bemessung der Höhe der zu verhängenden Verbandsgeldbuße zu berücksichtigen sind.

Bei den Verfallvorschriften kommt eine Berücksichtigung nicht in Betracht, da § 73 Abs. 1 S. 2 StGB und § 99 Abs. 2 OWiG lediglich eine doppelte Inanspruchnahme verhindern wollen und mittelbar die Realisierbarkeit der Ansprüche Dritter erhöhen. Dagegen ist die Zielrichtung der §§ 30 Abs. 3, 17 Abs. 4 OWiG eine ganz andere; es soll verhindert werden, dass dem Verband ein wirtschaftlicher Vorteil aus der rechtswidrigen Tat verbleibt, zugleich soll dadurch aber keine neue, zusätzliche wirtschaftliche Belastung für den Verband entstehen, um eine zusätzliche Schlechterstellung zu erreichen.

Vielmehr ist dieser zumindest wirtschaftlich gesehen so zu stellen, wie er auch ohne diese rechtswidrige Tat dastehen würde. Demnach verbietet es sich aber auch, über dessen wirtschaftliche Verhältnisse hinaus abzuschöpfen. Ob es sich bei dem Inhaftungsnahmen dabei bereits um unmittelbar vorteilsmindernde Aufwendungen nach dem „Nettoprinzip" handelt, kann dahingestellt bleiben, da diese jedenfalls die wirtschaftlichen Verhältnisse des Verbandes verschlechtern und somit mindernd auf die zu verhängende Verbandsgeldbuße wirken.

Zudem wird dadurch zusätzlich ein gewisser Schutz des Dritten erreicht, da dessen Chancen, auch noch nach Vorteilsabschöpfung seine Ansprüche befriedigen zu können, deutlich steigen. Für diese Haftungsrisiken sind dabei ebenfalls die bereits oben geschilderten Realisierbarkeitsgesichtspunkte heranzuziehen, damit es zu einer niedrigeren Verbandsgeldbuße kommen kann.

Schließlich muss noch der Fall geklärt werden, wenn der Verband die sich aus den §§ 69, 71 AO ergebenden Haftungsschulden seiner Mitarbeiter „freiwillig" übernimmt.[659] Hierbei muss allerdings das Gleiche wie bei der Berücksichtigung gesetzlich normierter Haftungsansprüche gelten. Hiergegen kann insbesondere auch nicht eingewandt werden, der Verband sei gesetzlich ja nicht verpflichtet, seine Mitarbeiter schadlos zu halten. Entscheidend ist vielmehr, dass sich der Verband Ersatzansprüchen Dritter ausgesetzt sieht, die er zu erfüllen hat und es dadurch zu einer Vorteilsminderung auf Seiten des Verbandes kommt. Diese Vorteilsminderung beruht zudem unmittelbar auf der begangenen Ordnungswidrigkeit bzw. Straftat. Dass dabei noch ein privatrechtliches Übereinkommen „dazwischen geschaltet" wurde, vermag hieran nichts zu ändern. In diesen Fällen begehen die Mitarbeiter die Steuerordnungswidrigkeit, Steuerhinterziehung oder Steuerhehlerei nämlich praktisch ausschließlich im Interesse des Verbandes, so dass die daraus resultierende („freiwillig" eingegangene) Verpflichtung des Verbandes unmittelbar aus der Ordnungswidrigkeit bzw. Straftat herrührt. Daher kann es auch keinen Unterschied machen, ob eine solche Vereinbarung bereits schon vor Begehung dieser Tat oder erst danach abgeschlossen wurde. Eine vorteilsmindernde Berücksichtigung dieser Ansprüche hat daher hier ebenfalls nach den oben aufgestellten Kriterien zu erfolgen.

---

659 Vgl. hierzu bereits oben unter a.aa.(3).

cc) Ergebnis

Zusammenfassend ist daher festzustellen, dass Ersatzansprüche Dritter und damit auch Nachzahlungsansprüche des Steuerfiskus grundsätzlich vorteilsmindernd berücksichtigt werden müssen. Von entscheidender Bedeutung ist dabei § 17 Abs. 3 S. 2 OWiG. Danach hat eine Bewertung nach Realisierbarkeitskriterien stattzufinden, die anhand der Buchführungs- und Bilanzierungsregeln zu den Anforderungen an die Bildung von Rückstellungen für ungewisse Verbindlichkeiten zu konkretisieren sind.

Nur wenn also bereits erfüllt wurde, der Anspruch bestands- bzw. rechtskräftig festgestellt wurde, ein sonstiger Nachweis über die Erfüllung erbracht werden kann oder aber auch wenn nach wirtschaftlich bemessenen Kriterien eine Realisierbarkeit droht, ist eine vorteilsmindernde Berücksichtigung im Rahmen der Verbandsgeldbuße geboten.

Auch Haftungsansprüche, für die nur ein Entgelt etc. erlangt wurde, ohne dass zugleich eine Steuerersparnis bei dem jeweiligen Verband eingetreten ist, sind bei der Bemessung der Höhe der Verbandsgeldbuße über § 17 Abs. 3 S. 2 O-WiG mindernd zu berücksichtigen, allerdings gibt hier § 219 AO die relevanten Kriterien vor, nach denen eine vorteilsmindernde Berücksichtigung zu bemessen ist.

Der durch die Ansetzung als Betriebsausgabe all dieser Ansprüche mögliche steuerliche Vorteil ist dabei gegen zu rechnen.

3. Berücksichtigung von Zinsen gem. §§ 233 ff. AO und Säumniszuschlägen gem. § 240 AO

Ansprüche aus dem Steuerschuldverhältnis gem. § 37 AO können nach § 233 S. 1 AO verzinst werden, sofern dies gesetzlich vorgeschrieben ist.
§ 235 AO regelt dabei die Verzinsung von hinterzogenen Steuern. Voraussetzung hierfür ist aber, dass eine vollendete, rechtswidrige und schuldhafte Steuerhinterziehung gem. § 370 oder eine Straftat gem. §§ 370a, 373 AO[660] vorliegt[661]; andere Straftatbestände wie auch der Versuch von §§ 370, 370a und 373[662] AO und auch § 378 AO lösen dagegen keine Zinspflicht aus.[663] Persönli-

[660] *Tipke/Kruse-Kruse/Loose*, § 235 Rn 3; BGH NJW 1984, 2588 zu § 373 AO.

[661] Eine strafrechtliche Verurteilung ist dagegen nicht erforderlich, da die Finanzbehörden und die Finanzgerichte an die Feststellungen des Strafgerichts sowieso nicht gebunden sind, sondern den Sachverhalt vielmehr selbst ermitteln müssen (BFH, BStBl. 1974, 125; 1992, 11; FG Nürnberg, EFG1993, 698; *Tipke/Kruse-Kruse/Loose*, § 235 Rn 6).

[662] Bei § 373 AO ist allerdings strittig, wie hier ein Versuch überhaupt zu bestrafen ist. *Seelig*, ZfZ 1981, 8 ff. lehnt eine Strafbarkeit wegen versuchtem schweren Schmuggels gem. § 373 AO ab, da es sich – wie bereits aus der Nichtanwendung des § 371 AO auf § 373

che Strafausschließungs- und Strafaufhebungsgründe wie etwa die Selbstanzeige gem. § 371 AO oder Verfolgungsverjährung nach den §§ 78 ff. StGB oder gar der Tod des Täters[664] verhindern die Entstehung von Hinterziehungszinsen insbesondere nicht.[665] Anders verhält sich dies aber gem. § 8 Abs. 1 S. 1 2. HS StraBEG für strafbefreiende Erklärungen nach § 1 Abs. 1 StraBEG, da damit auch alle steuerlichen Nebenleistungsansprüche – wozu auch Zinsen auf hinterzogene Steuern zählen – erlöschen.

Inwieweit dabei eine Begehung als Täter erforderlich ist, um einen Zinsanspruch entstehen zu lassen, oder ob auch eine Anstiftung oder Beihilfe zur Steuerhinterziehung genügen kann, ist umstritten[666]. Einigkeit besteht aber jedenfalls dahingehend, dass die Teilnahme an einer rechtswidrigen, aber schuldlos begangenen Haupttat keine Zinspflicht zu begründen vermag.[667] Dies wird damit begründet, dass zwar im Strafrecht der Grundsatz von der limitierten Akzessorietät gilt, dies jedoch nicht dazu führen dürfe, dass hinsichtlich der daraus resultierenden steuerrechtlichen Folgen eine „Hinterziehung ohne Vorsatz des Täters" ausreiche".[668] Dem liegt aber offensichtlich noch die alte Auffassung zu Grunde, wonach der Vorsatz Teil der Schuld ist, wohingegen inzwischen der Vorsatz als Teil des Tatbestandes angesehen wird.[669] Dennoch ist dieser Auffassung, wenn auch nicht in der Begründung, so doch im Ergebnis zuzustimmen. Für § 235 AO genügt nämlich nicht, dass eine bloße Steuerverkürzung vorliegt, sondern diese muss auch noch vorsätzlich, rechtswidrig und schuldhaft erfolgen; schuldhaftes Handeln ist daher für die Annahme einer Hinterziehung Grundvoraussetzung.[670] Aus demselben Grund kann daher auch eine bloße Beihilfehandlung nicht genügen, wenn es an einer schuldhaften Haupttat fehlt. Es kommt lediglich eine Haf-

---

AO gefolgert werden könne – hierbei um eine selbständigen Straftatbestand handele; der Versuch des schweren Schmuggels könne demnach nur nach § 372 AO bestraft werden. Dagegen überzeugend die hM (vgl. nur *Franz/Gast/Joecks-Voß*, § 373 Rn 2, 43a mwN; *Kohlmann*, § 373 Rn 51), die in § 373 AO eine strafschärfende Qualifikation zu § 370 AO und § 372 AO erblickt, wie sich auch ausdrücklich aus dem Wortlaut der Vorschrift ergibt. Gleiches gilt dabei auch für § 370a AO, auch hier tritt durch § 371 AO keine Straffreiheit ein, sondern – wie § 370a S. 3 AO ausdrücklich feststellt – lediglich eine Strafmilderung.

663 *Klein-Rüsken*, § 235 Rn 7, *Tipke/Kruse-Kruse/Loose*, § 235 Rn 3 mwN.

664 BFH, BStBl. 1992, 11; 1992, 131.

665 Vgl. nur *Tipke/Kruse-Kruse/Loose*, § 235, Rn 5 mwN; *Tipke/Lang*, § 21 Rn 356.

666 Nach BFH, BStBl. 1975, 129 f. reicht auch eine bloße Beihilfe; dagegen *Tipke/Kruse-Kruse/Loose*, § 235 Rn 4; *Klein-Rüsken*, § 235 Rn 6; unklar dagegen *HHSp-von Wallis*, § 235 Rn 7.

667 *Tipke/Kruse-Kruse/Loose*, § 235 Rn 4; *Franzen*, DStR 1965, 320

668 So ausdrücklich *Franzen*, DStR 1965, 320, worauf sich auch *Tipke/Kruse-Kruse/Loose* aaO bezieht.

669 Hierzu nur *Roxin*, AT, § 7 Rn 13, 22, § 10 Rn 8 f., 61.

670 Dagegen beseitigen persönliche Strafaufhebungs- und Strafausschließungsgründe als streng personenbezogenen Gründe, die jenseits von Unrecht und Schuld stehen, nur eine bereits entstandene Strafbarkeit wieder (*Wessels/Beulke*, Rn 493).

tung gem. § 71 AO in Betracht.

Schuldner der Hinterziehungszinsen ist dagegen nicht unbedingt der Täter, sondern derjenige, zu dessen Vorteil die Steuern hinterzogen wurden, § 235 Abs. 1 S. 2 AO. Umstritten ist allerdings, was unter „Vorteil" zu verstehen ist.

Heuermann[671] will dies nach einer wirtschaftlichen Betrachtungsweise beurteilen. Danach ist zwar grundsätzlich der Steuerschuldner auch Schuldner der Hinterziehungszinsen (unabhängig von seinem Tatbeitrag), da dieser neben dem steuerlichen auch den wirtschaftlichen Vorteil aus der Tat erlangt, doch sind auch Fälle denkbar, wo steuerlicher und wirtschaftlicher Vorteil auseinander fallen. In einer solchen Konstellation muss dann anhand einer wirtschaftlichen Betrachtungsweise ermittelt werden, wem die unmittelbaren Vorteile aus der Tat zugeflossen sind; dies kann auch der Nicht-Steuerschuldner sein.

Die ganz überwiegende Meinung[672] lehnt dies allerdings ab; nur der Steuerschuldner könne auch Schuldner der Hinterziehungszinsen sein. Vorteil i. S. d. § 235 Abs. 1 S. 2 AO sei lediglich der erlangte steuerliche Vorteil.[673] Dieser sei dabei darin zu sehen, dass die hinterzogenen Steuern trotz Fälligkeit erst später gezahlt wurden.
Dem ist zuzustimmen. § 235 Abs. 1 S. 2 AO ist in Zusammenhang mit S. 1 zu lesen, so dass nur der Vorteil der späteren Steuerzahlung umfasst ist; diesen kann aber nur der Steuerschuldner haben.

§ 233a Abs. 1 AO ermöglicht dagegen die (beschränkte) Vollverzinsung nur für die Einkommen-, Körperschafts-, Umsatz-, Gewerbe- und Vermögenssteuer (welche zuletzt für den Veranlagungszeitraum 1996 erhoben wurde)[674], nicht aber für Haftungsschulden[675]. Vollverzinsung ist dabei eine Verzinsung aller Ansprüche ab ihrer Entstehung bis zum Erlöschen unabhängig von deren Fälligkeit[676], wobei § 233a AO allerdings die Einschränkung enthält, dass der Zinsanspruch erst nach einer sog. Karenzfrist gem. § 233a Abs. 2 AO von grundsätz-

---

671 In *HHSp*, § 235 Rn 14.

672 BFH BStBl. 1982, 689; 1994, 557; 1996, 556; 1998, 468; FG Bremen, EFG 1991, 510; FG München, EFG 1987, 487; *Tipke/Kruse-Kruse/Loose*, Rn 14; *Klein-Rüsken*, § 235 Rn 12.

673 Dabei soll es vollkommen unerheblich sein, wenn etwa der Täter die hinterzogenen Steuern zu Lasten des (völlig unbeteiligten) Steuerschuldners veruntreut (BFH BStBl. 1989, 596; 1991, 822; BFH/NV 1990, 73; *Tipke/Kruse-Kruse/Loose* § 235 Rn 14; *Bublitz*, DStR 1990, 440).

674 *Klein-Rüsken*, AO, § 233a Rn 6.

675 FG München, EFG 1995, 603; *Klein-Rüsken*, § 233a Rn 7; *Tipke/Kruse-Kruse/Loose*, § 233a Rn 11; *Streck*, DStR 1991, 372. Eine Verzinsung wird v. a. deshalb abgelehnt, weil es insoweit an einer Steuerfestsetzung fehle und § 233a AO den Haftungsanspruch nicht erwähne.

676 *Sikorski*, DStR 1991, Beiheft 18, S. 2.

lich 15 Monaten nach Entstehung des Steueranspruchs zu laufen beginnt. Mit Ablauf des Tages der Steuerfestsetzung endet zugleich der Zinslauf gem. § 233a Abs. 2 S. 3 AO. § 233a AO stellt somit eine Ergänzung zu den Teilverzinsungsvorschriften der §§ 234 ff AO dar, die nur an einzelne gesetzlich bestimmte Tatbestände anknüpfen. Damit soll einerseits der Liquiditätsvorteil des Steuerschuldners abgeschöpft und zum anderen verhindert werden, dass bei zu erwartenden hohen Abschlusszahlungen ein ungerechtfertigter Zinsvorteil in Form einer „zinslosen Steuerstundung" eintritt.[677] Für die Anwendung des § 233a AO spielt es dabei keine Rolle, ob auch tatsächlich ein Zins- oder Liquiditätsvorteil entstanden ist, vielmehr knüpft diese Regelung an die objektive Möglichkeit einer Entstehung solcher Vorteile an.[678]

§ 234 AO ermöglicht zudem für die Dauer einer gem. § 222 AO gewährten Stundung die Erhebung von Stundungszinsen, § 237 AO sieht für den Zeitraum einer gewährten Aussetzung der Vollziehung gem. § 361 AO und unter der Bedingung, dass der eingelegte Rechtsbehelf endgültig nicht erfolgreich geblieben ist, ebenfalls eine Verzinsung vor.

Für Verbände i. S. d. §§ 30, 17 Abs. 4 OWiG ergibt sich danach folgendes Bild: da eine vergleichbare Regelung wie die der § 71 AO im Rahmen des § 70 AO fehlt, kommt eine Haftung für Hinterziehungszinsen nicht in Betracht. Auch für die anderen Zinsansprüche ist eine Haftung des Verbandes i. S. d. §§ 30, 17 Abs. 4 OWiG nicht möglich.[679] Zinsschuldner kann der Verband daher grundsätzlich nur dann sein, wenn er auch Steuerschuldner ist. Allerdings kommt auch eine Haftung gem. § 72 AO in Betracht.[680]

Zudem ist eine steuerliche Berücksichtigung der Hinterziehungszinsen als Betriebsausgaben, Werbungskosten, Rückstellung etc. wegen der §§ 4 Abs. 5 Nr. 8a , 9 Abs. 5 EStG, 10 Nr. 2 KStG nicht möglich;[681] auch hinsichtlich der Zinsen gem. §§ 233a, 234, 237 AO kann eine ertragsteuerliche Berücksichtigung seit dem 01.01.1999 mit Ausnahme der für die Umsatz- und Gewerbesteuer angefallenen nicht mehr stattfinden.[682]

---

677 *Tipke/Lang*, § 21 Rn 350.

678 BFH BStBl. 1996, 53; BFH/NV 2002, 416; FG Baden-Württemberg, EFG 1996, 736; FG München, 1996, 739; *Tipke/Kruse-Kruse/Loose*, § 233a Rn 2.

679 Auch hier besteht zwar eine Haftung gem. § 69 AO der in §§ 34, 35 AO bezeichneten Personen. Dies könnte einzig bei einer GmbH & Co. KG von Relevanz werden, doch da diese selbst nicht handlungsfähig ist, sondern sich ihrerseits wieder natürlicher Personen bedienen muss, haftet nicht etwa die GmbH, sondern deren Geschäftsführer (BFH BStBl. 1984, 776; 1989, 955).

680 Dazu bereits oben unter 2.a.aa.(2).

681 *Tipke/Kruse-Kruse/Loose*, vor § 233 Rn 16; § 235 Rn 1 aE.

682 Änderung durch das Steuerentlastungsgesetz vom 24.03.1999, BGBl. I, S. 402. Dies gilt jetzt für die Einkommen- wie Körperschaftssteuer gleichermaßen (vgl. § 10 Nr. 2 letzter Halbsatz KStG; § 10 Abs. 1 Nr. 5 EStG a. F., der ersatzlos gestrichen wurde). Dagegen

Von den Zinstatbeständen streng zu unterscheiden ist dagegen der Säumniszuschlag gem. § 240 AO. Dieser ist ein Druckmittel ohne Strafcharakter zur Durchsetzung fälliger Steuern und soll den Steuerpflichtigen zur pünktlichen Zahlung anhalten.[683] Gem. § 240 Abs. 1 S. 2 AO[684] kann auch für Haftungsschulden ein Säumniszuschlag erhoben werden. Ein Säumniszuschlag kann gegen einen Verband ebenfalls nur dann verhängt werden, wenn dieser Steuerschuldner ist bzw. nach § 72 AO haftet.[685] Auch eine ertragssteuerliche Berücksichtigung der Säumniszuschläge besteht mit Ausnahme der für die Umsatz- und Gewerbesteuer angefallenen nicht.

Fraglich ist dann allerdings, inwieweit diese steuerlichen Nebenleistungen auch vorteilsmindernd im Rahmen des § 17 Abs. 4 OWiG berücksichtigt werden müssen.

Man könnte dabei daran denken, ob Zinsen und Säumniszuschläge nicht mit den Folgesteuern[686] gleich zu behandeln seien, um so auch eine Berücksichtigung im Rahmen der Verfallsvorschriften der §§ 73 StGB, 29a OWiG zu erreichen. Der Unterschied besteht allerdings darin, dass Zinsen und Säumniszuschläge auf steuerlicher Seite nicht mehr berücksichtigt werden können und es sich hierbei außerdem nicht um Ersatzansprüche handelt, so dass eine Ausnahme von dem dort geltenden „Bruttoprinzip" nicht angebracht scheint. Umso zwingender ist dann allerdings eine Berücksichtigung bei Bemessung der Geldbuße gem. §§ 30, 17 Abs. 4 OWiG. Diese „mittelbaren"[687] Kosten stellen Aufwendungen dar, die aufgrund des dort geltenden „Nettoprinzips" in Abzug zu bringen sind. Zudem mindern diese die wirtschaftlichen Verhältnisse des Verbandes.

Zinsaufwendungen[688] und Säumniszuschläge sind daher – mit Ausnahme derjenigen Zinsen und Säumniszuschläge, die für die Umsatz- und Gewerbesteuer

---

sind Erstattungszinsen gem. § 233a AO und Prozesszinsen auf Erstattungsbeträge gem. § 236 AO steuerbare Einkünfte.
Zinsen auf die Umsatz- und Gewerbesteuer stellen dagegen wie auch die Steuern selbst Betriebsausgaben i. S. d. § 4 EStG dar und sind daher nach wie vor ertragsteuerlich zu berücksichtigen. Gleiches gilt dabei auch für Säumniszuschläge. Folge dieser notwendigen Unterscheidung ist daher, dass die Zinsen bzw. Säumniszuschläge für die Umsatz- und Gewerbesteuer abzugsfähig sind und daher keine vorteilsmindernde Aufwendungen nach §§ 30, 17 Abs. 4 OWiG darstellen.

683 BFH GrS BStBl. 1976, 264; BFH BStBl. 1987, 391; 1991, 908; 2000, 248 f.

684 Eingeführt durch Gesetz vom 23.06.1998, BGBl. I 1496, 1498 zur Korrektur der anders lautenden Rechtsprechung des BFH in BStBl. 1998, 4 ff.

685 Gem. § 69 S. 2 AO besteht zudem auch eine Haftung hinsichtlich der Säumniszuschläge, was aber für Verbände nicht in Betracht kommt.

686 Vgl. hierzu oben unter 1.

687 Näher hierzu bereits oben unter 1.b.bb.

688 So für Zinsen gem. § 233a AO auch *Franz/Gast/Joecks-Joecks*, § 377 Rn 31; *KK-Steindorf*, § 17 Rn 137 aE; *HHSp-Rüping*, § 377 Rn 30.

angefallen sind (vgl. hierzu Fußnote 682) – bei Bemessung der Geldbuße gem. §§ 30, 17 Abs. 4 OWiG vorteilsmindernd zu berücksichtigen, sofern der Verband Steuerschuldner ist oder zumindest gem. § 72 AO haftet.

4. Kapitel: Strafrechtliche Folgeprobleme

Neben der bisher dargestellten Problematik, inwieweit Steueransprüche bei der Bemessung der Verbandsgeldbuße zu berücksichtigen sind, soll nun im Folgenden näher untersucht werden, welche strafrechtliche (Folge-)Fragen sich in diesem Zusammenhang zudem stellen.

Gerade bei Ermittlungen gegen Verbände, etwa wegen Beihilfe zur Steuerhinterziehung durch Vorstände oder sonstige Mitarbeiter in leitender Funktion, kommt es wegen der in aller Regel hohen Summen, die leicht in die Milliarden gehen können, zu einem erheblichen medialen und, damit verbunden, öffentlichen Interesse an diesem Fall. Resultat ist eine Hetzjagd für die betroffenen Vorstände und den sonstigen Mitarbeitern sowie eine äußerst unerwünschte wochen- oder gar monatelange Präsenz in allen Medien. Neben einem erheblichen Imageschaden für den Verband ist damit in aller Regel auch ein nicht unerheblicher wirtschaftlicher Schaden verbunden.

Sowohl die betroffenen Mitarbeiter als auch der Verband haben daher ein erhebliches Interesse daran, möglichst schnell und unauffällig zu einer Verfahrensbeendigung zu gelangen. Dafür bietet sich in der Praxis ein umfassendes „Absprachepaket" an[689], bei dem der Verband eine Geldbuße gem. § 30 OWiG akzeptiert und sich die betroffenen Mitarbeiter gegen Zusage einer Einstellung des Strafverfahrens zur Zahlung einer Geldauflage gem. § 153a StPO bereit erklären oder für den Fall, dass bereits ein Strafverfahren durchgeführt wurde, eine Geldstrafe (bzw. einen Strafbefehl) akzeptieren.

Die betroffenen Mitarbeiter werden sich aber nur dann auf diese Form der Verfahrensbeendigung einlassen, wenn ihnen der Verband überdies zusichert, die gegen sie verhängten Geldauflagen gem. § 153a Abs. 1 S. 1 Nr. 2 StPO zu übernehmen.[690] Dabei kann eine solche Zusage in der Weise erfolgen, dass die

---

[689] *Mack*, StraFo 1999, 260; *Ignor/Rixen*, StraFo 2000, 157. In aller Regel wird sich der Verband zudem dazu bereit erklären, zumindest einen Teil der Steuern nachzuzahlen.

[690] Steuerrechtlich hat dies folgende Konsequenzen:

1. Für die betroffenen Mitarbeiter handelt es sich bei der Zahlung der Geldstrafe bzw. der Geldauflage um eine steuerrechtlich nicht abzugsfähige Ausgabe i. S. d. § 12 Nr. 4 EStG. Dazu gehören auch Auflagen i. S. d. § 153a StPO (vgl. BFH Urteil vom 22.07.1986, BStBl II 1986, 845).
2. Übernimmt der Verband als Arbeitgeber die verhängten Geldstrafen bzw. Geldauflagen, so handelt es sich dabei um zusätzliche Leistungen an den Arbeitnehmer, welche steuerrechtlich ebenso wie die normale Vergütung als Arbeitslohn zu behandeln sind. Ein steuerpflichtiger Arbeitslohn gem. § 19 Abs. 1 Nr. 1 EStG könnte nur dann verneint werden, wenn man die den geldwerten Vorteil bewirkenden Aufwendungen als im ganz überwiegend eigenbetrieblichen Interesse des Verbandes getätigt ansehen würde. Nach dem bereits erwähnten Urteil des BFH geht die Rechtsprechung aber in solchen Fällen stets von einer privaten Mitveranlassung gem. § 12 Nr. 1 EStG aus. Momentan ist aller-

dafür erforderliche Geldsumme vorab oder nachträglich an die Mitarbeiter oder gleich direkt an die Staatskasse und / oder an die gemeinnützige Einrichtung überwiesen wird. In jedem Fall kommt das Geld aber den betroffenen Mitarbeitern zu Gute.

Stimmen die vertretungsberechtigten Personen bzw. Organe einem solchen „Absprachepaket" zu, so stellt sich die Frage, ob dies nicht seinerseits eine

---

dings beim BFH unter dem Aktenzeichen VI R 29/00 ein Revisionsverfahren anhängig, in dem zu entscheiden ist, ob die Übernahme von Verwarnungsgeldern wegen verbotswidrigen Parkens durch den Arbeitgeber zu steuerpflichtigem Arbeitslohn führt. Das Finanzgericht Düsseldorf hat in dem erstinstanzlichen Urteil vom 24.11.99 (DStRE 2000, 575) einen steuerpflichtigen Arbeitslohn bejaht, weil die Übernahme der Verwarnungsgelder nicht im ganz überwiegend eigenbetrieblichen Interesse des Arbeitgebers erfolgt sei. Dies kann aber – wie im Rahmen der Prüfung der Pflichtwidrigkeit bei § 266 StGB noch zu zeigen sein wird – durchaus angezweifelt werden. Der Verband hat nämlich in solchen Fällen ein erhebliches Eigeninteresse, welches das Interesse des Arbeitnehmers im Regelfall erheblich überwiegen wird. Der Verband erstattet die Geldstrafe bzw. Geldauflage ja nicht, um dem Arbeitnehmer etwas „Gutes" zu tun, sondern um die eigene (wirtschaftliche) Beeinträchtigung möglichst gering zu halten. Geht der Verband dagegen mit der noch herrschenden Rechtsprechung von einem lohnsteuerpflichtigen geldwerten Leistung aus und erstattet auch die auf die übernommen Auflagen etc. entfallende Lohnsteuer, so liegt bzgl. diesen Teils jedenfalls ein Arbeitslohn vor, der zur Steuerermittlung hinzuzurechnen ist (LStR R 122).
Ein steuerfreier Auslagenersatz gem. § 3 Nr. 50 EStG scheidet dagegen aus, da dieser nur für Auslagen des Arbeitnehmers für den Arbeitgeber in Betracht kommt. Von Auslagen kann allerdings nur insoweit gesprochen werden, als auch von Seiten des Arbeitgebers eine Pflicht zur Übernahme besteht. Wie noch zu zeigen sein wird, trifft dies auf Geldstrafen bzw. Geldauflagen nicht zu. Diese muss der Arbeitnehmer vielmehr selbst tragen.
Während daher die Geldstrafen bzw. Geldauflagen der privaten Lebensführung des Arbeitnehmers – auch wenn sie auf berufliche Handlungen zurückzuführen sind – zuzuordnen sind, stellt deren Übernahme durch den Verband – wie dargelegt – richtigerweise eine im Eigeninteresse des Verbandes liegende Handlung dar.

3. Für den Verband selbst wiederum handelt es sich daher richtigerweise um betriebliche Aufwendungen, wobei unerheblich ist, dass sie auf der Ebene des Arbeitnehmers nicht abziehbar sind (vgl. Schmidt-Heinicke, EStG, § 4 Rn 520 „Strafen/Geldbußen"). Zum gleichen Ergebnis gelangt man dabei auch, wenn man diese Übernahme als Arbeitslohn qualifiziert.
   Obwohl diese Übernahme freiwillig erfolgt, handelt es sich nicht um ein als Betriebsausgabe nicht abziehbares Geschenk, da der Empfänger ein eigener Arbeitnehmer des Verbandes ist, § 4 Abs. 5 Nr. 1 EStG.
4. Nach schenkungssteuerlichen Gesichtspunkten ist eine solche Übernahme nicht relevant. Zwar erfolgt diese freiwillig, doch kann darin dennoch keine freigiebige Zuwendung gem. § 7 ErbStG erblickt werden, da es wegen der Verknüpfung der Zuwendung mit der vertraglich geschuldeten Arbeitsleistung des Zuwendungsempfängers in der Regel an dem hierfür erforderlichen Tatbestandsmerkmal der Unentgeltlichkeit fehlt (*Troll/Gebel/Jülicher-Gebel*, ErbStG, § 7 Rn 483). Zudem muss wie bereits schon oben im 3. Kapitel unter B.VI.2.a.aa.(3). ausgeführt auch hier das Eigeninteresse des Verbandes Beachtung finden, so dass von einer „freigiebigen" Zuwendung nicht mehr gesprochen werden kann.

Strafbarkeit – dieses Mal der vertretungsberechtigten Personen bzw. Organe – nach sich zieht.

Neben einer evtl. Strafbarkeit wegen Untreue zu Lasten des Verbandes kommt auch eine Strafvereitelung gem. § 258 StGB sowie eine Beihilfe zu den begangenen Straftaten der Mitarbeiter in Betracht. Die gleiche Frage stellt sich dabei auch bei einer Bezahlung von gegen die Mitarbeiter verhängten Geldstrafen durch den Verband.

A. Strafbarkeit wegen Untreue, § 266 StGB

I. Durch Übernahme der Geldstrafen bzw. Geldauflagen

Gem. § 266 Abs. 1 StGB wird mit einer Freiheitsstrafe von bis zu fünf Jahren oder mit Geldstrafe bestraft, wer die ihm durch Gesetz, behördlichen Auftrag oder Rechtsgeschäft eingeräumte Befugnis, über fremdes Vermögen zu verfügen oder einen anderen zu verpflichten, missbraucht oder die ihm kraft Gesetzes, behördlichen Auftrags, Rechtsgeschäft oder eines Treueverhältnisses obliegende Pflicht, fremde Vermögensinteressen wahrzunehmen, verletzt und dadurch dem, dessen Vermögensinteressen er zu betreuen hat, Nachteile zufügt.
Inwieweit sich nun vertretungsberechtigte Organe und Vorstände etc. durch Bezahlung einer Geldstrafe bzw. Geldauflage durch Mittel aus dem Vermögen des Verbandes strafbar machen, ist bisher – jedenfalls für Verbände des Privatrechts[691] – höchstrichterlich noch nicht geklärt.

1. Bestehen einer Vermögensbetreuungspflicht

In Betracht kommt dabei sowohl der Missbrauchs- (§ 266 Abs. 1 Var. 1 StGB) als auch der Treubruchtatbestand (§ 266 Abs. 1 Var. 2 StGB).
Da beide Tatbestandsalternativen nach herrschender und richtiger Meinung eine Vermögensbetreuungspflicht voraussetzen,[692] kann es in der Praxis in aller Regel dahingestellt bleiben, welche der beiden Alternativen nun genau einschlägig ist, da jedenfalls der Treubruchtatbestand im Raume steht.

Eine dogmatisch exakte Antwort, welche Alternative einschlägig ist, lässt sich dagegen nur für den jeweiligen Einzelfall geben. Um den Missbrauchstatbestand annehmen zu können, müsste die schädigende Handlung in einer Überschreitung des (im Innenverhältnis festgelegten) rechtlichen Dürfens im Außenverhältnis gesehen werden können. Dies aber wiederum setzt – neben einem der Handlung zu Grunde liegendem Rechtsgeschäft – eine nach außen wirkende Verpflichtung voraus.[693] Dies bedeutet, dass je nach der gewählten Rechtsform des Verbandes zu überprüfen ist, inwieweit bereits dem bloßen Beschluss (d.h. noch vor Ausführung) durch das jeweils zuständige Organ etc., die Geldauflage bzw. Geld-

---

691 BGHSt 37, 226 ff. betraf dagegen lediglich die Verurteilung eines Vorstehers eines (öffentlich-rechtlichen) Abwasserverbandes wegen Untreue, weil dieser aus den Mitteln des Verbandes Geldstrafen bezahlt hat, die gegenüber Mitarbeitern im Zusammenhang mit deren beruflicher Tätigkeit verhängt wurden. Für privatrechtliche Verbände fehlt es dagegen nach wie vor an einer entsprechenden Entscheidung.

692 Vgl. nur BGHSt 24, 387; 33, 250; *LK-Schünemann*, § 266 Rn 12; *Tröndle/Fischer*, § 266 Rn 6, 18; *Lackner/Kühl*, § 266 Rn 4, jeweils mwN; ebenso *Schroth, Ulrich*, Strafrecht BT, S. 175.

693 *Lackner/Kühl*, § 266 Rn 6; *Tröndle/Fischer*, § 266 Rn 20 f.; *Müller-Gugenberger/Bieneck-Schmid*, § 31 Rn 44 ff.; *Mitsch*, BT 2,1, § 8 Rn 24.

strafe zu übernehmen, im Außenverhältnis eine schuldrechtlich verpflichtende Wirkung zukommt. Für einen solchen Beschluss etwa durch die Mitglieder des Aufsichtsrats einer Aktiengesellschaft wird dies verneint[694], so dass darin noch keine Handlung erblickt werden kann, die unmittelbar zu einem Vermögensschaden führt. Allenfalls könnte hierin ein Vermögensgefährdung gesehen werden, allerdings auch nur dann, wenn bereits dadurch eine unaufhaltsam in Richtung Vermögensschaden laufende Entwicklung in Gang gesetzt wurde.[695] Dies wird aber in aller Regel zu verneinen sein, da der Aufsichtsrat auch noch nach einem solchen Beschluss Zeit und Gelegenheit genug hat, diesen rechtzeitig vor seiner Ausführung wieder zu korrigieren.[696] In diesem Fall scheidet daher der Missbrauchstatbestand aus, es bleibt nur die Treubruchsalternative übrig.

Anders stellt sich die Lage dagegen dar, wenn der Beschluss bereits nach außen hin verpflichtend gewirkt hat. Dies ist insbesondere dann denkbar, wenn dem jeweiligen Mitarbeiter im Zuge eines bereits erwähnten „Absprachepakets" wirksam zugesichert wurde, dass die gegen ihn verhängte Geldauflage bzw. Geldstrafe durch den Verband übernommen wird, sofern dies vom Aufsichtsrat genehmigt wird. Die unter dieser aufschiebenden Bedingung zustande gekommenen Vereinbarung entfaltet mit Beschluss durch den Aufsichtsrat ihre volle rechtliche Bindungswirkung.

Zusammenfassend bleibt daher festzustellen, dass in aller Regel in dem reinen Beschluss, die Geldauflage bzw. Geldstrafe zu bezahlen, nur die Treubruchsalternative in Betracht kommt, sofern dieser Beschluss keine Bindungswirkung auch im Außenverhältnis zur Folge hat.

Die Vermögensbetreuungspflicht setzt dabei eine Geschäftsbesorgung für einen anderen in einer nicht ganz unbedeutenden Angelegenheit, verbunden mit einem gewissen Maß an Selbständigkeit, Bewegungsspielraum und Entscheidungsfreiheit voraus.[697]

Die vertretungsberechtigten Organe einer juristischen Person bzw. deren Mitglieder, Vorstände eines nicht rechtsfähigen Vereins oder deren Mitglieder sowie vertretungsberechtigte Gesellschafter einer rechtsfähigen Personengesellschaft i. S. d. §§ 30 Abs. 1 Nr. 1 – 3 OWiG haben allemal eine solche Vermögensbetreuungspflicht.[698] Doch auch Generalbevollmächtigte oder in leitender

---

694 *Poseck*, Strafrechtliche Haftung, S. 147 f.; ebenso *Ignor/Rixen*, wistra 2000, 449.
695 *Mitsch*, BT 2,1, § 7 Rn 97; *Ignor/Rixen*, wistra 2000, 449.
696 *Ignor/Rixen*, wistra 2000, 449.
697 Vgl. nur *SKStGB-Samson*, § 266 StGB Rn 24 ff.
698 Vgl. hierzu umfassend *Müller-Gugenberger/Bieneck-Schmid*, § 31 Rn 34 – 40. Bei einer Aktiengesellschaft sind dies gem. § 82 AktG die Mitglieder des Vorstandes und gem. §§ 112, 116, 93 AktG die Mitglieder des Aufsichtsrats (vgl. hierzu auch Tiedemann, FS Tröndle, S. 323). Bei einer Kommanditgesellschaft auf Aktien (KGaA), welche gem.

Stellung als Prokurist bzw. Handlungsbevollmächtigter einer juristischen Person oder einer in Nummer 2 oder 3 des § 30 Abs. 1 OWiG genannten Personenvereinigungen beschäftigte Personen kommt eine solche Vermögensbetreuungspflicht zu.[699] Gleiches muss auch für die in § 30 Abs. 1 Nr. 5 OWiG aufgeführten Personen gelten, da diese für die Leitung eines solchen Verbandes verantwortlich handeln.

2. Pflichtwidrigkeit

Diese Vermögensbetreuungspflicht müssten die vertretungsberechtigten Organe etc. durch Zustimmung zur Übernahme der Geldauflage bzw. Geldstrafe verletzt haben. Ein solcher Beschluss wäre dabei nicht pflichtwidrig, wenn entweder eine Pflicht des Verbandes zur Zahlung bestünde (a), es sich um ein erlaubtes Risikogeschäft handeln würde (b) oder aber die Bezahlung ökonomisch sinnvoll bzw. den Grundsätzen ordnungsgemäßer Wirtschaftsführung entspräche (c). Schließlich muss geprüft werden, ob selbst bei Annahme einer Pflichtwidrigkeit diese nicht durch Einverständnis bzw. Einwilligung durch den Treugeber wieder beseitigt werden kann (d).

a) Pflicht zur Zahlung

Eine Pflichtwidrigkeit könnte bereits dann schon nicht angenommen werden, wenn eine Pflicht zur Übernahme der gegen den Mitarbeiter verhängten Geldauflage bzw. Geldstrafe durch den Verband bestehen würde.

Gestützt werden könnte ein solcher Anspruch dabei auf § 670 BGB analog.[700] Für die Erstattung von Verteidigerkosten hat das Bundesarbeitsgericht in einem Fall eines LKW-Fahrers, gegen den ein Strafverfahren wegen des Verdachts der fahrlässigen Tötung infolge eines unverschuldeten Verkehrsunfalls auf einer Dienstfahrt eingeleitet worden war, einen aus der Fürsorgepflicht ab-

---

§§ 278, 290 AktG ebenfalls eine juristische Person darstellt, nehmen die vorstandsähnlichen Komplementäre diese Stellung ein. Nach §§ 35 ff. GmbH ist auch den Geschäftsführern einer GmbH eine Vermögensbetreuungspflicht zuzumessen (bei einer GmbH & Co KG übt diese ebenfalls der Geschäftsführer der Komplementär-GmbH für die KG aus). Doch auch die Mitglieder des fakultativen Aufsichtsrats können Träger einer Vermögensbetreuungspflicht sein, da § 52 Abs. 1 GmbHG ausdrücklich auch auf § 93 AktG verweist. Bei der OHG und der KG haben die (vertretungsberechtigten) Gesellschafter gem. §§ 126 Abs. 1, 2 HGB (bzw. in Verbindung mit § 161 Abs. 2 HGB) eine Vermögensbetreuungspflicht gegenüber dem Gesellschaftsvermögen und dem Vermögen der Mitgesellschafter. Für nicht rechtsfähige Vereine folgt die Vermögensbetreuungspflicht der Mitglieder des Vorstandes aus §§ 54, 26 BGB (*Palandt-Heinrichs*, § 54 Rn 1).

699 Hierzu ebenfalls *Müller-Gugenberger/Bieneck-Schmid*, § 31 Rn 29 – 32.

700 Vgl. hierzu auch die Ausführungen zur Übernahme von Haftungsansprüchen aus Steuerstraftaten bzw. Steuerordnungswidrigkeiten oben im 3. Kapitel unter B.VI.2.a.aa.(3) und B.VI.2.b.bb.

geleiteten Anspruch auf Übernahme bejaht, da das schadensbringende Ereignis - ein unverschuldeter Unfall - dem typischen Betätigungsfeld entspringen würde.[701] Diesem Urteil kann aber keinesfalls die generelle Pflicht des Arbeitgebers zur Übernahme von Verteidigerkosten entnommen werden, sondern Voraussetzung ist vielmehr, dass der betroffene Arbeitnehmer unverschuldet gehandelt hat.

Darüber hinaus hat es der Bundesgerichtshof auch für möglich angesehen, dass Gesellschafter einer KG die Erstattung von Prozesskosten, die diesen aus Zivil- und Strafverfahren erwachsen sind und in unmittelbarem Zusammenhang mit der für die Gesellschaft ausgeübten Tätigkeit standen, aus § 110 HGB von der KG verlangen können. Jedenfalls könne es im Rahmen einer ordnungsgemäßen Wirtschaftsführung liegen, den Gesellschaftern die Verluste, die diese durch die Geschäftsführung persönlich erlitten haben, zu erstatten.[702] *Kapp*[703] will überdies insbesondere unter Heranziehung des Fürsorgegedankens folgern, Geldauflagen und Geldstrafen im Grundsatz ebenfalls als erstattungsfähige Vermögensopfer i. S. d. § 670 BGB analog zu behandeln.

Eine unterschiedliche Behandlung von Geldstrafen und Geldauflagen ist dabei nicht zu rechtfertigen. Einer Geldauflage kommt zwar kein Strafcharakter zu, dennoch liegen diese näher bei den Geldstrafen als bei den Verfahrenskosten. Insofern sind Geldstrafen und Geldauflagen gleich zu behandeln.

Allerdings reicht die Fürsorgepflicht des Arbeitgebers gegenüber seinen Beschäftigten nur bis zu deren eigenen Vorantwortungsbereich, welcher wiederum durch das Maß an Eigenverschulden konkretisiert wird. Bei Verhängung einer Geldauflage bzw. einer Geldstrafe wird allerdings von einer „Zufälligkeit" des Schadenseintritts nicht ausgegangen werden können, vielmehr muss hier im Regelfall ein Verschulden des beauftragten Mitarbeiters angenommen werden. Dies sieht auch *Kapp*[704], doch führt er gegen dieses Ergebnis zum einen mögliche Fehlurteile bzgl. der Feststellung des Verschuldens und zum anderen die Tatsache an, dass im Arbeitsrecht bloß leichte Fahrlässigkeit einen Schadensersatzanspruch nicht entfallen lässt und bei mittlerer Fahrlässigkeit zumindest noch eine Aufteilung des Schadens möglich ist.[705] Nur bei grober Fahrlässigkeit und bei Vorsatz sei danach eine alleinige Schadenstragungspflicht des Arbeitnehmers angezeigt. Doch selbst ein solches Verhalten müsse nicht in jedem Fall zu einer Pflichtverletzung gegenüber dem Arbeitgeber führen, etwa wenn dieser das Verhalten des Arbeitnehmers explizit angeordnet oder aufgrund einer etwai-

701 BAG NJW 1995, 2372.
702 BGH wistra 1987, 216.
703 *Kapp*, NJW 1992, 2800; ebenso Rehbinder, ZHR 148 (1984), 575 f.
704 *Kapp* aaO.
705 Hierzu bereits schon oben im 3. Kapitel unter B.VI.2.a.aa.(3).

gen Garantenstellung schuldhaft nicht unterbunden hat.[706]

Für die Annahme einer solchen Garantenstellung bleibt allerdings *meines Erachtens* nur wenig Raum, diese könnte sich allenfalls aus Ingerenz ergeben, etwa bei vorausgegangener widerrechtlicher Drohung gegen den Mitarbeiter. Ausnahmsweise ließe sich dann – entsprechend zur Frage nach der Übernahme von Haftungspflichten – an einen Anspruch aus § 242 BGB denken.

Die Heranziehung dieser arbeitsrechtlichen Wertungen bei Begehung einer Straftat oder Ordnungswidrigkeit durch den Mitarbeiter erweist sich aber zur Begründung einer Übernahmepflicht des Verbandes hinsichtlich der deswegen gegen den Mitarbeiter verhängten Geldstrafen bzw. Geldauflagen mit der ganz überwiegenden Meinung[707] letzten Endes dennoch als verfehlt.

Diese Kosten durfte der Arbeitnehmer in keinster Weise mehr für erforderlich halten. Außerdem hat es der Arbeitnehmer selbst in der Hand, Geldstrafen und Geldauflagen durch ein gesetzeskonformes Verhalten zu vermeiden. Dies gilt auch dann, wenn ihn der Arbeitgeber dazu gedrängt haben sollte, da insoweit erwartet werden kann, dass der Arbeitnehmer standhaft bleibt. Auch aus Billigkeitsgründen ist in solchen Fällen keine Ausnahme zu machen und ein Anspruch etwa aus § 242 BGB gegen den Arbeitgeber dem Arbeitnehmer für diesen Fall nicht zuzubilligen. Zwar mag sich in diesen Fällen der Arbeitgeber nicht korrekt verhalten haben, für das Verhalten des Arbeitnehmers hat dies aber gleichermaßen zu gelten. Würde man anders entscheiden, hieße das in letzter Konsequenz, dem „Angestifteten" gegenüber dem „Anstifter" einen Anspruch auf Ausgleich der durch die staatlich verhängten Sanktionen entstandenen Schäden einräumen zu wollen. Das aber widerspricht nicht nur dem höchstpersönlichen Charakter der Geldstrafe bzw. der Geldauflage, sondern es würde auch dazu führen, dass das Zivilrecht das Strafrecht „aushebeln"[708] würde. Einen Billigkeitsanspruch auch demjenigen zuzusprechen, der sich ebenfalls gegen die Rechtsordnung gestellt hat, kann nicht überzeugen. Der hiergegen von *Rehbinder*[709] vorgebrachte Einwand, es gehe in diesen Fällen nicht um den Ersatz von Aufwendungen, die in einer gesetzlich verbotenen Tätigkeit bestünden, sondern um den Ersatz von Verlusten, die dem Täter aus einer gesetzlich verbotenen Tätigkeit entstanden sind, geht fehl. In den von ihm angeführten Beispielen resultiert der Schadensersatzanspruch des Täters nämlich aus der Verletzung einer bestehenden vertragli-

706 *Rehbinder* aaO.

707 *Scholz-Schneider*, § 35 Rn 192 mwN; *Bastuck*, Enthaftung des Managements, S. 130; *Ebenroth-Willburger*, BB 1991, 1941; *Müller-Christmann*, JuS 1992, 379; *Hoffmann/Wissmann*, StV 20001, 250.

708 *Bastuck*, Enthaftung des Managements, S. 130.

709 *Rehbinder*, ZHR 148 (1984), 575.

chen Pflicht, diesen vor weitergehenden Schäden zu bewahren[710] bzw. vor den Umständen, die zu Begehung einer Straftat führen könnten, zu warnen[711]. Dagegen weiß der Arbeitnehmer in den hier relevanten Fällen, dass er eine Straftat bzw. eine Ordnungswidrigkeit begeht bzw. er handelt fahrlässig. Es besteht aber gerade keine Pflicht des Arbeitgebers, den Arbeitnehmer vor der Begehung von Straftaten oder Ordnungswidrigkeiten zu schützen, sondern dieser hat selbst die Rechtsordnung zu kennen und auch zu befolgen. Kann dem Arbeitnehmer strafrechtlich ein Schuldvorwurf gemacht werden, so hat dieser auch für die Folgen seiner Tat einzustehen und kann sie nicht auf Dritte abwälzen. Zusätzlich gestützt wird dieses Ergebnis auch dadurch, dass gegen den Verband gem. § 30 OWiG ebenfalls vorgegangen werden kann, so dass auch ein Auseinanderfallen der Vor- und Nachteile aus einer rechtswidrigen Tat nicht angenommen werden kann.

Ein Anspruch aus § 670 BGB analog besteht daher nicht; ebenso wenig kommt bei Geldstrafen und Geldauflagen ein Billigkeitsanspruch gem. § 242 BGB – im Gegensatz zu evtl. Haftungsansprüchen[712] – insbesondere aufgrund des höchstpersönlichen Charakters und der Missachtung der Rechtsordnung nicht in Betracht.[713]

b) Erlaubtes Risikogeschäft

An einer Pflichtwidrigkeit könnte man auch dann zweifeln, wenn man in dieser Handlungsweise ein erlaubtes Risikogeschäft sehen könnte. Den „tatgeneigten Vorgeschäften“ der Mitarbeiter, die für den Verband wirtschaftlich vorteilhaft waren, könnte nämlich zugleich auch das Risiko einer späteren Geldstrafe oder einer Geldauflage angehaftet haben und somit ein Risiko darstellen, das bei dieser Art von Geschäften immer eingegangen werden müsste. Dann aber könnte man es auch als unbedenklich einstufen, wenn der Verband später die Geldstrafen bzw. Geldauflagen übernimmt, wenn sich dieses Risiko später verwirklicht. Ein Risikogeschäft ist dabei jedes rechtsgeschäftliche Handeln, das für den Treugeber das Risiko eines Vermögensverlustes beinhaltet.[714]

Schadensauslösend für den Verband kann hier aber unmittelbar nur der Beschluss des Organs etc. wirken, die entstandenen Geldstrafen bzw. Geldauflagen

---

710 So in dem Fall, in dem der Steuerberater vor einer strafbefreienden Selbstanzeige einer Steuerstraftat abgeraten hat (RGZ 169, 267).

711 So etwa, wenn die Bank es schuldhaft unterlässt, vor Begehung eines Devisenvergehens zu warnen (BGHZ 23, 222).

712 Vgl. hierzu oben im 3. Kapitel unter VI.2.a.aa.(3).

713 *Stree* in *Schönke/Schröder*, § 258 Rn 28a spricht in diesem Zusammenhang sogar von einer „Entwertung der Strafe“, wenn eine Übernahmepflicht angenommen werden würde.

714 *Tröndle/Fischer*, § 266 Rn 42. Eingehend zum Begriff des Risikogeschäfts *Hillenkamp*, NStZ 1981, 161 ff.

zu übernehmen. Bis dahin erwuchs für den Verband – wenn man von § 30 OWiG einmal absieht – aus den rechtswidrigen Handlungsweisen der Mitarbeiter kein wirtschaftliches Risiko. An ein solches ließe sich nur dann denken, wenn deren Handlungsweise automatisch zu einem Risiko für das Vermögen des Verbandes geführt hätte. Dies aber wiederum kann nur dann angenommen werden, wenn daraus zugleich eine Verpflichtung des Verbandes entstanden wäre, die bei den Mitarbeitern eingetretenen Schadenspositionen auszugleichen. Das dem allerdings nicht so ist, wurde bereits oben gezeigt, da gerade kein Anspruch hierauf besteht. Insofern ist daher der Zusammenhang von den (rechtswidrigen) „Vorgeschäften" der Mitarbeiter und der Zahlung der Geldstrafen bzw. der Geldauflagen durch den Verband weder zeitlich noch sachlich eng genug. Anknüpfungspunkt für einen möglichen Vermögensschaden beim Verband kann daher nicht das (rechtswidrige) „Vorgeschäft" des jeweiligen Mitarbeiter, sondern nur der Beschluss zur Übernahme der Geldstrafe bzw. Geldauflage sein. Insofern kann hier daher schon gar nicht von einem Risikogeschäft gesprochen werden, erst recht nicht kann es dann aber erlaubt sein.

c) Freiwillige Übernahme

Die entscheidende Frage ist daher nicht, ob eine Pflicht zur Übernahme der Geldstrafe bzw. der Geldauflage bestehen könnte, sondern vielmehr die, ob eine freiwillige Übernahme durch den Verband nicht als pflichtgemäß angesehen werden muss. Die Pflichtwidrigkeit entfällt dabei dann, wenn ein solches Verhalten mit den Grundsätzen ordnungsgemäßer Wirtschaftsführung vereinbar ist bzw. als ökonomisch sinnvoll angesehen werden kann. Entscheidend für die Beantwortung dieser Frage ist dabei die Feststellung, wo der Handlungsspielraum des Organs etc. endet und der Bereich der Untreue beginnt.

aa) Die Entscheidungen des Bundesgerichtshofs

Zwei Entscheidungen des Bundesgerichtshofs zu dieser Frage kommen in Betracht. Bedeutung kommt ihnen – wie im Folgenden noch zu zeigen ist – allerdings nur insofern zu, als sie für die hier relevanten Fälle gerade nicht herangezogen werden können.

Die erste Entscheidung betraf eine Körperschaft des Öffentlichen Rechts (einen allgemeinen Studentenausschuss), die ihre Mittel für Unternehmungen eingesetzt hatte, die nichts mit ihren gesetzlich festgelegten Aufgaben zu tun hatten.[715]
In der zweiten Entscheidung ging es um einen Vorsteher eines Abwasserverbandes, ebenfalls wieder einer Körperschaft des öffentlichen Rechts.[716] Dort waren

[715] BGHSt 30, 247 ff.
[716] BGHSt 37, 226 ff.; ausführlicher: BGH NJW 1991, 990 ff.

Bedienstete dieses Verbandes wegen vorsätzlicher Gewässerverunreinigung zu Geldstrafen verurteilt worden. Der Vorstand des Verbandes hatte daraufhin veranlasst, dass diese Geldstrafen vom Abwasserverband beglichen wurden. Dieses Verhalten wertete der Bundesgerichtshof als Untreue, da „derartige Zahlungen ... eindeutig nicht zu den Aufgaben eines Abwasserverbandes [gehören]. Sie lassen sich insbesondere auch nicht mit dem Gesichtspunkt der Fürsorgepflicht für die Bediensteten rechtfertigen."[717] Die Verwendung öffentlicher Mittel für einen solchen Zweck sei daher offenkundig unzulässig.[718]

Auffallend an diesen beiden Entscheidungen sind dabei zwei Gesichtspunkte: zum einen betrafen diese Entscheidungen nur öffentlich-rechtliche Körperschaften, zum anderen wurden in beiden Fällen keine erwerbswirtschaftlichen Unternehmungen verfolgt. Insofern ist daher von Interesse, inwieweit diese Entscheidungen auch auf das Privatrecht übertragbar sind. Darüber hinaus muss aber auch geklärt werden, ob sich die Pflichtwidrigkeit für alle öffentlich-rechtlichen Körperschaften, Anstalten und Verbände nach den gleichen, vom Bundesgerichtshof aufgestellten, Kriterien bestimmt.

Die Übertragung dieser Entscheidungen auch auf das Privatrecht sieht sich dabei mannigfacher Einwände ausgesetzt. Zunächst einmal fällt ins Auge, dass die Verwendung öffentlicher Mittel strengeren Regeln folgt,[719] die so auch nicht verallgemeinerungsfähig sind.[720] Im Bereich der Privatwirtschaft existiert dagegen eine vergleichbar strenge Reglementierung der Mittelverwendung gerade nicht.[721] Dort ist der Handlungsspielraum der Vorstände etc. nicht durch Haushaltspläne, Richtlinien und anderen Vorgaben so gravierend eingeengt, sondern es gilt traditionell der ganz anders geartete Maßstab der „Sorgfalt eines ordentlichen Geschäftsmannes". Wie weit dieser Raum des unternehmerischen Ermessens ausgedehnt ist, wurde eindrucksvoll durch die ARAG-Entscheidung des Bundesgerichtshofs dargelegt.[722] Danach ist der Handlungsspielraum von Vorstand und Aufsichtsrat bei einer Aktiengesellschaft (was aber gleichermaßen auch für andere „Verbandsformen" zu gelten hat) sehr groß, ehe überhaupt nur die Schwelle zur aktienrechtlichen Pflichtwidrigkeit überschritten wird. Erst nach Überwindung eines weiteren „Sicherheitsabstandes" gelangt man bei schwerwiegenden Pflichtverletzungen schließlich in den strafrechtlich nach § 266 StGB relevanten Bereich. Anschaulich lässt sich dies durch ein Stufenverhältnis darstellen: die unterste Stufe bildet richtiges bzw. noch vertretbares Handeln; dann aber muss die erste Stufe hin zur Pflichtwidrigkeit nach den gesell-

---

[717] BGH NJW 1991, 991.
[718] BGH aaO; vgl. auch JuS 1991, 695.
[719] *Hoffmann/Wißmann*, StV 2001, 250; *Langkeit*, WiB 1994, 66; *Kapp*, NJW 1992, 2797.
[720] *Langkeit*, WiB 1994, 66; BGH NStZ 1986, 455.
[721] *Hoffmann/Wißmann*, StV 2001, 250.
[722] BGHZ 135, 244 ff.

schaftsrechtlichen Regelungen genommen werden. Nicht jeder dieser Pflichtverstöße im Sinne der gesellschaftsrechtlichen Regelungen vermag aber auch einer Beurteilung nach strafrechtlichen Gesichtspunkten stand zu halten, vielmehr ist dafür die Überwindung einer erneuten, hohen Stufe von Nöten. Anders als im öffentlichen Recht, lässt sich daher die Frage, ob ein Verhalten im strafrechtlichen Sinne pflichtwidrig ist oder nicht, nur im jeweiligen Einzelfall genau feststellen, ohne dass es hierfür starre Regelungen geben würde. Allein schon wegen diesem Fehlen klarer und zwingender Vorgaben, ab wann ein Verhalten bei privatrechtlichen Verbänden als pflichtwidrig im Sinne des § 266 StGB eingestuft werden kann, können die Entscheidungen des Bundesgerichtshofs nicht auf das Privatrecht übertragen werden; vielmehr muss dort für unternehmerische Entscheidungen gerade auch im Hinblick auf Art. 12 GG ein gewisser Spielraum verbleiben.[723] Ferner ist auch zu beachten, dass eine wirtschaftliche Kompensation nur bei öffentlich-rechtlichen Unternehmen nicht stattfindet, d. h. es genügt dort bereits für die Anwendung von § 266 StGB, wenn die Gelder nicht dorthin gelangen, wo sie haushaltsrechtlich tatsächlich hingehören würden.[724] Betriebswirtschaftliche Überlegungen werden den Vorstehern etc. solch öffentlichrechtlicher Körperschaften im Gegensatz zu den Unternehmen aus der Privatwirtschaft demnach nicht zugestanden.[725]

Eine Übertragung dieser Entscheidungen des Bundesgerichtshofs auch auf Verbände des Privatrechts ist daher abzulehnen.

Wie eingangs bereits erwähnt wurde, betrafen die Entscheidungen des Bundesgerichtshofs nur nicht-erwerbswirtschaftlich ausgerichtete öffentlich-rechtliche Körperschaften. Daneben gibt es aber öffentlich-rechtliche Einrichtungen, die zumindest im Nebenzweck auch zur Erzielung von Gewinnen dienen sollen, so insbesondere etwa die Landesbanken[726]. Diese öffentlich-rechtlichen Unternehmen nehmen aber – z. T. mit Sonderrechten ausgestattet – wie auch andere, der Privatwirtschaft angehörigen Unternehmen, am Marktgeschehen teil. Auch diese müssen daher unternehmerische Entscheidungen treffen. Zwar besteht bei diesen öffentlich-rechtlichen Unternehmen eine deutlich weiter gehende Einengung des unternehmerisches Ermessensspielraums, etwa durch Aspekte der Gemeinnützigkeit, doch schließt das eine Führung unter Beachtung kaufmännischer Grundsätze nicht aus.[727] Dann aber müssen auch diese öffentlich-rechtlichen Unter-

---

723 *Hoffmann/Wißmann*, StV 2001, 250.

724 *Langkeit*, WiB 1994, 66; BGH NStZ 1984, 549 f.

725 *Hoffmann/Wißmann*, StV 2001, 250.

726 Diese betreiben Bankgeschäfte unter Beachtung kaufmännischer Grundsätze i. S. d. § 1 Abs. 1 S. 1 KWG. Zwar ist auch hier die Gewinnerzielung nicht Hauptpflicht, doch enthalten die Landesbankgesetze zum Teil Vorschriften, die die Verwendung des erzielten Gewinns regeln (so etwa Art. 13 des Landesbankgesetzes von Bayern). Ausführlich hierzu *Ignor/Rixen*, wistra 2000, 451 f.

727 Ebenso *Ignor/Rixen* aaO.

nehmen allgemeinen wirtschaftlichen Erwägungen zugänglich sein, sofern dabei nicht den anderen Zwecken zuwider gehandelt wird. Daher muss auch dort die Fragestellung möglich sein, ob eine Übernahme von gegen die Mitarbeiter verhängten Geldstrafen und Geldauflagen durch das öffentlich-rechtliche Unternehmen nicht auch hier unter ökonomischen Gesichtspunkten sinnvoll sein kann. Unterstellt man (richtigerweise) diesen Unternehmen auch eine Gewinnerzielungsabsicht, so ist es nur konsequent auch hier einen unternehmerischen Entscheidungsspielraum anzunehmen. Dieses Ergebnis wird dabei auch der Tatsache gerecht, dass der Staat zunehmend dazu übergegangen ist, an sich öffentlich-rechtliche Unternehmen zu privatisieren, d. h. in eine Gesellschaftsform des Privatrechts umzuwandeln. Es erscheint aber gerade im Hinblick auf Art. 3 GG als äußerst bedenklich, nur aufgrund der unterschiedlichen Rechtsform bei ansonsten gleicher Tätigkeit einmal die Möglichkeit einer Strafbarkeit nach § 266 StGB auszuschießen, ein anderes Mal dagegen nicht.[728]

Festzuhalten bleibt daher, dass die Entscheidungen des Bundesgerichtshofs solche Körperschaften des öffentlichen Rechts betrifft, die nur ganz bestimmte Aufgaben verfolgen, innerhalb derer es auf ökonomische Erwägungen nicht ankommt. Sobald sich aber öffentlich-rechtliche Unternehmen auch am Marktgeschehen beteiligen und dabei auch zur Gewinnerzielung eingesetzt werden sollen (was durchaus auch ein Nebenzweck sein kann!), so gehört das Treffen von Entscheidungen anhand ökonomischer Kriterien ebenfalls zu den gesetzlich festgelegten Aufgaben. Dann aber muss der Vorstand etc. auch die Möglichkeit haben, unter wirtschaftlichen Gesichtspunkten über die Übernahme von gegen Mitarbeiter verhängten Geldstrafen bzw. Geldauflagen zu entscheiden.

bb) Pflichtwidrigkeit der Übernahme von Geldstrafen oder Geldauflagen

Besteht daher ein unternehmerischer Entscheidungsspielraum, so muss noch geklärt werden, ob sich ein Beschluss zur Übernahme von Geldstrafen und Geldauflagen noch im „grünen" Bereich befindet, oder ob dieser nicht vielmehr als pflichtwidrig im strafrechtlich relevanten Sinne angesehen werden muss.
Für die Pflichtwidrigkeit und damit gegen die Annahme einer ökonomischen sinnvollen Handlungsweise durch Übernahme der Geldstrafen oder Geldauflagen spricht zunächst einmal, dass dadurch bei dem Verband ein Vermögensabfluss eintritt. Zudem besteht der eigentliche Zweck des Verbandsvermögen sicherlich nicht darin, fremde Geldstrafen bzw. Geldauflagen zu bezahlen. Daneben spielt auch hier der bereits schon oben erwähnte Gedanke von der

---

[728] *Ignor/Rixen* Fußnote 62 wollen eine solche Gleichbehandlung zudem aus der Tatsache schließen, dass sich Landesbanken in ihrem Aufbau stark dem einer Aktiengesellschaft ähneln, so dass manche Landesbanken jederzeit in Aktiengesellschaften umgewandelt werden könnten. Dann aber erscheine es auch nur konsequent, ebenfalls einen unternehmerischen Entscheidungsspielraum zu gewähren.

„Höchstpersönlichkeit der Geldstrafe bzw. Geldauflage eine Rolle.[729] Allerdings hat dieses Argument durch das Urteil des Bundesgerichtshofs vom 07. November 1990[730] erheblich an Gewicht verloren, da dort die Bezahlung von fremden Geldstrafen bzw. Geldauflagen nicht mehr als strafwürdig im Sinne des § 258 Abs. 2 StGB angesehen würde[731]. Damit geht zugleich auch ein Verlust der Präventionswirkung der Geldstrafe bzw. der Geldauflage einher, da diese nach der Entscheidung des Bundesgerichtshofs immer von einem Dritten übernommen werden können, ohne dass hieraus eine Strafbarkeit nach § 258 Abs. 2 StGB gefolgert werden könnte.

Schließlich könnte man die wirtschaftliche Notwendigkeit einer solchen Übernahme in Zweifel ziehen, da für die Mitarbeiter die Möglichkeit eines Abschlusses einer so genannten „Strafrechtsschutzversicherung" besteht, welche sämtliche im Zusammenhang mit einem Strafverfahren entstehende Kosten wie Gerichtsgebühren und Kosten für Verteidiger und Sachverständiger abdeckt. [732] Geldstrafen oder Geldauflagen werden davon allerdings in aller Regel nicht erfasst, so dass sich die Mitarbeiter eben auch nicht wirksam davor schützen können, so dass auch die wirtschaftliche Notwendigkeit nicht deshalb abgesprochen werden kann.
Gegen die Pflichtwidrigkeit und für eine unter ökonomischen Gesichtspunkten sinnvolle Handlungsweise sprechen dagegen sehr gewichtige Argumente, die dazu führen, diese Entscheidung unter allen denkbaren Aspekten als eine wirtschaftlich sinnvolle Maßnahme im Kernbereich der unternehmerischen Entscheidungsfreiheit einzuordnen.

So wurde zwar oben bereits darauf hingewiesen, dass eine Rechtfertigung nach den Grundsätzen des Risikogeschäfts für die Pflichtwidrigkeit nicht in Betracht kommt, doch ist andererseits auch klar, dass hochqualifizierte Führungskräfte dann nicht mehr bereit wären, in der sich ständig ausweitenden Grauzone unklarer Straftatbestände selbst noch die notwendigen Entscheidungen aus Angst vor einer strafrechtlichen Verfolgung zu treffen, ohne hierfür wenigstens eine (finanzielle) Rückendeckung durch den Verband zu erfahren. [733] Gerade solche Geschäfte sind aber meistens mit erheblichen wirtschaftlichen Vorteilen für das jeweilige Unternehmen verbunden, die sonst verloren gehen würden. Mit einer Übernahme der Geldstrafen bzw. Geldauflagen wird dem Verband zudem die Möglichkeit eingeräumt, bewährte und zuverlässige Mitarbeiter – die ausschließlich zum Wohle des Unternehmens gehandelt haben – stärker an das Un-

[729] So insbesondere OLG Dresden, JW 1919, 837 (Nr. 6); *Feller*, RdA 1958, 222 ff.
[730] BGHSt 37, 226 ff.
[731] Hierzu noch genauer unten unter B.
[732] Vgl. *Bastuck*, Enthaftung des Managements, S. 124.
[733] *Kapp*, NJW 1992, 2796 und *Rehbinder*, ZHR 148 (1984), 564 f. argumentieren zudem damit, dass ohne Absicherung die Mitarbeiter in dieser Grauzone unklarer Straftatbestände aus Angst vor Bestrafung womöglich legale Maßnahmen nicht ergreifen.

ternehmen zu binden und von deren Loyalität zu profitieren.[734] Auch besteht ansonsten womöglich die Gefahr, dass sich neue, gute Mitarbeiter nicht mehr so leicht anwerben lassen, da das Verhalten des Unternehmens vor allem bei solch „gefahrgeneigter“ Arbeit als illoyal empfunden werden könnte.[735]

Bei der Übernahme von gem. § 153a StPO verhängten Geldauflagen kommt zudem hinzu, dass dadurch ein imageschädigender Strafprozess vermieden werden kann.[736] Potentielle Kunden und Geschäftspartner werden daher nicht abgeschreckt und es muss auch nicht befürchtet werden, dass bisherige Geschäftsbeziehungen oder Unternehmensinternas an die Öffentlichkeit geraten, was bei Stattfinden einer Hauptverhandlung viel wahrscheinlicher ist.[737]

Schließlich muss auch beachtet werden, dass bei § 153a StPO die Unschuldsvermutung weiter besteht, insofern auch keine „Negativwerbung“ zu befürchten ist.[738] Über die ökonomischen Vorteile hinaus spricht für die Legalität und Legitimität einer Übernahme nicht zuletzt auch die Bemessungspraxis der Staatsanwaltschaften und der Gerichte hinsichtlich der angeordneten Geldauflagen. Die Justizbehörden gehen nämlich mehr oder minder offen davon aus, dass diese Auflagen nicht von den Mitarbeitern selbst, sondern von dem Verband getragen werden.[739]

Langkeit[740] will schließlich dem Urteil des Bundesgerichtshofs, wonach ein solches Verhalten keine Vollstreckungsvereitelung darstellt, entnehmen, dass diese Entscheidung nur dann Sinn macht, wenn man sie in den Bereich der Untreue verlängert und die entsprechende Strafbarkeit verneint. In der Tat erscheint es kaum gerechtfertigt, hier eine Unterscheidung zwischen natürlichen Personen, die sich bei Zahlung der Geldstrafe bzw. der Geldauflage weder nach § 258 StGB noch nach § 266 StGB strafbar machen können, und Verbänden, die sich in diesen Fällen zwar nicht nach § 258 StGB, wohl aber nach § 266 StGB strafbar mach würden, vor zu nehmen. Vielmehr muss es auch Verbänden – ebenso wie natürlichen Personen – möglich sein, Geldstrafen bzw. Geldauflagen zu übernehmen, wenn es deren wirtschaftlichen Interessen entspricht.

---

734 So auch *Langkeit*, WiB 1994, 66; *Hoffmann/Wißmann*, StV 2001, 251; *Locklair*, StraFo 2000, 39; auch *Kapp*, NJW 1992, 2797, der darin zugleich ein Mittel sieht, evtl. Abwanderungen von „wertvollen“ Mitarbeitern zu vermeiden und von einer „außergewöhnlichen Gehaltszulage“ spricht“ (zu den steuerlichen Folgen vgl. bereits oben Fußnote 690).

735 So *Große Vorholt*, Management und Wirtschaftsstrafrecht, 2001, Rn. 184.

736 *Hoffmann/Wißmann*, StV 2001, 251.

737 *Ignor/Rixen*, wistra 2000, 450 weisen außerdem zu Recht darauf hin, in solchen Fällen zwar die genaue Schadenshöhe sich nicht beziffern lässt, jedoch eine ungefähre, auf tatsächliche Anhaltspunkte gestützte Prognose hinsichtlich der Höhe und des Eintritts des Schadens genügen muss.

738 *Hoffmann/Wißmann*, StV 2001, 251.

739 *Hoffmann/Wißmann*, StV 2001, 249.

740 *Langkeit*, WiB 1994, 66.

Eine Pflichtwidrigkeit ist daher bei Übernahme von Geldstrafen und Geldauflagen durch den Verband im Regelfall zu verneinen. Hiervon mag es Ausnahmefälle geben[741], in denen gewichtige Gründe gegen ein solches Ergebnis sprechen, doch müssen diese als Einzelfälle angesehen werden. Dennoch bleibt es eine Einzelfallentscheidung[742], in der alle Umstände des Einzelfalles abgewogen werden müssen. Alleinig die Ergebnistendenz ist in aller Regel eindeutig: sie spricht deutlich in Richtung einer Verneinung der Pflichtwidrigkeit.

d) Beseitigung einer evtl. bestehenden Pflichtwidrigkeit durch Einverständnis bzw. Einwilligung durch die Vermögensinhaber

Selbst wenn von einer Pflichtwidrigkeit ausgegangen wird, ist dann aber von Bedeutung, ob nicht durch ein Einverständnis bzw. einer Einwilligung durch die Vermögensinhaber diese wieder beseitigt werden kann.
Stimmt der Vermögensinhaber einer an sich pflichtwidrigen Verwendung des Vermögens zu, so handelt es sich dabei um ein nach den Regeln einer rechtfertigenden Einwilligung zu bemessendes tatbestandsausschließendes Einverständnis.[743] Dieses tatbestandsausschließende Einverständnis muss dabei bereits im Zeitpunkt der Handlung, hier also bei Beschlussfassung, dass die Geldstrafen bzw. Geldauflagen durch den Verband übernommen werden sollen, vorliegen; eine nachträgliche Genehmigung wäre dagegen ohne Bedeutung.[744]

Während bei Personenhandelsgesellschaften noch Einigkeit herrscht, dass den Beteiligten die Entscheidungsbefugnis zukommt[745], ist dies bei juristischen Personen noch äußerst umstritten[746]. Nach h. M. soll hier ein tatbestandsausschließendes Einverständnis nur beschränkt möglich sein. Zum Teil wird hier bereits die Möglichkeit eines Einverständnisses verneint, wenn die Verpflichtungs- bzw. Verfügungsgeschäfte nach Gesellschaftsrecht unzulässig sind oder

---

741 Insbesondere dann, wenn die Höhe der Geldstrafe bzw. der Geldauflage den anderenfalls vorhandenen wirtschaftlichen Vorteil deutlich überschreitet. Jedoch wird es hierzu nur in den seltensten Fällen kommen. Zu diesen Einschränkungen vgl. auch *Große Vorholt*, Management und Wirtschaftsstrafrecht, Rn 195.

742 Ebenso *Ignor/Rixen*, wistra 2000, 449 f.

743 Vgl. nur *Wessels/Hillenkamp*, BT/2, Rn 758 ff. mwN (anders aber BGHSt 9, 203, 216, der eine rechtfertigende Einwilligung annehmen wollte). Das heißt, dass es hier ausnahmsweise auf die Einwilligungsfähigkeit und etwaige Willensmängel ankommt.

744 *Müller-Gugenberger/Bieneck-Schmid*, § 31 Rn 59. Ein Problem kann allerdings dann entstehen, wenn ein solches Einverständnis zu einem evtl. späterem Beschluss durch das zuständige Verbandsorgan zur Übernahme der Geldstrafen bzw. Geldauflagen bereits weit im Voraus erteilt wurde, noch bevor die Mitarbeiter die Steuerstraftaten etc. begangen haben. In einem solchen Einverständnis könnte dann nämlich eine Beihilfehandlung zu den Straftaten erblickt werden. Genaueres zu dieser Problematik unter D.

745 Vgl. hierzu nur *Sch-Sch-Lenckner/Perron*, § 266 Rn 21 mwN.

746 Zur Lösung dieser Problematik bei Vereinen vgl. OLG Hamm, wistra 1999, 350 ff. (353).

gegen die Grundsätze eines ordentlichen Kaufmanns verstoßen, selbst wenn alle Gesellschafter zustimmen.[747] Dagegen leugnen die Vertreter der so genannten „strengen Gesellschaftertheorie“[748] jedwede Einschränkung und wollen die juristischen Personen den Personenhandelsgesellschaften gleich stellen. Die Vertreter der „eingeschränkten Gesellschaftertheorie stimmen dem zwar im Prinzip zu, wollen allerdings dann ein wirksames Einverständnis auch bei Zustimmung aller Gesellschafter verneinen, wenn entweder gegen zwingende Vorschriften der Kapitalerhaltung verstoßen wird, oder eine Existenzgefährdung der juristischen Person eintritt.[749]
Folgt man dem Bundesgerichtshof, so muss auch hier die Frage gestellt werden, ob die Zustimmung zur Übernahme von gegen Mitarbeitern verhängten Geldstrafen bzw. Geldauflagen den Grundsätzen eines ordentlichen Kaufmanns entspricht, die wie oben zu beantworten ist. Schließt man sich dagegen der im Vordringen befindlichen Ansicht von der eingeschränkten Gesellschaftertheorie an, so ist ebenfalls in aller Regel von einem wirksamen Einverständnis auszugehen, sofern dadurch keine Existenzgefährdung eintritt bzw. nicht gegen zwingende Kapitalerhaltungsvorschriften verstoßen wird.

Auch eine Zustimmung durch die Anteilseigner vermag daher in aller Regel eine Verletzung der Vermögensbetreuungspflicht durch die Verbandsorgane zu verhindern.

3. Vermögensnachteil

Neben der in aller Regel zu verneinenden Pflichtverletzung könnte man schließlich auch noch überlegen, ob überhaupt ein Vermögensnachteil entstanden ist. Ein solcher Nachteil ist dann anzunehmen, wenn sich bei einer Gesamtsaldierung der Vermögenslagen mit und ohne Pflichtverletzung eine Vermögensminderung ergibt. An einem Nachteil fehlt es daher, wenn sich wertmindernde und werterhöhende Faktoren gegenseitig aufheben.[750] Voraussetzung muss allerdings sein, dass sowohl die Vermögenseinbuße wie auch deren Kompensation zugleich durch die ungetreue Handlung eintritt.[751] Wendet man diese Einzelbetrachtung auf die hier vorliegende Fallkonstellation an, so muss an sich von ei-

---

747 So genannte „eingeschränkte Körperschaftstheorie“ in Fortbildung der vom Reichsgericht (RGSt 71, 353 f.) propagierten „strengen Körperschaftstheorie“, vertreten durch den Bundesgerichtshof in BGHSt 9, 216 und 34, 379. Ebenso *Wessels/Hillenkamp*, BT/2 Rn 761 f. Noch weitergehend *Wellkamp*, NStZ 2001, 119 f. und *Voß* in Rönnau/Samson, S. 298 f., die sich gerade im Hinblick auf die Aktiengesellschaft wieder der strengen Körperschaftstheorie annähern und den strafrechtlichen Schutz des Vermögens der Aktiengesellschaft als deckungsgleich mit der positiv-rechtlichen Vermögensbindung i. S. d. §§ 116, 93 AktG ansehen, also ein Eigeninteresse der Aktiengesellschaft bejahen.

748 So insbesondere *Sch-Sch-Lenckner/Perron*, § 266 Rn 21; *Nelles*, S. 483 ff. und S. 512 ff.

749 So etwa *LK-Schünemann*, § 266 Rn 125 c) bb) mwN.

750 *LK-Schünemann*, § 266 Rn 137 a).

751 BGHSt 17, 149; *LK-Schünemann*, § 266 Rn 137 a).

nem Vermögensnachteil ausgegangen werden, da eine Kompensation durch die nachteilsauslösende Handlung nicht erfolgt.

Eine Ausnahme hiervon wird nach herrschender Meinung[752] allerdings dann gemacht, wenn nach einem wirtschaftlich vernünftigen Gesamtplan ein Handlungsbündel auf einen einheitlichen Erfolg so angelegt ist, dass dieser nicht anders als über zunächst nachteilige Maßnahmen erreicht werden kann. Gefordert ist also ein wirtschaftlich vernünftiger Gesamtplan[753], für dessen Annahme zwar nicht schon die bloße Hoffnung auf einen späteren Ausgleich des Vermögensnachteils genügt, andererseits aber auch noch nicht bereits ein rechtlich begründeter Anspruch vorzuliegen hat. Vielmehr ist lediglich erforderlich, dass ein Zuwachsen eines Vermögensvorteils mit hinreichender Wahrscheinlichkeit von den Beteiligten erwartet werden durfte.[754] Dies muss allerdings auch dargelegt werden können.
Zum einen könnte man hier daher daran denken, ob der Schaden, der durch die Übernahme der Geldstrafe bzw. Geldauflage gem. § 153a StPO bei dem Verband entstanden ist, nicht evtl. durch die vorangegangenen lukrativen, aber rechtswidrigen Geschäfte der Mitarbeiter kompensiert wurde.

Dabei kann es für die Annahme eines wirtschaftlich vernünftigen Gesamtplans keinen Unterschied bedeuten, in welcher Reihenfolge die den Vermögensvorteil auslösende und die den Vermögensnachteil begründete Handlung zueinander stehen. Es kommt vielmehr darauf an, dass die Handlungen als ein einheitlicher wirtschaftlicher Vorgang zu bewerten sind. Voraussetzung hierfür müsste allerdings sein, dass zwischen den rechtswidrigen Taten der Mitarbeiter und dem Beschluss zur Übernahme der deswegen verhängten Geldstrafen bzw. der Geldauflagen eine solch „enge Verknüpfung" besteht, etwa in dem Sinne, dass von vorneherein mit der Verhängung einer Geldstrafe bzw. einer Geldauflage und dementsprechend mit einer Übernahme durch den Verband gerechnet werden musste. Wie oben aber bereits gezeigt wurde, besteht gerade keine Pflicht zur Übernahme dieser Geldstrafen bzw. Geldauflagen, sondern diese erfolgt nur freiwillig. Besteht aber keine Pflicht, so kann auch nicht von einem einheitlichen Handlungsbündel gesprochen werden und erst recht nicht von einem (von Anfang an so gedachten) wirtschaftlich vernünftigen Gesamtplan.

Zum anderen könnte eine Kompensation allerdings auch mit zukünftig eintretenden Vermögensvorteilen in Betracht kommen. Wie oben bereits erwähnt, könnte eine solche Übernahme insbesondere dazu dienen, eine beachtliche negative Publizität zu vermeiden bzw. erheblich zu reduzieren. Zudem kann dadurch unter Umständen verhindert werden, dass Unternehmensinternas, wozu auch

---

[752] Vgl. nur *LK-Schünemann*, § 266 Rn 137 a) mwN.
[753] BGH NJW-RR 1986, 371, 372
[754] BGH NJW 1975, 1234, 1236.

Geschäftsbeziehungen gehören, an die Öffentlichkeit geraten. Auch eine Abwanderung von leistungsstarken Mitarbeitern und damit ein Verlust an erheblichem Know-how ließen sich dadurch womöglich verhindern. All diesen Faktoren kommt an sich jeweils ein wirtschaftlicher Wert zu, die den Vermögensnachteil, der durch Übernahme der Geldstrafe bzw. Geldauflage entstanden ist, zum Teil erheblich, womöglich so gar vollständig aufheben können.

Diese ganze Rechnung ist allerdings von erheblichen Unsicherheiten geprägt. Der tatsächliche wirtschaftliche Wert lässt sich nur sehr schwer genau beziffern, auch ist nicht klar, inwieweit diese auch tatsächlich eintreten. Oftmals wird sich auch durch Übernahme der Geldstrafen bzw. Geldauflagen ein Imageschaden nicht verhindern lassen, genauso wenig wie die Veröffentlichung von Unternehmensinternas, um nur zwei Beispiele zu nennen. Im Bereich des Vermögensnachteils können eben gerade nicht die gleichen Maßstäbe wie bei der Prüfung der Pflichtwidrigkeit angelegt werden. Bei der Beurteilung der Pflichtwidrigkeit ist ein erheblicher Entscheidungsspielraum zu berücksichtigen, wodurch auch unsichere Faktoren noch eingeschlossen werden können. Dagegen besteht ein solcher Entscheidungsspielraum für die Beurteilung der Frage, ob ein Vermögensnachteil vorliegt nicht. Erschwerend tritt vielmehr hinzu, dass bereits die bloße Vermögensgefährdung genügt[755], um einen Vermögensnachteil zu begründen. Daher vermögen diese Faktoren keine hinreichende Wahrscheinlichkeit zur Beseitigung des durch die Übernahme eingetretenen Vermögensnachteils zu begründen.

Ein Vermögensnachteil liegt daher vor. Daran vermag auch nichts der von *Voß*[756] gebrachte Einwand ändern, wonach sich durch eine schnelle Zahlung der Geldauflagen und Einstellung der Verfahren eine Verbandsgeldbuße gegen den Verband gem. § 30 OWiG verhindern ließe, da auch in solchen Fällen gem. § 30 Abs. 4 OWiG im Wege des selbständigen Verfahrens eine Geldbuße gegen den Verband verhängt werden kann. Insofern kann auch aus diesem Grund eine Berücksichtigung als Vermögensvorteil nicht erfolgen.

4. Ergebnis

Insgesamt bleibt daher festzustellen, dass die Annahme einer Untreue durch Übernahme der gegen die Mitarbeiter verhängten Geldstrafen bzw. Geldauflagen zwar nicht an dem Bestehen eines Vermögensnachteil scheitert, wohl aber daran, dass ein solches Verhalten in aller Regel keine Verletzung der Vermögensbetreuungspflicht darstellt.

---

755 So die h. M., vergleiche nur BGH wistra 1999, 268, 270 und 2001, 218; *Tröndle/Fischer*, § 266 Rn 61 mwN; *Kindhäuser*, § 266 Rn 50 ebenfalls mwN.

756 In *Rönnau/Samson*, 303.

II. Durch Vereinbarung einer Geldbuße gem. §§ 30 Abs. 4, 17 Abs. 3 OWiG

Bisher wurde die Konstellation behandelt, wonach das jeweilige Verbandsorgan den Beschluss zur Übernahme einer Geldstrafe bzw. Geldauflage trifft. Daneben ist aber dann auch an eine Strafbarkeit wegen Untreue zu denken, wenn das Verbandsorgan der Verhängung einer (höheren) Geldbuße gem. §§ 30 Abs. 3, 17 Abs. 4 OWiG für den Verband zustimmt, um für sich selbst oder für die Mitarbeiter wegen der begangenen rechtswidrigen Tat eine geringere Geldstrafe oder gar eine Verfahrenseinstellung nach den §§ 153 ff. StPO zu erhalten.

Neben den naturgemäß hiervon betroffenen Mitgliedern der jeweiligen Verbandsorgane müsste dann sogar in konsequenter Fortführung auch an eine Strafbarkeit wegen Beihilfe zur Untreue der auf staatlicher Seite agierenden Staatsanwälte und Richter gedacht werden.

Die Anordnung der Verbandsgeldbuße kann allerdings nicht völlig frei erfolgen, sondern unterliegt der pflichtgemäßen Ausübung des rechtlich eingeräumten Ermessensspielraums. Müsste die Behörde daher sowieso eine Verbandsgeldbuße anordnen, so scheidet bereits deswegen eine Pflichtwidrigkeit aus. Kommt es dagegen auf diese Weise zu einer höheren Verbandsgeldbuße, oder würde eine solche ansonsten gar nicht angeordnet werden, bedarf es einer genaueren Prüfung der Pflichtwidrigkeit.

Grundsätzlich müssen dabei die gleichen Erwägungen, die bereits schon oben angestellt wurden, zur Geltung gelangen. Danach ist eine Pflichtwidrigkeit in jedem Fall dann zu bejahen, wenn von vorne herein klar ist, dass mit der vereinbarten Verbandsgeldbuße die zukünftigen vermögenswerten Vorteile bei weitem aufgezehrt werden. Ebenso einsichtig ist, dass bei dem Abwägungsprozess im Rahmen der unternehmerischen Entscheidungsfindung der nun nicht mehr nur ermessensabhängigen, sondern feststehenden Verbandsgeldbuße erhebliches Gewicht zukommen muss. Da diese im Gegensatz zur bloßen Übernahme von Geldstrafen bzw. Geldauflagen in aller Regel deutlich höher ausfällt, bedarf es auch einer erheblich dezidierteren Darlegung, warum gerade diese Entscheidung dem Wohle des Verbandes entspricht. Das bedeutet insbesondere, dass die Höhe der deshalb konkret in Aussicht stehenden Vermögensvorteile zumindest in etwa dem der Verbandsgeldbuße entsprechen müsste. Bei Vereinbarung einer höheren Verbandsgeldbuße dürfen diese Erwägungen allerdings nur hinsichtlich der Differenz zur ansonsten verhängten Geldbuße angestellt werden.

Im Grundsatz muss allerdings nach wie vor das Gleiche wie bereits schon oben Ausgeführte gelten, wonach der unternehmerische Entscheidungsspielraum zu beachten ist. In diesen Fällen wird es lediglich oftmals schwieriger sein, zukünftige Vermögensvorteile zu finden, die den ansonsten eintretenden Vermögensnachteil wieder kompensieren könnten.

Kriminalpolitisch muss überdies auch positiv beachtet werden, dass durch die Verhängung einer Verbandsgeldbuße, um für die Mitarbeiter etc. eine Strafmilderung bzw. gar einen Strafverzicht zu erreichen, die Verteilung von Chancen und Risiken wieder in einer Hand konzentriert wird. Der Verband steht – wirtschaftlich betrachtet – nach erfolgter Gewinnabschöpfung durch die Verbandsgeldbuße wieder genauso da, wie er auch ohne die rechtswidrigen Handlungen seiner Mitarbeiter dastehen würde. Die überdies verhängte Geldbuße stellt zudem nur einen weiteren Anstoß für den Verband dar, zukünftig darauf hin zu wirken, dass seine Mitarbeiter sich gesetzestreu verhalten. Auch wird der Druck der Anteilseigner dazu beitragen, dass zukünftig ein solches Fehlverhalten unterbleibt, um nicht erneut eine Schmälerung des (ausschüttbaren) Gewinns hinnehmen zu müssen.
Eine Pflichtwidrigkeit kann daher auch hier grundsätzlich verneint werden; für das Vorliegen eines Vermögensnachteils ergibt sich keine Abweichung zu oben.

Im Ergebnis bleibt daher festzuhalten, dass im Grundsatz auch hier die gleichen Erwägungen im Rahmen der Prüfung der Frage, ob eine Verletzung der Vermögensbetreuungspflicht vorliegt, angestellt werden müssen. Allerdings ist hier die Entscheidung noch stärker einzelfallabhängig. Die Darlegung, dass in diesen Fällen eine ordnungsgemäße, d. h. eine den Grundsätzen eines ordentlichen Kaufmanns entsprechende, unternehmerische Entscheidung getroffen wurde, wird in der Praxis erheblich schwieriger sein.

B. Strafbarkeit wegen Vollstreckungsvereitelung, § 258 Abs. 2 StGB

Durch Übernahme bzw. Erstattung der verhängten Geldstrafen kommt auch eine Strafbarkeit wegen Vollstreckungsvereitelung gem. § 258 Abs. 2 StGB in Betracht. Zurückgehend auf die Rechtsprechung des Reichsgerichts[757] wurde bei Übernahme oder Erstattung einer fremden Geldstrafe eine Strafbarkeit wegen Vollstreckungsvereitelung angenommen.[758]

Mit Entscheidung vom 07.11.1990[759] hat der Bundesgerichtshof allerdings entschieden, dass keine Form der Übernahme bzw. Bezahlung einer fremden Geldstrafe für eine Strafbarkeit als Vollstreckungsvereitelung gem. § 258 Abs. 2 StGB genügt. Gestützt wird diese Ansicht insbesondere damit, dass mit der Vollstreckung lediglich sichergestellt werden soll, den jeweiligen Betrag – eine vertretbare Sache – zu bezahlen.[760] Dagegen besteht das Vollstreckungsziel nicht darin, dass es auch beim Verurteilten zu einer Empfindung in Form einer persönlichen Vermögenseinbuße kommt.[761] Eine solche „Strafzweckvereitelung" wird vielmehr vom Wortlaut der Vorschrift nicht mehr umfasst und verstößt daher gegen das Analogieverbot des Art. 103 Abs. 2 GG.

Daneben bestehen erhebliche praktische Bedenken für die Annahme einer Bestrafung, insbesondere dann, wenn eine durch den Verurteilten bereits bezahlte Strafe später erstattet wird. In solchen Fällen ebenfalls eine Strafbarkeit anzunehmen, ist, wie *Hassemer*[762] richtig bemerkt, zwar theoretisch konsequent, praktisch aber nicht durchführbar. Erschwerend kommt hinzu, dass dann jede Schenkung an einen zu einer Geldstrafe Verurteilten als Vollstreckungsvereitelung angesehen müsste, solange die Geldstrafe nicht bezahlt wurde[763]; eine uferlose Ausdehnung des Tatbestandes wäre die Folge.

---

757 RGSt 30, 232, 235.

758 So etwa OLG Frankfurt, StV 1990, 112; immer noch dieser Auffassung folgend insbesondere *Sch-Sch-Stree*, § 258 Rn 28a und *LK-Ruß*, § 258 Rn 24a, jeweils mwN. Beide gehen anderenfalls von einer „Entwertung der Strafe" aus und führen die Höchstpersönlichkeit der verhängten Strafe als Argument für eine Strafbarkeit an. *Scholl*, NStZ 1999, 604 f., geht überdies davon aus, dass vom Wortlaut der Vorschrift jede Form der Vereitelung der Umsetzung einer gegen einen anderen verhängten Strafe umfasst werde, so insbesondere auch die bloße „Strafzweckvereitelung".

759 BGHSt 37, 226 ff. Kritisch hierzu insbesondere *Wodicka*, NStZ 1991, 487 ff.; *Hillenkamp*, JR 1992, 74 ff.; *Mitsch*, JA 1993, 304 ff.
Lackner/Kühl, § 258 Rn 13, finden diese Entscheidung kriminalpolitisch bedauerlich.
Zustimmend dagegen statt aller: *Dreher/Tröndle*, § 258 Rn 16 mwN und *SKStGB-Hoyer*, § 258 Rn 18 ff. mwN; *Schroth, Ulrich*, Strafrecht BT, S. 263.

760 BGHSt 37, 226, 229.

761 *Krey*, JZ 1991, 889 f.

762 *Hassemer*, JuS 1991, 695.

763 So *SKStGB-Samson*, 20. Lieferung September 1986, § 258 Rn 35.

Unterscheidet man dagegen danach, ob die Zahlung direkt oder indirekt (etwa mittels eines Darlehens, auf dessen Rückzahlung später verzichtet wird), oder ob eine Erstattungszusage vor oder nach Verurteilung erfolgte, so hieße das, die Bestrafung von bloßen Zufälligkeiten abhängig zu machen. Resultat wäre eine Konstellation, die *Schmidhäuser*[764] und *Samson*[765] zutreffend als eine „Privilegierung von Komödien" bezeichnen.

Für die juristische Praxis hat sich diese Problematik seit der Entscheidung jedenfalls erledigt.[766] Dabei kann es auch keine Rolle spielen, ob die Geldstrafe durch Private oder durch Verbände übernommen wird. Bei letzteren ist vielmehr sogar von einer Sozialadäquanz einer solchen Erstattung auszugehen, wenn diese ihren Mitarbeitern solche in Zusammenhang mit deren Tätigkeit stehenden Geldstrafen ersetzen, da die Vorteile von deren risikobehafteten Handlungen schließlich auch dem Verband zu Gute kommen.[767]

Wegen der Ähnlichkeit der Geldauflagen mit den Geldstrafen müssen diese Erwägungen auch dort gelten, so dass auch hier eine Strafbarkeit wegen Vollstreckungsvereitelung gem. § 258 Abs. 2 StGB auszuscheiden hat.

Erfolgt die Erstattungszusage bereits schon vor Vollendung der Haupttat, so muss aus den gleichen Gründen ebenfalls eine Strafbarkeit ausscheiden.[768]

---

764 *Schmidhäuser*, Strafrecht BT 1983, S. 252.

765 *SKStGB-Samson*, 20. Lieferung September 1986, § 258 Rn 35.

766 *Hoffmann/Wissmann*, StV 2001, 249; aA dagegen *Scholl*, NStZ 1999, 599 ff.

767 So auch *Voß* in *Rönnau/Samson*, S. 292.

768 Für § 258 Abs. 1 StGB ist dabei umstritten, ob eine bereits vor Entstehung des Strafanspruchs geleistete Hilfe überhaupt vom Tatbestand des § 258 Abs. 1 StGB erfasst wird, vgl. hierzu nur *Wolff*, Begünstigung, Strafvereitelung und Hehlerei, S. 80 ff. mwN. Für § 258 Abs. 2 StGB ist es dagegen allgemein anerkannt, dass eine solche Handlung schon überhaupt keine taugliche Tathandlung ist. In solchen Fällen fehlt es nämlich schon an einer von einem deutschen (u. U. auch von einem ausländischen Gericht, vgl. *MüKo-Cramer*, § 258 Rn 4) Gericht gegen einen anderen rechtskräftig verhängten Strafe etc., die vollstreckbar ist und zumindest zum Teil auch noch nicht vollstreckt wurde (*MüKo-Cramer*, § 258 Rn 32 mwN). Für die Annahme einer versuchten Strafvollstreckungsvereitelung liegt in einer solchen Erstattungszusage deshalb *meines Erachtens* auch noch kein unmittelbares Ansetzen, da noch wesentliche Zwischenakte (Begehung der Straftat, Anordnung einer von der Zusage gedeckten Entscheidung) erforderlich sind. Jedenfalls muss auch hier die Tatsache Beachtung finden, dass eine nachträgliche Erstattung(szusage) keine Strafvollstreckungsvereitelung mehr darstellt. Ein unterschiedlicher Unwertsgehalt, der eine andere Behandlung im Rahmen des § 258 Abs. 2 StGB rechtfertigen würde, ist nicht ersichtlich (so auch *Kapp*, NJW 1992, S. 2797).

C. Beihilfe zu den begangenen Straftaten der Mitarbeiter

In einem vorausgegangenen Versprechen einer späteren Übernahme evtl. verhängter Geldstrafen bzw. Geldauflagen könnte eine psychische Beihilfe i. S. v. § 27 StGB zu den rechtswidrigen Taten der Mitarbeiter gesehen werden. Die gleichen Überlegungen können dabei auch für den Fall einer Einverständniserklärung der Vermögensinhaber angestellt werden. Neben einer den objektiven Tatbestand der Untreue ausschließenden Handlung könnte man darin nämlich zugleich auch eine Bestärkung des Tatentschlusses zur Begehung der Tat erblicken.

Sowohl die Erstattungszusage als auch die Einverständniserklärung müssen jedenfalls vor Beendigung der Haupttat erfolgen, da nach Beendigung eine Beihilfe ausgeschlossen ist. Inwieweit eine Strafbarkeit wegen Beihilfe auch dann möglich ist, wenn diese zwischen Vollendung und Beendigung der Haupttat erfolgt, ist nach wie vor umstritten.[769] Lehnt man dies richtigerweise ab[770], so muss die Erstattungszusage als auch die Einverständniserklärung bereits vor Vollendung der Haupttat vorliegen, um überhaupt zu einer Strafbarkeit wegen Beihilfe zu gelangen.

Die Aussicht, trotz begangener Straftat durch die versprochene finanzielle Unterstützung wenigstens wirtschaftlich keine Einbußen hinnehmen zu müssen, könnte als Bestärkung des Tatentschluss und daher als psychische Beihilfe qualifiziert werden.[771] Zurückgeführt werden kann dieser Gedanke dabei auch auf § 257 Abs. 3 a. F. StGB[772], wonach eine vor der Tat zugesagte „Begünstigung" als Beteiligung anzusehen war.

Andererseits scheint sich dadurch ein Widerspruch zu der Lösung bei § 258 Abs. 2 StGB aufzutun. Dort wurde eine Strafbarkeit durch Übernahme einer fremden Geldstrafe oder Geldauflage bzw. deren Zusage auch vor Vollendung der Haupttat verneint. Es käme dann ja doch zu dem auf den ersten Blick paradoxen, auf den zweiten Blick aber einsichtigen Ergebnis, dass zwar ein vorheriges Versprechen strafbar, die nachträgliche Zahlung aber als straflos angesehen werden müsste.[773]

---

769 Vgl. hierzu nur *Wolff*, Begünstigung, Strafvereitelung und Hehlerei, S. 65 ff. mwN; *Plümer*, Strafvereitelung und Beihilfe zur Vortat, S. 1 ff.; *Schröder*, Strafvereitelung, S. 83 ff

770 Vgl. *Wolff*, Begünstigung, Strafvereitelung und Hehlerei, S. 89 ff. mwN.

771 *Rehbinder*, ZHR 148 (1984), 564; *Kapp*, NJW 1992, 2797; *Bastuck*, Enthaftung des Managements, S. 135 mwN;

772 Fassung vor dem 01.01.1975.

773 Zweifelnd auch *Tröndle/Fischer*, 49. Aufl., § 258 Rn 9.

Die Bestrafung im ersten Fall ergibt sich jedoch aus einer ganz anderen Zielrichtung: es wird nicht die Vereitelung einer Strafe, sondern die Beteiligung an der Vortat bestraft. Im Gegensatz zu § 257 Abs. 3 StGB fehlt es bei § 258 StGB an einer entsprechenden Regelung, auch handelt es sich dabei nicht um einen verallgemeinerungsfähigen Rechtsgedanken. Die Regelung des § 258 Abs. 2 StGB trägt zwar dem Umstand Rechnung, dass es sich bei der Strafvereitelung wie bei der Strafvollstreckungsvereitelung um selbständige Taten handelt, diese aber keinesfalls eine vorangegangene Beihilfe als vorrangiges bzw. als spezielleres Delikt verdrängt.[774]

Dementsprechend wird eine Strafbarkeit durch eine Erstattungszusage oder einer Einverständniserklärung wegen psychischer Beihilfe zum Teil mit dem Argument bejaht, dass eine vorherige Zusage regelmäßig die „unwiderlegbare" Vermutung einer Bestärkung des Tatentschlusses bewirke.[775]
Unwiderlegbare Vermutungen kann und darf es im Strafrecht allerdings nicht geben. Es kann natürlich ein erhebliches Indiz darstellen, dass die Erstattungszusage (auch) als Anreiz zur Begehung strafbarer Handlungen gedacht war, wenn gerade auch dem Verband Vorteile aus der vom Mitarbeiter begangenen Tat zugeflossen sind.[776] Wirken die Verantwortlichen des Verbandes zudem nicht darauf hin, dass sich die Mitarbeiter gesetzestreu verhalten, sondern sollen die Zusagen die Begehung von Gesetzesverstößen vielmehr erleichtern, so kommt in diesen Fällen sogar eine Anstifterstrafbarkeit in Betracht.

Allerdings sind solche Zusagen nicht immer als Anreiz zur Begehung von Straftaten zu verstehen. Solche Zusagen müssen nicht automatisch in einem Bestärken, etwas Rechtswidriges zu tun, enden, sondern dienen oftmals genau dem Gegenteil.

Gerade im wirtschaftlichen Leben, welches nicht nur in rechtlicher Hinsicht von schnellen Änderungen geprägt ist, befinden sich nämlich Organmitglieder oder leitende Angestellte schnell in einer Grauzone legalen Handelns. Unklare Straftatbestände (besonders im Wirtschafts- und Steuerstrafrecht) leisten ihr Übriges dazu. Die Zusage, evtl. später Geldstrafen bzw. Geldauflagen zu übernehmen, beugt daher auch Unsicherheiten vor und animiert die Führungskräfte, legale Maßnahmen oder Entscheidungen gerade auch in solchen Graubereichen zu ergreifen bzw. zu treffen, die im Interesse des Unternehmens liegen.[777] Eine

---

774 Dagegen spricht auch schon die historische Entwicklung dieser Vorschrift, vgl. *LK-Ruß*, § 258 Entstehungsgeschichte, *Sch-Sch-Stree*, § 258 Rn 42.

775 So etwa BGHSt 6, 20, 23. In diesem Sinne auch *LK-Ruß*, § 258 Rn 36; *SKStGB-Hoyer*, § 258 Rn 23; *Hoffmann/Wißmann*, StV 2001, 251 f. Ebenfalls bejahend *LK-Roxin*, 10. Aufl., § 27 Rn 12.

776 *Hoffmann/Wißmann*, StV 2001, S. 252.

777 *Rehbinder*, ZHR 148 (1984), 564 f.; dieses Argument anerkennend auch *Hoffmann/Wißmann*, StV 2001, 251 f.

solche Zusage ist daher in erster Linie als Mittel zur Förderung der (legalen) Entscheidungsfreudigkeit anzusehen.[778]

Auch ist fraglich, ob wirklich von einem Bestärken, wie es die psychische Beihilfe erfordert[779], gesprochen werden kann. Solche Zusagen können allenfalls Geldstrafen bzw. Geldauflagen umfassen, nicht aber Freiheitsstrafen. Zudem muss der Mitarbeiter befürchten, als vorbestraft zu gelten, mit entsprechend negativen Folgen gerade bei einem evtl. später geplanten Stellenwechsel.
Im Gegensatz zur Zusage einer späteren Strafvereitelung, reicht die Erstattungszusage bzw. die Einverständniserklärung im Rahmen einer Strafvollstreckungsvereitelung nicht so weit, da sie, wie eben gezeigt, gerade nicht alle negativen Folgen verhindern kann. Vielmehr stehen solche Zusagen Solidarisierungsbekundungen näher, die für die Annahme einer psychischen Beihilfe nicht ausreichen.[780]

Insofern sind daher die Zusage einer (späteren) Strafvereitelung und der Zusage einer (späteren) Strafvollstreckungsvereitelung nicht deckungsgleich, so dass zwar im ersten Fall zweifellos von einer psychischen Beihilfe gesprochen werden kann, nicht aber ohne weiteres auch im zweiten Fall. Dort gilt diese „unwiderlegbare" Vermutungsregelung, die der Bundesgerichtshof auch nur für den Fall einer Strafvereitelung aufgestellt hat[781], daher gerade nicht. Es muss vielmehr genau geprüft werden, ob sich der Mitarbeiter als Täter tatsächlich bestärkt fühlen durfte.

Von besonderer Problematik ist schließlich auch noch, dass im Zeitpunkt der Zusagen die möglichen Straftaten in aller Regel noch wenig konkretisiert sind.[782] Zwar sind bei der Beihilfe die Anforderungen an den Konkretisierungsgrad der Vorstellungen hinsichtlich der Haupttat im Vergleich zur Anstiftung geringer, so dass etwa nicht erforderlich ist, dass alle Einzelheiten bekannt sind.[783] Die wesentlichen Merkmale der Tat müssen allerdings bekannt sein.[784] Damit einhergeht, dass auch die Haupttat, deren Unterstützung der Gehilfe anstrebt, zumindest in gewissen Umfang bestimmt sein muss.[785]

---

778 *Rehbinder* aaO.
779 Vgl. hierzu nur *LK-Roxin*, 10. Aufl., § 27 Rn 13 ff.
780 *Sch-Sch-Cramer/Heine*, § 27 Rn 12 mwN
781 BGHSt 6, 20, 23.
782 *Rehbinder*, aaO; *Kapp*, NJW 1992, 2797.
783 *Sch-Sch-Cramer/Heine*, § 27 Rn 19 mwN.
784 *Roxin* in Festschrift Salger, S. 137 ff.; *Tröndle/Fischer*, § 27 Rn 8 mwN.
785 *Tröndle/Fischer*, § 27 Rn 9 mwN.

Auch der Bundesgerichtshof[786] tendiert in diese Richtung, wenn er in den Fällen „berufstypischer neutraler Handlungen" eine strafbare Beihilfehandlung dann annehmen will, wenn der Hilfeleistende weiß, dass das Handeln des Haupttäters ausschließlich darauf abzielt, eine strafbare Handlung zu begehen. Dagegen soll eine strafbare Beihilfehandlung regelmäßig noch nicht vorliegen, wenn der Hilfeleistende es nur für möglich erachtete, dass ein Tun zur Begehung einer Straftat genutzt wird, es sei denn, dass das von ihm erkannte Risiko strafbaren Verhaltens des von ihm Unterstützten derart hoch war, dass er sich mit seiner Hilfeleistung „die Förderung eines erkennbar tatgeneigten Täters angelegen sein"[787] ließ.

Ist also bei Erteilung solcher Zusagen klar, auf welche Straftaten Bezug genommen werden soll, so reicht dies für die Bestimmtheit der Tat aus; Vorsatz wäre zu bejahen. Ein Beispiel hierfür wäre etwa die Zusage gegenüber einem Bankangestellten, alle im Zusammenhang mit Auslandsgeschäften verhängten Geldstrafen bzw. Geldauflagen (so z. B. wegen Beihilfe zur Steuerhinterziehung) zu übernehmen.

Legen solch „gefahrgeneigte Arbeiten" eine solche Beschränkung nicht nahe, so fehlt es dagegen in aller Regel an der Bestimmtheit der Tat, da die allgemeine Förderung der Begehung von Straftaten durch solche Zusagen dann noch keine Beihilfe darstellt.[788]

Ob daher bei vor Vollendung der Straftat erteilten Erstattungszusagen oder Einverständniserklärungen eine psychische Beihilfe angenommen werden kann, erfordert eine diffizile Abwägung im Einzelfall. Gute Gründe sprechen dafür, hier überhaupt nicht von einem Bestärken zu sprechen. Nimmt man ein solches allerdings an, so wird in aller Regel auch ein Vorsatz gegeben sein. Um daher diese Schwierigkeiten von Anfang an auszuschließen, empfiehlt es sich – wie *Hoffmann/Wißmann*[789] zutreffend hinweisen – darauf zu verzichten, solche Erklärungen bereits im Vorfeld abzugeben.

Zum gleichen Ergebnis gelangt man auch im Recht der Ordnungswidrigkeiten. Eine Erstattungszusage bzw. eine Einverständniserklärung kann auch hier als Beteiligung i. S. von § 14 OWiG angesehen werden. Die Einheitstäterschaft

---

786 Urteil vom 18.06.2003, Aktenzeichen 5 StR 489/02, nicht veröffentlicht. Vgl. hierzu *Wegner*, PStR 2003, 194 f.

787 BGHSt 46, 107, 112.

788 *Rehbinder*, ZHR 148 (1984), 564.

789 *Hoffmann/Wißmann*, StV 2001, 252; zur Abgrenzung von Vorsatz und bewusster Fahrlässigkeit vgl. insbesondere *Schroth, Ulrich*, JuS 1992, 1 ff.; *ders.* in FS für Heinrich Scholler, 159 ff. Zur Bedeutung des voluntativen Elements im Rahmen des Vorsatzbegriffes vgl. umfassend *Schroth, Ulrich*, Vorsatz als Aneignung der unrechtskonstituierenden Merkmale.

bezweckt dabei keine Einschränkung der nach Strafrecht möglichen Beteiligungsformen, d. h. eine Handlung, die strafrechtlich als Anstiftung oder als Beihilfe zu werten ist, stellt auch ordnungsrechtlich eine Beteiligung dar.[790] Andererseits besteht der Zweck dieser Regelung aber auch nicht darin, die Ahndungsmöglichkeiten gegenüber dem Strafrecht auszuweiten.[791] Dementsprechend genügt ein bloß fahrlässiger Tatbeitrag des Teilnehmers genauso wenig[792], wie eine bloß fahrlässige Begehung durch den Täter.[793]
Das hat aber zur Folge, dass Zusagen für fahrlässige Taten weder straf- noch ordnungsrechtlich sanktioniert und demnach bedenkenlos erteilt werden können.

---

790 *Göhler*, OWiG, § 14 Rn 5c; *Rehbinder*, ZHR 148 (1984), 565.
791 *Göhler*, OWiG, § 14 Rn 2.
792 *Göhler*, OWiG, § 14 Rn 4 mwN.
793 So der beizupflichtenden h. M., vgl. *Göhler*, OWiG, § 14 Rn 5b mwN.

Zusammenfassung der wichtigsten Ergebnisse

1. Durch das Gesetz zur „Ausführung des Zweiten Protokolls vom 19. Juni 1997 zum Übereinkommen über den Schutz der finanziellen Interessen der Europäischen Gemeinschaften, der Gemeinsamen Maßnahme betreffend die Bestechung im privaten Sektor vom 22. Dezember 1998 und des Rahmenbeschlusses vom 29. Mai 2000 über die Verstärkung des mit strafrechtlichen und anderen Sanktionen bewehrten Schutzes gegen Geldfälschung im Hinblick auf die Einführung des Euro“ fallen nun auch die Vorgründungs- und die Vorgesellschaften grundsätzlich in den Anwendungsbereich von § 30 OWiG. Kommt es zu einem Rechtsformwechsel, so ist jetzt die Verhängung einer Geldbuße ebenfalls ohne weiteres möglich, sofern eine Gesellschaftsidentität vorliegt.
   Schließlich kann auch gegen die GmbH & Co KG nach § 30 Abs. 1 Nr. 3 OWiG i. V. m. § 9 Abs. 1 OWiG eine Verbandsgeldbuße angeordnet werden.

2. Eine taugliche Anknüpfungstat liegt auch dann vor, wenn das Strafverfahren wegen §§ 153a, 153b, 154 und 154a StPO eingestellt wurde, nicht aber in den Fällen des § 170 Abs. 2 StPO und grundsätzlich auch nicht bei § 153 StPO. Liegt im Steuerstrafverfahren eine strafbefreiende Selbstanzeige gem. § 371 AO oder eine strafbefreiende Erklärung nach § 1 Abs. 1 StraBEG vor, so fehlt es ebenfalls an einer tauglichen Anknüpfungstat.

3. Die der Tat unmittelbar selbst anhaftenden Folgesteueransprüche wie etwa die Umsatzsteuer können nur dann vorteilsmindernd berücksichtigt werden, wenn diese nicht schon bereits anderweitig ausgeglichen werden konnten, z. B. im Rahmen des Vorsteuerabzugverfahrens gem. § 15 UStG.

4. Ergeben sich aufgrund der Bereicherung des Verbandes weitere (höhere) Steueransprüche, so können diese dann als abzugsfähige Kosten bei § 17 Abs. 4 OWiG berücksichtigt werden, wenn diese bereits rechtskräftig festgesetzt wurden. Liegt dagegen noch keine rechtskräftige Festsetzung vor, so hat eine Berücksichtigung erst bei § 4 Abs. 5 Nr. 8 EStG zu erfolgen. Gleiches gilt dabei auch für § 73 StGB und § 29a OWiG.

5. Entstehen Nachzahlungsansprüche bzgl. verkürzter Steuern, so droht auch hier die Gefahr einer doppelten Inanspruchnahme. Zum einen sähe sich der Verband Haftungsansprüchen nach § 72 AO oder aus § 70 AO i. V. m. §§ 370, 370a, 378 AO, ausgesetzt, zum anderen könnte aber auch eine Geldbuße gem. §§ 154 Abs. 1, 379 Abs. 2 Nr. 2, 377 Abs. 2 AO, 14, 9, 130, 30 OWiG bzw. gem. §§ 370, 370a, 378 AO, 27 StGB, 14, 9, 130, 30

OWiG verhängt werden. Gleiches droht auch dann, wenn der Verband freiwillig (eine Pflicht hierzu besteht grundsätzlich nicht) solche Haftungsansprüche gegenüber seinen Mitarbeitern übernimmt.
Bei der Frage, inwieweit diese Nachzahlungsansprüche bei den § 73 StGB, § 29a OWiG und § 17 Abs. 4 OWiG zu berücksichtigen sind, ist allerdings zu differenzieren:

a) Bei den §§ 73 ff. StGB unterfallen diese Ansprüche § 73 Abs. 1 S. 2 StGB, sind also wie Ersatzansprüche Dritter zu behandeln, wobei es unerheblich ist, ob der Anspruch auch tatsächlich geltend gemacht wird. Voraussetzung ist lediglich, dass der Anspruch rechtlich noch durchsetzbar ist. Für Steueransprüche ist dabei vor allem die Festsetzungsverjährungsfrist entscheidend.
b) Bei § 29a OWiG gilt dagegen der deutlich strengere Maßstab des § 99 Abs. 2 OWiG, so dass zwar diese Nachzahlungsansprüche grundsätzlich auch hier berücksichtigt werden müssen, doch ist erforderlich, dass die Steuernachzahlungsansprüche durch zumindest bestandskräftigen Steuerbescheid rechtskräftig festgestellt wurden.
c) Da bei § 17 Abs. 4 OWiG eine vergleichbare Regelung wie die des § 73 Abs. 1 S. 2 StGB oder des § 99 Abs. 2 OWiG fehlt, muss die Lösung originär aus § 17 OWiG selbst herausgefunden werden. Eine Berücksichtigung hat auch hier stattzufinden, wobei § 17 Abs. 3 S. 2 OWiG entscheidende Bedeutung zukommt. Aufgrund der Besonderheit, dass die Geldbuße gegen einen Verband angeordnet wird, hat eine Bewertung nach Realisierbarkeitskriterien stattzufinden, die anhand der Buchführungs- und Bilanzierungsregeln zu den Anforderungen an die Bildung von Rückstellungen für ungewisse Verbindlichkeiten zu konkretisieren sind. Es genügt hier daher bereits, wenn nach wirtschaftlich bemessenen Kriterien eine Realisierbarkeit droht.

6. Zinsaufwendungen und Säumniszuschläge sind – mit Ausnahme der für die Umsatz- oder Gewerbesteuer angefallenen Zinsen und Zuschläge, soweit diese als Betriebsausgaben angesetzt werden konnten – bei der Bemessung der Geldbuße gem. §§ 30, 17 Abs. 4 OWiG ebenfalls vorteilsmindernd zu berücksichtigen, wenn der Verband selbst Steuerschuldner ist oder zumindest gem. § 72 AO dafür haftet.

7. Übernimmt der Verband die in diesem Zusammenhang gegen seine Mitarbeiter verhängten Geldstrafen bzw. Geldauflagen, so machen sich die dafür Verantwortlichen mangels Pflichtwidrigkeit in aller Regel keiner Untreue strafbar. Dies gilt dabei grundsätzlich auch dann, wenn der Verhängung einer (höheren) Verbandsgeldbuße zugestimmt wird, um so für sich selbst oder für die Mitarbeiter eine geringere Strafe oder gar eine Verfahrenseinstellung zu erreichen.

8. Wird bereits im Vorfeld den jeweiligen Mitarbeitern die Übernahme von später verhängten Geldstrafen bzw. Geldauflagen zugesagt, so kann darin nur dann eine psychische Beihilfe erblickt werden, wenn bei Erteilung dieser Zusage klar ist, auf welche Straftaten sich diese beziehen soll. Anderenfalls kann darin nur eine „Solidarisierungsbekundung" gesehen werden, so dass es bereits am „Bestärken" fehlt. Überdies ist anderenfalls der Vorsatz nicht hinreichend bestimmt. Zusagen für fahrlässige Taten können dagegen in jedem Fall straffrei erteilt werden.

LITERATURVERZEICHNIS

Achenbach, Hans, Ausweitung des Zugriffs bei den ahndenden Sanktionen gegen die Unternehmensdelinquenz, wistra 2002, 441 ff.
Achenbach, Hans, Das Zweite Gesetz zur Bekämpfung der Wirtschaftskriminalität, NJW 1986, 1835 ff.
Achenbach, Hans, Die Sanktionen gegen die Unternehmensdeliquenz im Umbruch, JuS 1990, 601 ff.
Achenbach, Hans, Die steuerliche Absetzbarkeit mehrerlösbezogener Kartellgeldbußen, BB 2000, 1116 ff.
Achenbach, Hans, Diskrepanzen im Recht der ahndenden Sanktionen gegen Unternehmen, FS Stree/Wessels, 1993, 545 ff.
Achenbach, Hans, Vermögensrechtlicher Opferschutz im strafprozessualen Vorverfahren, in: Festschrift für Hans Blau, 1985, 7 ff.
Alternativ-Kommentar zur Strafprozessordnung, 1992; zitiert: AK-Bearbeiter
App, Michael, Fehlende Kompetenz der Finanzbehörde zur Einstellung eines Steuerstrafverfahrens mangels Tatverdachts?, wistra 1990, 261 ff.

Bastuck, Burkhard, Enthaftung des Managements, 1986
Bax, Eckhard, Die Haftung nach allgemeinem Abgabenrecht aus steuer- und verfassungsrechtlicher Sicht, 1992
Behr, Wolfgang, Die Strafbarkeit von Bankmitarbeitern als Steuerhinterziehungsgehilfen bei Vermögenstransfers ins Ausland, wistra 1999, 245 ff.
Bender, Peter, Der wirtschaftliche Vorteil (§ 13 Abs. 4 OWiG), insbesondere bei der Bardepotverkürzung, ZfZ 1974, 140 ff.
Bender, Peter, Sanktionen zur straf- und bußgeldrechtlichen Gewinnabschöpfung gegenüber Gesellschaften, ZfZ 1976, 139 ff.
Bender, Peter, Verfallanordnung bei Steuerhinterziehung, ZfZ 1978, 268 ff.
Berthel, Ralph, Vermögensabschöpfung im Lichte der Kriminalstrategie, Kriminalistik 2002, 29 ff.
Beuthien, Volker, Gibt es eine organschaftliche Stellvertretung?, NJW 1999, 1142 ff.
Beuthien, Volker, Zur Theorie der Stellvertretung im Gesellschaftsrecht, in: Festschrift für Wolfgang Zöllner, Band I, 1998, 87 ff.
Birk, Dieter, Steuerrecht, 5. Aufl., 2002
Blauth, Peter, „Handeln für einen anderen“ nach geltendem und kommendem Strafrecht, 1968
Blumers, Wolfgang / Glöggerle, Werner, Handbuch des Verteidigers und Beraters im Steuerstrafverfahren, 1984
Bockelmann, Paul / Volk, Klaus, Strafrecht Allgemeiner Teil, 4. Aufl., 1987
Bode, Jürgen, Geldbuße gegen juristische Personen und Personenvereinigungen im Strafrecht, NJW 1969, 1286 ff.
Bohnert, Joachim, Grundriss des Ordnungswidrigkeitenrechts, 1996

Brender, Markus, Die Neuregelung der Verbandstäterschaft im Ordnungswidrigkeitenrecht, 1989

Brenner, Karl, Bußgeld gegen GmbH, AG, OHG, KG, GmbH & Co KG, Vereine (§ 30 OWiG), ZFZ 1986, 290 ff.

Brenner, Karl, Gewinnabschöpfung, das unbekannte Wesen im Ordnungswidrigkeitenrecht, NStZ 1998, 557 ff.

Brenner, Karl, Gewinnverfall, eine vernachlässigte Strafvorschrift – am Beispiel der Steuerstraftat, StBp 1978, 87 ff.

Brenner, Karl, Gewinnverfall, eine vernachlässigte Strafvorschrift, DRiZ 1977, 203 ff.

Bruns, H.-J., Anmerkung zum BGH-Urteil vom 27.10.1953, JZ 1954, 251 ff.

Bruns, H.J., Befreiung des Strafrechts vom zivilistischen Denken, 1938

Bruns, H.-J., Die sog. „tatsächliche" Betrachtungsweise im Strafrecht, JR 1984, 133 ff.

Bruns, H.-J., Grundprobleme der strafrechtlichen Organ- und Vertreterhaftung (§ 14 StGB, § 9 OWiG), GA 1982, 1 ff.

Bublitz, Lothar, Neue Aspekte bei Hinterziehungszinsen, DStR 1990, 438 ff.

Burhoff, Detlef, Ein Blick zurück nach vorn, PStR 2000, 154 ff.

Burhoff, Detlef, Kein dinglicher Arrest gegen einen Dritten, PStR 2001, 192.

Busch, Richard, Grundfragen der strafrechtlichen Verantwortlichkeit der Verbände, 1933

Callmann, Rudolf, Das deutsche Kartellrecht, Kommentar, 1934

Cadus, Joachim-M., Die faktische Betrachtungsweise, 1984

Canaris, Claus-Wilhelm, Anmerkung zum BGH-Urteil vom 07.01.1971, JZ 1971, 561 ff.

Carl, Dieter / Klos, Joachim, Das ungelöste Problem des „Verfügungsberechtigten" im Sinne des § 154 Abs. 2 AO aus Sicht der Ermittlungsbehörden, wistra 1990, 41 ff.

Carl, Dieter / Klos, Joachim, Inhalt und Reichweite der Kontenwahrheitspflicht nach § 154 AO als Grundlage der steuerlichen Mitwirkungspflichten der Kreditinstitute, DStZ 1995, 296 ff.

Carl, Dieter / Klos, Joachim, Tafelgeschäfte – steuerlich unzulässige „Geldwäsche" der Kreditinstitute?, DStZ 1991, 24 ff.

Cramer, Steffen, Bemessung von Geldbuße und Verfall gemäß §§ 17, 29a OWiG unter Berücksichtigung der steuerlichen Belastung sowie der Einnahmen aus rechtmäßigem Alternativverhalten, wistra 1996, 248 ff.

Crezelius, Georg, Steuerrecht II, 2. Aufl., 1994

Dannecker, Gerhard, Die Entwicklung des Strafrechts unter dem Einfluss des Gemeinschaftsrechts, Jura 1998, 79 ff.

Demuth, Hennrich / Schneider, Tilmann, Die besondere Bedeutung des Gesetzes über Ordnungswidrigkeiten für Betrieb und Unternehmen, BB 1970, 642 ff.

Deruyck, Filiep, Verbandsdelikt und Verbandssanktion, 1990

Detterbeck, Steffen, Allgemeines Verwaltungsrecht, 2002

Dörn, Harald, Anwendung der §§ 130, 30 und 29a OWiG im Steuerordnungswidrigkeitenverfahren, StBp 1991, 87 ff.

Dörn, Harald, Sicherstellung von Geld durch die Finanzbehörden im Steuerstrafverfahren, wistra 1990, 181 ff.

Drathjer, Johann, Die Abschöpfung rechtswidrig erlangter Vorteile im Ordnungswidrigkeitenrecht, 1997

Ebenroth, Carsten Thomas / Wilburger, Andreas, Die strafrechtliche Verantwortung des Vorstandes für Umweltstraftaten und gesellschaftsrechtliche Vermeidungsstrategien, BB 1991, 1941 ff.

Eberbach, Wolfram H., Zwischen Sanktion und Prävention – Möglichkeiten der Gewinnabschöpfung nach dem StGB, NStZ 1987, 486 ff.

Eidam, Gerd, Straftäter Unternehmen, 1997

Eidam, Gerd, Die Verbandsgeldbuße des § 30 Abs. 4 OWiG – eine Bestandsaufnahme, wistra 2003, 447 ff.

Engisch, Karl, Referat für den 40. Deutschen Juristentag (1953), Band II, S. E 7 ff.

Eser, Albin, Die strafrechtlichen Sanktionen gegen das Eigentum, 1969

Feller, Hans, Die vertraglich zugesicherte Übernahme von Geldstrafen als Problem des Arbeitsrechts, RdA 1958, 222 ff.

Fichtelmann, Helmar, Haftung für Steuerschulden, 1979

Flore, Ingo, § 30 OWiG – Königsweg in den Bankenstrafverfahren?, PStR 1999, 120 ff.

Flume, Werner, Allgemeiner Teil des Bürgerlichen Rechts, Band I/2, 1983

Forthauser, Roman, Geldwäscherei de lege lata et ferenda, 1992

Franzen, Klaus, Die Verzinsung hinterzogener Steuern (§ 4a StSäumG; § 396 AO), DStR 1965, 319 ff.

Franzen, Klaus, Gast-de Haan, Brigitte, Joecks, Wolfgang, Steuerstrafrecht, 5. Aufl., 2001

Freier von, Friedrich, Kritik der Verbandsstrafe, 1998

Friedl, Helmut, Das Verschulden – Stiefkind von Steuerrechtswissenschaft und Steuerrechtsprechung, DStR 1991, 1616 ff.

Gerner, Erich / Winckhler, Hugo, Wirtschaftsstrafgesetzbuch 1954, 1954

Gierke von, Otto, Deutsches Privatrecht I, 1899

Gierke von, Otto, Die Genossenschaftstheorie und deutsche Rechtsprechung, 1887

Göhler, Erich, Anmerkung zum Beschluss des KG vom 17.03.1971, JR 1972, 123 ff.

Göhler, Erich, Die neue Regelung zum Verfall im StGB und OWiG, wistra 1992, 133 ff.

Göhler, Erich, Die strafrechtliche Verantwortlichkeit juristischer Personen, ZStW 1978 (Beiheft), 100 ff.
Göhler, Erich, Kommentar zum Ordnungswidrigkeitenrecht, 13. Aufl., 2002, zitiert: Göhler, OWiG
Göhler, Erich, Rechtsprechungsübersicht zum Gesetz über OWiG, NStZ 1983, 64 ff.
Göhler, Erich, Rechtsprechungsübersicht zum Gesetz über OWiG, NStZ 1987, 58 ff.
Göhler, Erich, Zum Gesetz über Ordnungswidrigkeiten, NStZ 1981, 55 ff.
Göhler, Erich, Zur Rechtskraftwirkung von Bußgeldentscheidungen in den Fällen des § 30 OWiG, wistra 1991, 131 ff.
Goldschmidt, James, Das Verwaltungsstrafrecht im Verhältnis zur modernen Staats- und Rechtslehre, 1903
Goutier, Klaus, Die Haftung im Steuerrecht, 1978
Große Vorholt, André, Management und Wirtschaftsstrafrecht: Strategien zur Risikovermeidung und Wirtschaftstrafrecht, 2001
Güntert, Lothar, Die Gewinnabschöpfung als strafrechtliche Sanktion, 1983

Halaczinsky, Raymond, Die Haftung im Steuerrecht, 2. Aufl., 1994
Hamacher, R., „Dagobert Duck" – Ein kriminelles System?, DB 1995, 2284 ff.
Hamacher, Rolfjosef, Umfang der Pflicht zur Legitimationsprüfung nach § 154 Abs. 2 AO, DB 1987, 1324 ff.
Harder, Peter, Das Auswahlermessen bei der Steuerhaftung, DB 1988, 2022 ff.
Harzer, Regina / Vogt, Thomas, „Mitarbeit" von Banken an Steuerhinterziehungen: Ein Problem der Beihilfekausalität, StraFo 2000, 39 ff.
Hassemer, Winfried, Anmerkung zum Urteil des BGH vom 07.11.1990, JuS 1991, 694 ff.
Hassemer, Winfried, Vermögen im Strafrecht – Zu neuen Tendenzen der Kriminalpolitik, WM 1995, Sonderbeilage 3/95, 1 ff.
Hecker, Jan, Aufsichtspflichtverletzung bei Zuwiderhandlungen Unternehmensfremder, GewArch 1999, 321 ff.
Heimler, Rainer, Ordnungswidrigkeit und Prozessgegenstand, 1985
Heine, Günter, Die strafrechtliche Verantwortlichkeit von Unternehmen, 1995
Heinitz, Ernst, Der Ausbau des Strafensystems, ZStW 65, 26 ff.
Herold, Herbert, Für den Zollfahndungsdienst wesentliche Änderungen des Steuerstraf- und –ordnungswidrigkeitenrechts durch das EGStGB, ZfZ 1975, 299 ff.
Herrmann/Heuer/Raupach, Kommentar zum Einkommensteuerrecht, Stand: Dezember 2003; zitiert: Herrmann/Heuer/Raupach-Bearbeiter
Hetzer, Wolfgang, Gesetzgebung zur Gewinnabschöpfung und Geldwäschebekämpfung, ZRP 2001, 266 ff.
Hetzer, Wolfgang, Schuldlose Sanktionssubjekte?, wistra 1999, 361 ff.
Hillenkamp, Thomas, Anmerkung zu BGH Urteil vom 07.11.1990, JR 1992, 74 ff.

Hillenkamp, Thomas, Risikogeschäft und Untreue, NStZ 1981, 161 ff.

Hirsch, Hans Joachim, Die Strafrechtliche Verantwortlichkeit von Unternehmen, ZStW 107 (1995), 285 ff.

Hoffmann, Volker H. / Wißmann, Anke C., Die Erstattung von Geldstrafen, Geldauflagen und Verfahrenskosten im Strafverfahren durch Wirtschaftsunternehmen gegenüber ihren Mitarbeitern, StV 2001, 249 ff.

Hohn, Kristian, Die Bestimmung des erlangten Etwas i.S.d. § 73 StGB durch den BGH, wistra 2003, 321 ff.

Hoyer, Andreas, Die Rechtsnatur des Verfalls angesichts des neuen Verfallsrechts, GA 1993, 421 ff.

Hübschmann/Hepp/Spitaler, Kommentar zur Abgabenordnung und Finanzgerichtsordnung, Stand: Dezember 2003; zitiert: HHSp-Bearbeiter

Ignor, Alexander / Rixen, Stephan, Untreue durch Zahlung von Geldauflagen?, wistra 2000, 448 ff.

Ignor, Alexander / Rixen, Stephan, Abberufung eines Vorstandsmitglieds wegen Unzuverlässigkeit nach Einstellung eines Banken-Strafverfahrens gem. § 153a StPO?, StraFo 2000, 157 ff.

Immenga, Volker / Mestmäcker, Ernst-Joachim, Gesetz gegen Wettbewerbsbschränkung, 2. Aufl., 1992, zitiert: Bearbeiter in Immenga/Mestmäcker

Jäger, Markus, Anmerkung zum Urteil des BGH vom 01.08.2000, wistra 2000, 344 ff.

Jäger, Markus, Kein Verfall bei Steuerstraftaten?, PStR 2001, 6 ff.

Jescheck, Hans-Heinrich / Weigend, Thomas, Lehrbuch des Strafrechts, Allgemeiner Teil, 5. Aufl., 1996

Jescheck, Hans-Heinrich, Die strafrechtliche Verantwortlichkeit der Personenverbände, ZStW 65, 210 ff.

Joecks, Wolfgang / Miebach, Klaus (Herausgeber), Münchner Kommentar zum Strafgesetzbuch, 2003; zitiert: MüKo-Bearbeiter

Joecks, Wolfgang, Die Stellung der Kreditwirtschaft im steuerstrafrechtlichen Ermittlungsverfahren gegen Kunden, Beilage Nr. 1 WM 1998

Jung, Heike, Konturen und Perspektiven des europäischen Strafrechts, JuS 2000, 417 ff.

Käbisch, Hermann, Zum Vorgehen der Steuerfahndung gem. §§ 73 ff StGB, § 111 b StPO, wistra 1984, 10 ff.

Kaiser, Günther, Gewinnabschöpfung als kriminologisches Problem und kriminalpolitische Aufgabe, in: Festschrift für Herbert Tröndle, 1989, 685 ff.

Kaiser, Günther, Kriminologie, 1997

Kaiser, Günther, Möglichkeiten zur Verbesserung des Instrumentariums zur Bekämpfung von Geldwäsche und zur Gewinnabschöpfung, wistra 2000, 121 ff.

Kapp, Thomas, Dürfen Unternehmen ihren (geschäftsleitenden) Mitarbeitern Geldstrafen bzw. –bußen erstatten?, NJW 1992, 2796 ff.

Karlsruher Kommentar zum Ordnungswidrigkeitenrecht, 2. Aufl, 2000; zitiert: KK- Bearbeiter

Karlsruher Kommentar zur Strafprozessordnung und zum Gerichtsverfassungsgesetz, 5. Aufl., 2003; zitiert: KKStPO-Bearbeiter

Keller, R., Anmerkung zum Beschluss des OLG Karlsruhe vom 30.12.1974, JR 1976, 122 ff.

Kiethe, Kurt / Hohmann, Olaf, Das Spannungsverhältnis von Verfall und Rechten Verletzter (§ 73 I 2 StGB), NStZ 2003, 505 ff.

Kindhäuser, Urs, Strafgesetzbuch – Lehr- und Praxiskommentar, 1. Aufl., 2002

Kirchhof, Paul (Herausgeber), Einkommensteuer Kompaktkommentar, 2. Aufl., 2002, zitiert: Kirchhof-Bearbeiter

Kirchhof, Paul / Söhn, Hartmut, Einkommensteuergesetzkommentar, Stand November 2003, zitiert: Kirchhof/Söhn-Bearbeiter

Klein, Franz, Abgabenordnung Kommentar, 8. Aufl., 2003, zitiert Klein-Bearbeiter

Klos, Joachim, Die Beschlagnahme von Geld durch die Steuerfahndung, wistra 1987, 121 ff.

Koch, Karl / Scholtz, Rolf-Detlev (Herausgeber), Abgabenordnung, 4. Aufl., 1993, zitiert: Koch-Bearbeiter

Kohlmann, Günter, Kommentar zum Steuerstrafrecht, Stand: Juli 2003

Korte, Matthias, Juristische Person und strafrechtliche Verantwortung, 1991

Krekeler, Wilhelm / Tiedemann, Klaus / Ulsenheimer, Klaus / Weinmann, Günther (Herausgeber), Handwörterbuch des Wirtschafts- und Steuerstrafrechts, Stand: Mai 1990, zitiert: *Bearbeiter* in HWiStR

Krey, Volker / Dierlamm, Alfred, Gewinnabschöpfung und Geldwäsche, JR 1992, 353 ff.

Krey, Volker, Anmerkung zu BGH Urteil vom 07.11.1990, JZ 1991, 889 f.

Kühn, Rolf / Hoffmann, Ruth, Abgabenordnung, 17. Aufl., 1995

Lackner, Karl / Kühl, Kristian, Strafgesetzbuch mit Erläuterungen, 24. Aufl., 2001

Lademann/Söffing, Einkommensteuerkommentar, Stand 2001, zitiert: Lademann/Söffing-Bearbeiter

Lange, Richard, Die Strafbarkeit von Personenverbänden, JZ 1952, 261 ff.

Langkeit, Jochen, Untreue von GmbH-Geschäftsführern als Gegenstand der anwaltlichen Beratungspraxis, WiB 1994, 64 ff.

Larenz, Karl, Canaris, Claus-Wilhelm, Lehrbuch des Schuldrechts, Band II/2, 13. Aufl., 1994

Lausen, Katrin, Die Haftung des Vertretenen gem. § 70 AO, wistra 1989, 338 ff.

Lehmann, Heinrich / Dietz, Rolf, Gesellschaftsrecht, 3. Aufl., 1970

Leipziger Kommentar zum Strafgesetzbuch, 11. Aufl.; zitiert: LK-Bearbeiter

Leisner, Walter, Ausforschungsbeschlagnahme, BB 1995, 525 ff.

Leisner, Walter, Ausforschungsdurchsuchung?, BB 1994, 1941 ff.
Lemke, Michael, Heidelberger Kommentar zum Ordnungswidrigkeitengesetz, 1999
Locklair, Alfred, Das Management von Strafverfahren gegen Führungskräfte und Mitarbeiter, StraFo 2000, 37 ff.
Löwe-Krahl, Die Verantwortung von Bankangestellten bei illegalen Kundengeschäften, 1990
Löwe-Krahl, Oliver, Beteiligung von Bankangestellten an Steuerhinterziehungen der Kunden – die Tatbestandsmäßigkeit berufstypischer Handlungen, wistra 1995, 201 ff.
Löwe-Krahl, Steuerhinterziehung bei Bankgeschäften, 2. Aufl., 2000
Löwe-Krahl, Steuerstrafrechtliche Risiken typischer Banktätigkeiten, 1989
Ludwig, Thorsten, Die Haftung bei Steuerhinterziehung, PStR 1998, 216 ff.

Mack, Alexandra, Neue Entwicklungen in „Banken-Strafverfahren", StraFo 1999, 260 ff.
Marxen, Klaus, Die strafrechtliche Organ- und Vertreterhaftung – eine Waffe im Kampf gegen die Wirtschaftskriminalität, JZ 1988, 286 ff.
Meurer, Dieter, Anmerkung zu LG Berlin, Beschluss vom 26.02.1990, NStZ 1991, 438 f.
Meurer, Ingetraut, Die Abschöpfung des wirtschaftlichen Vorteils durch eine Geldbuße, BB 1998, 1236 ff.
Meyer, Ingeborg M., Strafrechtliche Verantwortlichkeit und Haftung bei Personengesellschaften, PStR 2003, 126 ff.
Meyer, J., Anmerkung zum BGH-Urteil vom 14.09.1989, JR 1990, 208 f.
Meyer, Jürgen, Gewinnabschöpfung durch Vermögensstrafe?, ZRP 1990, 85 ff.
Meyer-Goßner, Lutz, Kommentar zur Strafprozessordnung, Gerichtsverfassungsgesetz und Nebengesetze, 46. Aufl., 2003;
Mitglieder des Bundesgerichtshofs (Herausgeber), Das Bürgerliche Gesetzbuch (RGRK), 12. Aufl., 1974 ff.
Mitsch, Wolfgang, Die Geldstrafe, JA 1993, 304 ff.
Mitsch, Wolfgang, Recht der Ordnungswidrigkeiten, 1995
Mitsch, Wolfgang, Strafrecht Besonderer Teil 2, Teilband 1, 1998
Möhrenschlager, Manfred, Der Regierungsentwurf eines Zweiten Gesetzes zur Bekämpfung der Wirtschaftskriminalität (Schluss), wistra 1983, 49 ff.
Mösbauer, Heinz, Die Haftung bei Verletzung der Pflicht zur Kontenwahrheit, INF 1990, 7 ff.
Mösbauer, Heinz, Die Haftung für die Steuerschuld, 1990
Mösbauer, Heinz, Steuergefährdung durch Verletzung der Pflicht zur Kontenwahrheit nach § 154 I AO, NStZ 1990, 475 ff.
Müller, Arnold, Die Auswirkungen der Steuerstraftat im Besteuerungsverfahren, DStZ 1998, 449 ff.
Müller, Ekkehard, Die Stellung der juristischen Person im Ordnungswidrigkeitenrecht, 1985

Müller, Wigo, Die Formalitäten bei der Eröffnung von Bankkonten und bei der Bestellung von Verfügungsberechtigten (§ 154 AO), DStZ 1997, 667 ff.

Müller-Christmann, Bernd, Die Bezahlung einer Geldstrafe durch Dritte – BGHSt 37, 226, JuS 1992, 379 ff.

Müller-Gugenberger, Christian / Bieneck, Klaus, Wirtschaftsstrafrecht, 3. Aufl., 2000

Müther, Peter-Hendrig, Die Vorteilsabschöpfung im Ordnungswidrigkeitenrecht in § 17 Abs. 4 OWiG unter Berücksichtigung des deutschen und europäischen Kartellrechts, 1999

Nacke, Aloys, Die Haftung für Steuerschulden, 1999

Nelles, Ursula, Untreue zum Nachteil von Gesellschaften, 1991

Neumann, Ulfrid / Puppe, Ingeborg / Schild, Wolfgang (Herausgeber), Nomos Kommentar zum Strafgesetzbuch, Stand: März 2003, zitiert: NK-Bearbeiter

Niese, Werner, Die Rechtsprechung des Bundesgerichtshofs in Strafsachen, JZ 1955, 321 ff.

Odenthal, Hans-Jörg, Zur Anrechnung von Steuern beim Verfall, wistra 2002, 246 ff.

Otto, Harro, Bankentätigkeit und Strafrecht, 1983

Otto, Harro, Das Corpus Juris der strafrechtlichen Regelung zum Schutz der finanziellen Interessen der Europäischen Union, Jura 2000, 98 ff.

Otto, Harro, Die Haftung für kriminelle Handlungen in Unternehmen, Jura 1998, 409 ff.

Otto, Harro, Die sog. Tatsächliche oder wirtschaftliche Betrachtungsweise – eine spezifisch strafrechtliche Auslegungsmethode?, Jura 1989, 328 ff.

Otto, Harro, Grundkurs Strafrecht, 6. Aufl., 2000

Palandt, Bürgerliches Gesetzbuch, 63. Aufl., 2004, zitiert: Palandt-Bearbeiter

Park, Tido, Die Vermögensstrafe – ein Nachruf, StV 2002, 395 f.

Peltzer, Martin, Die Berücksichtigung des wirtschaftlichen Vorteils bei der Bußgeldbemessung im Ordnungswidrigkeitenrecht, DB 1977, 1445 ff.

Pelz, Christian, Die Haftung der Banken für von Kunden hinterzogene Steuern, WM 2003, 1661 ff.

Perron, Walter, Vermögensstrafe und Erweiterter Verfall, JZ 1993, 918 ff.

Pfaff, Paul, Aktuelle Fragen aus dem Steuerstraf- und Ordnungswidrigkeitenrecht, StBp 1987, 132 ff.

Pfaff, Paul, Aktuelle Fragen aus dem Steuerstraf- und Ordnungswidrigkeitenrecht, StBp 1987, 84 ff.

Pfaff, Paul, Nebenfolgen und Verfall, DStZ 1979, 363 ff.

Pfaff, Paul, Verfall im Steuerstrafverfahren, StBp 1980, 115

Plümer, Ulrich, Das Verhältnis zwischen Strafvereitelung und Beihilfe zur Vortat, 1979

Pohl-Sichtermann, Rotraut, Die von § 26 OWiG betroffenen Verbände und Personen, VOR 1973, 411 ff.
Pohl-Sichtermann, Rotraut, Geldbuße gegen Verbände, 1974
Poseck, Roman, Die strafrechtliche Haftung der Mitglieder des Aufsichtsrats einer Aktiengesellschaft, 1997

Ransiek, Andreas, Pflichtwidrigkeit und Beihilfeunrecht, wistra 1997, 41 ff.
Ransiek, Andreas, Strafrecht in Unternehmen und Konzern, ZGR 1999, 613 ff.
Ransiek, Andreas, Unternehmensstrafrecht, 1996
Rauch, Steffen Gregor, Nachträgliche Werbungskosten – zu späte Aufwendungen?, 1996
Rebmann/Roth/Herrmann, Kommentar zum Ordnungswidrigkeitenrecht, Stand: Januar 2003; zitiert: Rebmann/Roth/Herrmann
Rehbinder, Eckard, Rechtliche Schranken der Erstattung von Bußgeldern an Organmitglieder und Angestellt, ZHR 148 (1984), 555 ff.
Richter, Heinz, Steuerliche Folgen der Haftungsinanspruchnahme bei einem (ehemaligen) GmbH-Geschäftsführer, FR 1988, 350 ff.
Rönnau, Thomas, Vermögensabschöpfung in der Praxis, 2003
Rönnau, Thomas / Samson, Erich (Herausgeber), Wirtschaftsstrafrecht, 2003
Rönnau, Thomas / Hohn, Kristian, Anmerkung zu BGH vom 28.11.2000, JR 2002, 298 ff.
Rotberg, Kommentar zum Ordnungswidrigkeitengesetz, 5. Aufl., 1975
Roxin, Claus, Strafrecht Allgemeiner Teil Band 1, 3. Aufl., 1997
Roxin, Claus, Zur Bestimmtheit des Teilnehmervorsatzes, in: Festschrift für Hanskarl Salger, 1995, 129 ff.

Saller, Rudolf, Bußgelder und Geldstrafen als abzugsfähige Betriebsausgaben?, DStR 1996, 534 ff.
Samson, Erich / Schillhorn, Ulf, Beihilfe zur Steuerhinterziehung durch anonymisierten Kapitaltransfer?, wistra 2001, 1 ff.
Sannwald, Rüdiger, Zur Vorteilsabschöpfung bei Verstößen gegen handwerks- oder gewerberechtliche Vorschriften, GewArch 1986, 84 ff.
Sannwald, Rüdiger, Zur Vorteilsabschöpfung bei Verstößen gegen handwerks- oder gewerberechtliche Vorschriften, GewArch 1986, 319 ff.
Satzger, Helmut, Die Berücksichtigung von Opferinteressen bei der Verfallsanordnung aus materiellrechtlicher wie prozessrechtlicher Sicht, wistra 2003, 401 ff.
Schäfer, Gerhard, Praxis der Strafzumessung, 3. Aufl., 2001
Schlüter, Jan, Die Strafbarkeit von Unternehmen in einer prozessualen Betrachtung nach dem geltenden Strafprozessrecht, 2000
Schmid, Wolfgang / Winter, Michael, Vermögensabschöpfung im Wirtschaftsstrafverfahren – Rechtsfragen und praktische Erfahrung, NStZ 2002, 8 ff.
Schmidhäuser, Eberhard, Strafrecht Besonderer Teil, 2. Aufl., 1983

Schmidt, Karsten, Gesellschaftsrecht, 4. Aufl., 2002
Schmidt, Karsten, Konkursverschleppungshaftung und Konkursverursachungshaftung, ZIP 1988, 1487 ff.
Schmidt, Karsten, Zur Verantwortung von Gesellschaften und Verbänden im Kartellordnungswidrigkeitenrecht, wistra 1990, 131 ff.
Schmidt, Ludwig, Einkommensteuerkommentar, 22. Aufl. 2003; zitiert: Schmidt-Bearbeiter
Schmitt, Rudolf, Strafrechtliche Maßnahmen gegen Verbände, 1958
Schmitt, Rudolf, Wie weit reicht § 30 des Ordnungswidrigkeitengesetzes?, FS für Richard Lange, 1976, 877 ff.
Schmitz, Monika / Taschke, Jürgen, Haftungsrisiken von Unternehmen bei der Begehung von Straftaten oder Ordnungswidrigkeiten durch Mitarbeiter, WiB 1997, 1169 ff.
Scholl, Amand, Die Bezahlung einer Geldstrafe durch Dritte – ein altes Thema und noch immer ein Problem, NStZ 1999, 599 ff.
Scholz, Kommentar zum GmbH Gesetz, Band I, 9. Aufl. 2000, zitiert: Scholz-Bearbeiter
Schönke, Adolf / Schröder, Horst, Kommentar zum Strafgesetzbuch, 26. Aufl., 2001; zitiert: Sch-Sch-Bearbeiter
Schröder, Arno, Vortat und Tatobjekt der Strafvereitelung, 1999
Schroth, Hans-Jürgen, Der Regelungsgehalt des 2. Gesetzes zur Bekämpfung der Wirtschaftskriminalität im Bereich des Ordnungswidrigkeitenrechts, wistra 1986, 158 ff.
Schroth, Hans-Jürgen, Unternehmen als Normadressaten und Sanktionssubjekte, 1993
Schroth, Ulrich, Die Differenz von Vorsatz und bewusster Fahrlässigkeit, JuS 1992, S. 1 ff.
Schroth, Ulrich, Rechtsphilosophische und rechtskulturelle Reflexionen zum Vorsatzbegriff, in: Festschrift Heinrich Scholler, 1991, 159 ff.
Schroth, Ulrich, Strafrecht Besonderer Teil, 3. Aufl., 2000
Schroth, Ulrich, Vorsatz als Aneignung der unrechtskonstituierenden Merkmale, 1994
Schünemann, Bernd, Die Strafbarkeit der juristischen Person aus deutscher und europäischer Sicht, in: Bausteine des europäischen Wirtschaftsstrafrechts, Madrider Symposium für Klaus Tiedemann, 1994
Schünemann, Bernd, Strafrechtsdogmatische und kriminalpolitische Grundfragen der Unternehmenskriminalität, wistra 1982, 41 ff.
Schünemann, Bernd, Unternehmenskriminalität und Strafrecht, 1979
Schwarz, Bernhard (Herausgeber), Kommentar zur Abgabenordnung, Stand November 2003; zitiert: Schwarz-Bearbeiter
Schwinge, Christina, Strafrechtliche Sanktionen gegenüber Unternehmen im Bereich des Umweltstrafrechts, 1996
Seelig, Horst, Strafbarkeit des versuchten Schmuggels in einem qualifizierten Fall (§ 373 AO), ZfZ 1981, 8 ff.

Siegert, Karl, Haftung für fremde Schuld im Steuer- und Wirtschaftsrecht, NJW 1953, 527 ff.

Sikorski, Ralf, Verzinsung von Steuernachforderungen und Steuererstattungen, DStR 1991, Beiheft 18, 1 ff.

Soergel, Bürgerliches Gesetzbuch, Kommentar, 13. Aufl., 2000

Söffing, Günter, Verlustabzug, Steuerberater Kongress Report 1977, 131 ff.

Stratenwerth, Günter, Strafrechtliche Unternehmenshaftung?, in: Festschrift für Rudolf Schmitt, 1992, 295 ff.

Streck, Michael / Mack, Alexandra, Banken und Bankkunden im Steuerfahndungsverfahren, BB 1995, 2137 ff.

Streck, Michael, Die Banken und Sparkassen in der Spannung zwischen Kundenberatung und Steuerfahndung, WM 1999, 719 ff.

Streinz, Rudolf, Europarecht, 5. Aufl., 2001

Systematischer Kommentar zum Strafgesetzbuch; herausgegeben von Rudolphi u.a.; Stand: April 2003; zitiert: SKStGB-Bearbeiter

Systematischer Kommentar zur Strafprozessordnung und zum Gerichtsverfassungsgesetz; herausgegeben von Rudolphi u.a.; Stand: September 2003; zitiert: SKStPO-Bearbeiter

Tiedemann, Klaus, Die „Bebußung" von Unternehmen nach dem 2. Gesetz zur Bekämpfung der Wirtschaftskriminalität, NJW 1988, 1169 ff.

Tiedemann, Klaus, Die Bekämpfung der Wirtschaftskriminalität durch den Gesetzgeber, JZ 1986, 867 ff.

Tiedemann, Klaus, Die strafrechtliche Vertreter- und Unternehmenshaftung, NJW 1986, 1842 ff.

Tiedemann, Klaus, Europäisches Gemeinschaftsrecht und Strafrecht, NJW 1993, 23 ff.

Tiedemann, Klaus, Literaturbericht: Nebenstrafrecht einschließlich Ordnungswidrigkeitenrecht, ZStW 83 (1971), 792 ff.

Tiedemann, Klaus, Tatbestandsfunktionen im Nebenstrafrecht, 1969

Tiedemann, Klaus, Untreue bei Interessenkonflikt, in: Festschrift für Herbert Tröndle, 1989, 319 ff.

Tiedemann, Klaus, Welche strafrechtlichen Mittel empfehlen sich für eine wirksame Bekämpfung der Wirtschaftskriminalität, Gutachten für den 49. Deutscher Juristentag (1972, Band 1, C 3 ff.

Tipke, Klaus / Kruse, Heinrich Wilhelm, Kommentar zur Abgabenordnung, Stand: November 2003; zitiert: Tipke/Kruse-Bearbeiter

Tipke, Klaus, Lang, Joachim, Steuerrecht, 17. Aufl., 2002

Többens, Hans W., Die Bekämpfung der Wirtschaftskriminalität durch die Troika der §§ 9, 130, 30 des Gesetzes über Ordnungswidrigkeiten, NStZ 1999, 1 ff.

Trazaskalik, Christoph, Die Strafrechtspflege und das Steuerrecht, DB 1994, 550 ff.

Troll, Max / Gebel, Dieter / Jülicher, Marc, Erbschaftssteuer- und Schenkungsgesetz, Stand: Oktober 2003; zitiert: Troll/Gebel/Jülicher-Bearbeiter

Tröndle, Herbert / Fischer, Thomas, Strafgesetzbuch und Nebengesetze, 53. Aufl., 2003

Volk, Klaus, Der Begriff der Strafe in der Rechtsprechung des Bundesverfassungsgerichts, ZStW 83, 403 ff.

Volk, Klaus, Der Tatbegriff und die Bestimmtheit von Durchsuchungsbeschlüssen im Steuerstrafverfahren, wistra 1998, 281 ff.

Volk, Klaus, Kronzeugen praeter legem?, NJW 1996, 879 ff.

Volk, Klaus, Schätzung im Finanzstrafrecht, in: Aktuelles zum Finanzstrafrecht – Beiträge der Finanzstrafrechtlichen Tagung Linz 2000, 2001, 35 ff.

Volk, Klaus, Steuerhehlerei, in: Festschrift Stree/Wessels, 1993, 493 ff.

Volk, Klaus, Strafprozessrecht, 3. Aufl., 2002

Volk, Klaus, Zur Bestrafung von Unternehmen, JZ 1993, 429 ff.

Volk, Klaus, Zur Schätzung im Steuerstrafverfahren, in: Festschrift für Günter Kohlmann, 2003, 579 ff.

Wassmann, Jörg, Anmerkung zum BGH-Urteil vom 28.11.2000, ZfZ 2001, 351 f.

Weber, Ulrich, Das Zweite Gesetz zur Bekämpfung der Wirtschaftskriminalität (2. WiKG), NStZ 1986, 481 ff.

Weber, Ulrich, Die Überspannung der staatlichen Bußgeldgewalt, ZStW 92, 313 ff.

Weber von, Über die Strafbarkeit juristischer Personen, GA 1954, 237 ff.

Wegner, Carsten, Beihilfe durch eine „objektiv neutrale Handlung", PStR 2003, 194 f.

Wegner, Carsten, Die Auswirkungen fehlerhafter Organisationsstrukturen auf die Zumessung der Unternehmensgeldbuße, wistra 2000, 361 ff.

Wegner, Carsten, Die Systematik der Zumessung unternehmensbezogener Geldbußen, 2000

Wegner, Carsten, Festsetzung von unternehmensbezogenen Geldbußen in Steuerstrafverfahren, PStR 2003, 180 ff.

Wegner, Carsten, Ist § 30 OWiG tatsächlich der „Königsweg" in den Banken-Strafverfahren?, NJW 2001, 1979 ff.

Wellkamp, Ludger, Organuntreue zum Nachteil von GmbH-Konzernen und Aktiengesellschaften, NStZ 2001, 113 ff.

Werner, Elke, Vermögensabschöpfung im (Steuer-)Strafverfahren, PStR 2002, 8 ff.

Wessels, Johannes / Beulke, Werner, Strafrecht Allgemeiner Teil, 33. Aufl., 2003

Wessels, Johannes / Hillenkamp, Thomas, Strafrecht Besonderer Teil/2, 26. Aufl., 2003

Willenbruch, Klaus, Zwangsvollstreckung gegen Gemeinden wegen Geldforderungen, ZIP 1998, 817 ff.

Wilmans / Urbach, Strafbarkeit juristischer Personen nach dem gegenwärtigen Devisenrecht? (Westzonen), BB 1953, 102 ff.

Wodicka, Josef M., Anmerkung zu BGH Urteil vom 07.11.1990, NStZ 1991, 487 ff.

Wohlers, Wolfgang, Hilfeleistung und erlaubtes Risiko – zur Einschränkung der Strafbarkeit gemäß § 27 StGB, NStZ 2000, 169 ff.

Wohlfarth, Jürgen, Die Kommune vor dem Strafrichter?, NJW 1980, 2237 ff.

Wohlleben, Marcus, Beihilfe durch äußerlich neutrale Handlungen, 1997

Wolff, Britta, Begünstigung, Strafvereitelung und Hehlerei, 2002.

Zippel, Klaus, Der Mehrerlöß bei Geldbußen für Kartellverstöße, 1975

Criminalia

Herausgegeben von Klaus Volk

Band 1 Ulrich Schroth: Vorsatz als Aneignung der unrechtskonstituierenden Merkmale. 1994.

Band 2 Torsten Poeck: Wartepflicht und Wartedauer des § 142 Abs. 1 Nr. 2 StGB. Ein Vorschlag zur Bestimmung der Wartelänge anhand rechtsprechungsanalytischer und empirischer Überlegungen. 1994.

Band 3 Tobias Schmid: Die Vergabe von Wirtschaftssubventionen und strafrechtliche Verantwortlichkeit gem. § 264 StGB (Subventionsbetrug). 1994.

Band 4 Erwin Lohner: Der Tatverdacht im Ermittlungsverfahren. Begriff, rechtliche Ausgestaltung, praktische Handhabung und Kontrolle am Beispiel der polizeilichen Verdachtsfeststellung. 1994.

Band 5 Gunther Lehleiter: Der rechtswidrige verbindliche Befehl. Strafrechtsdogmatische Untersuchung, demonstriert am Beispiel des militärischen Befehls. 1995.

Band 6 Dirk Steiner: Das Fairneßprinzip im Strafprozeß. 1995.

Band 7 Isabell Schwegler: Der Subsumtionsirrtum. 1995.

Band 8 Klaus Andreas Fischer: Die strafrechtliche Beurteilung von Werken der Kunst. 1995.

Band 9 Johannes Fredrikus Nijboer: Beweisprobleme und Strafrechtssysteme / Proof and Criminal Justice Systems. Rechtsvergleichende Aufsätze / Comparative Essays. 1995. 2. Auflage 1997.

Band 10 Winfried Hassemer / Karin Matussek: Das Opfer als Verfolger. Ermittlungen des Verletzten im Strafverfahren. 1996.

Band 11 Bettina Grunst: Steuerhinterziehung durch Unterlassen. 1996.

Band 12 Hans-Jörg Schwab: Täterschaft und Teilnahme bei Unterlassungen. 1996.

Band 13 Christos Mylonopoulos: Komparative und Dispositionsbegriffe im Strafrecht. 1998.

Band 14 Christina Erfurth: Verdeckte Ermittlungen. Problemlösung durch das OrgKG? 1997.

Band 15 Stephan Weber: Überstellung in den Heimatstaat. Ein internationales Konzept wider den Strafvollzug in der Fremde. Zugleich ein Beitrag zum Recht der internationalen Vollstreckungshilfe in Strafsachen. 1997.

Band 16 Bert Götting: Gesetzliche Strafrahmen und Strafzumessungspraxis. Eine empirische Untersuchung anhand der Strafverfolgungsstatistik für die Jahre 1987 bis 1991. 1997.

Band 17 Lars Otte: Der durch Menschen ausgelöste Defensivnotstand. 1998.

Band 18 Gregor Rieger: Die mutmaßliche Einwilligung in den Behandlungsabbruch. 1998.

Band 19 Yu-hsiung Lin: Richtervorbehalt und Rechtsschutz gegen strafprozessuale Grundrechtseingriffe. 1998.

Band 20 Sandra Pellkofer: Sockelverteidigung und Strafvereitelung. 1999.

Band 21 Christine Ferschl: Das Problem des unmittelbaren Zusammenhangs beim erfolgsqualifizierten Delikt. 1999.

Band 22 Peter König: Strafbarer Organhandel. 1999.

Band 23 Stefan Stauder: Die allgemeinen defenses des New York Penal Law. Eine rechtsvergleichende Untersuchung. 1999.

Band 24 Malte Merz: „Bewußte Selbstschädigung" und die Betrugsstrafbarkeit nach § 263 StGB. Zugleich ein Beitrag zur Zweckverfehlungslehre. 1999.

Band 25 Marc Tully: Poena sine Culpa? *Strict-Liability*-Sanktionen und Europäisches Gemeinschaftsrecht. 2000.

Band 26 Susanne Götting: Beweisverwertungsverbote in Fällen gesetzlich nicht geregelter Ermittlungstätigkeit. Durch V-Leute, Scheinaufkäufer und Privatleute. 2001.

Band 27 Christiane Hölscher: Der Rechtsschutz und die Mitteilungspflichten bei heimlichen strafprozessualen Zwangsmaßnahmen. 2001.

Band 28 Tobias Windhorst: Der Rechtsbegriff der »schweren Gesundheitsschädigung". Zugleich ein Beitrag zum 6. StrRG. 2001.

Band 29 Andrea Schmucker: Die "Dogmatik" einer strafrechtlichen Produktverantwortung. Das fahrlässige Unterlassen als Institut der Produktkriminalität. 2001.

Band 30 Stephan Beukelmann: Prävention von Computerkriminalität. Sicherheit in der Informationstechnologie. 2001.

Band 31 Markus B. Alder: Die Strafzumessungsrichtlinie der USA in ihrem Kontext mit Plea Bargaining. 2001.

Band 32 Tobias Brandis: Beweisverbote als Belastungsverbote aus Sicht des Beschuldigten? 2001.

Band 33 Britta Wolff: Begünstigung, Strafvereitelung und Hehlerei. Geschichtliche Entwicklung und Abgrenzung zur Beihilfe. 2002.

Band 34 Angelika Laitenberger: Die Strafbarkeit der Verbreitung rassistischer, rechtsextremistischer und neonazistischer Inhalte. Unter besonderer Berücksichtigung der Verbreitung über Netzwerke. Ein Rechtsvergleich. 2003.

Band 35 Antonia Seitz: *Die Todesstrafe ist keine Strafe.* Von der Beteiligung bedeutender Mediziner an Fragestellungen um Verbrechen und Strafe, unter besonderer Berücksichtigung der Todesstrafe 1865 bis 1933 im deutsch-italienischen Vergleich. 2003.

Band 36 Ro-Seop Park: Die Wahrheitsfindung im Ermittlungsverfahren. 2003.

Band 37 Ingo Jeckel: Schadenswiedergutmachung gem. § 46a Nr. 2 StGB über anwaltliche Schlichtungsstellen. Schlichtungsablauf und Auswirkungen auf das Strafverfahren. 2003.

Band 38 Katja Kassing: Ehrverletzende Personalsatire in Deutschland, Österreich, der Schweiz und England. 2004.

Band 39 Stefan Poller: Verbandsgeldbuße und Steueranspruch. 2004.

www.peterlang.de

Anette Kaufmann

Möglichkeiten der sanktionsrechtlichen Erfassung von (Sonder-)Pflichtverletzungen im Unternehmen

Unter besonderer Berücksichtigung des Zusammenspiels von § 14 StGB, (§ 9 OWiG), § 130 OWiG und § 30 OWiG

Frankfurt am Main, Berlin, Bern, Bruxelles, New York, Oxford, Wien, 2003.
XVI, 215 S.
Würzburger Schriften zur Kriminalwissenschaft.
Herausgegeben von Klaus Laubenthal. Bd. 10
ISBN 3-631-50169-2 · br. € 42.50*

Meldungen über Skandale in der Wirtschaftswelt sind an der Tagesordnung. Was sind die Gründe? Bei der Produktion wird nicht sorgfältig gearbeitet; die interne Organisation im Betrieb ist nicht klar strukturiert oder auf die ordnungsgemäße Durchführung und Aufrechterhaltung der Betriebsordnung wird nicht „richtig" geachtet. Die Folge: Konsumenten werden geschädigt und Güter von allgemeinem Interesse werden verletzt. Wo sitzen nun die Verantwortlichen? Welche Möglichkeiten eröffnet das geltende Sanktionenrecht zur Eindämmung von Unternehmensdelinquenzen und wo sind Grenzen gesetzt? Bedarf das geltende Sanktionenrecht gar einer umfassenden Reform oder sind die zur Verfügung stehenden Instrumentarien für eine effektive Bekämpfung von Unternehmenskriminalität ausreichend? Diese zentralen Schwerpunkte werden in vorliegender Abhandlung erörtert.

Aus dem Inhalt: Bedeutung des Begriffs der „Pflichtverletzung" für das geltende Strafrecht · Aufgabenkreise im Unternehmen · Täter im Unternehmen – die Führungskräfte · Unternehmen als „Täter"

Frankfurt am Main · Berlin · Bern · Bruxelles · New York · Oxford · Wien
Auslieferung: Verlag Peter Lang AG
Moosstr. 1, CH-2542 Pieterlen
Telefax 00 41 (0) 32 / 376 17 27

*inklusive der in Deutschland gültigen Mehrwertsteuer
Preisänderungen vorbehalten

Homepage http://www.peterlang.de

MIX
Papier | Fördert
gute Waldnutzung
FSC® C083411

Kolibri 360 GmbH
Ferdinand-Jühlke-Straße 7
99095 Erfurt, Deutschland
produktsicherheit@kolibri360.de

Druck:
CPI Druckdienstleistungen GmbH
im Auftrag der
Kolibri 360 GmbH
Ferdinand-Jühlke-Str. 7
99095 Erfurt